SYSTÈMES ET FAITS SOCIAUX

La Protection légale des Travailleurs

aux États-Unis

Avec exposé comparatif de la Législation française

PAR

Maurice DEWAVRIN
Lauréat de
l'École Libre des Sciences Politiques
Chargé de conférence au
Collège Libre des Sciences Sociales.

Georges LECARPENTIER
Docteur en Droit
Professeur au Collège Libre des
Sciences Sociales.

PARIS
LIBRAIRIE MARCEL RIVIÈRE ET Cie

PROTECTION LÉGALE

DES

TRAVAILLEURS AUX ÉTATS-UNIS

COLLECTION

“ Systèmes et Faits sociaux ”

La Philosophie sociale de Renouvier, par Roger Picard, 1 vol. in-8 de 344 pages, br. .... 7 fr. 50

La Richesse de la France. Fortune et revenus privés, par H. de Lavergne et Paul Henry, 1 vol. in-8 de 216 pages, br. 6 fr.

Race et Milieu social. Essais d'Anthroposociologie, par Vacher de Lapouge, 1910, 1 vol. in-8 de 393 pages, br. .... 8 fr.

La Protection de la Maternité, par J. Mornet, 1910, 1 vol. in-8, br. .... 6 fr.

Le Programme socialiste, par Kautsky. Traduction Rémy, 1910, 1 vol. in-8, br. .... 6 fr.

Le Chômage: causes, conséquences, remèdes, par H. de Lavergne et P. Henry, 1910, 1 vol. in-8, br. .... 8 fr.

Les Cahiers de 1789 et les classes ouvrières, par Roger Picard, 1 vol. in-8, 1910 .... 6 fr.

Le travail à domicile: ses misères, ses remèdes, par G. Mény, 1 vol. in-8, 1910 .... 8 fr.

La fin de l'esclavage dans l'antiquité, par Ciccotti, traduit par G. Platon, 1910, 1 vol. in-8, br .... 10 fr.

Introduction à la Sociologie, par G. de Greef, prof. à l'Université nouvelle de Bruxelles, 2ᵉ édit., 1911, 2 vol. in-8.. 12 fr.

Le Protectionnisme ouvrier, par G. Prato, traduit par G. Bourgin, 1 vol. in-8, 1912 .... 7 fr.

La question agraire et le socialisme en France, par Compère-Morel, 1 vol. in-8, 1912 .... 8 fr.

Lassalle, par Bernstein, 1912, 1 vol. in-8 .... 5 fr.

Eléments de Sociologie, par Caullet, 1913, 1 vol. in-8.. 7 fr.

La Protection légale des Travailleurs aux Etats-Unis, par Dewavrin et Lecarpentier.

La Sociologie économique, par Bochard (*sous presse*)

L'Evolution historique du socialisme moderne, par Tougan Baranowsky, traduit par Schapirot (*sous presse*).

SYSTÈMES ET FAITS SOCIAUX

La Protection légale des Travailleurs

aux États-Unis

Avec exposé comparatif de la Législation française

PAR

Maurice DEWAVRIN
Lauréat de
l'École Libre des Sciences Politiques
Chargé de conférence au
Collège Libre des Sciences Sociales.

Georges LECARPENTIER
Docteur en Droit
Professeur au Collège Libre des
Sciences Sociales.

PARIS
LIBRAIRIE DES SCIENCES POLITIQUES ET SOCIALES
MARCEL RIVIÈRE et Cie
31, Rue Jacob, 31

1913

A LA MÉMOIRE

DE

M. ÉMILE LEVASSEUR

CE LIVRE

EST

RESPECTUEUSEMENT DÉDIÉ

INTRODUCTION

Les questions de législation ouvrière retiennent chaque jour de plus en plus l'attention générale, et à bon droit, car elles sont le terrain de rencontre du problème de la production économique et de celui de l'amélioration des conditions de vie de la classe la plus nombreuse. Tandis que les uns prétendent que le véritable étalon du progrès d'un peuple c'est le progrès de sa production économique et de son commerce et que les lois dites ouvrières ne peuvent qu'entraver ce progrès et l'arrêter, d'autres croient que ces mêmes lois sont indispensables pour assurer aux ouvriers des conditions de vie tolérables tant au point de vue physique que moral, défendre en leurs personnes la dignité humaine et maintenir au pays une population saine et vigoureuse de citoyens respectables. Nous tenons pour cette seconde opinion et d'autant plus fortement que les partisans de la première n'ont pas encore fait la preuve de ce qu'ils avancent. Nous ne prétendons pas qu'en tout état de cause une loi qui vise à améliorer les conditions du travail ou la situation des travailleurs soit approuvable en considération de l'intérêt dont elle s'inspire ; il ne serait que trop facile, souvent, de montrer que telle ou telle loi ouvrière française ou étrangère est mal conçue, inopportune ou même radicalement contraire aux intérêts des ouvriers qu'elle prétend défendre, mais la preuve est acquise aujourd'hui qu'une législation ouvrière très développée n'enraye pas les progrès de la production.

Personne ne songe à nier le développement économique des Etats-Unis et cependant la législation ouvrière n'a cessé de s'y développer. L'on sait, du reste, que dans ce pays la législation ouvrière ne relève pas de l'autorité fédérale et que, par conséquent, elle n'est pas une pour toute la fédération. Chaque Etat légifère en cette matière librement, comme il lui plaît; aussi la plus grande variété se rencontre-t-elle à cet égard lorsque l'on compare les Etats entre eux. Dans tel Etat il n'existe pas la moindre loi ouvrière, tandis que dans tel autre la législation ouvrière n'est guère moins complète qu'en France, en Angleterre ou en Allemagne. En règle générale, la législation ouvrière est d'autant plus avancée que l'Etat est plus producteur. Comme d'ailleurs il contient naturellement d'autant plus d'ouvriers que l'industrie y est plus active, le nombre des Etats qui ont adopté telle ou telle partie de la législation ouvrière n'est pas une garantie de l'extension en pratique de ce point de la législation. *Non numerantur sed ponderantur.* Dix Etats à eux seuls produisent environ les sept ou huit dixièmes de toute la production américaine; ce sont les Etats de New-York, de Pennsylvanie, d'Illinois, de Massachusetts, d'Ohio, de New-Jersey, de Connecticut, de Missouri, de Michigan, d'Indiana, de Wisconsin, c'est-à-dire les Etats du Nord-Est et quelques Etats du New-West entre les Alleghanys et les Grands Lacs. Lors donc que l'on trouve telle ou telle partie de la législation ouvrière appliquée dans ces Etats, on peut dire qu'elle s'applique à la très grande majorité des ouvriers américains.

Les personnes à qui la lecture du présent ouvrage inspirerait le désir de se documenter sur l'ouvrier américain et sur l'activité économique des Etats-Unis voudront bien se reporter, en ce qui concerne le premier point, à l'ouvrage fondamental du regretté économiste M. Emile Levasseur, intitulé *L'Ouvrier américain* (l'ouvrier au travail, l'ouvrier chez lui, les questions ouvrières), paru en 1878 et qui n'a guère vieilli, sauf en ce qui concerne l'étude de la législation du travail, qui fait justement l'objet du présent ouvrage, et sur le second point, la quatrième édition de l'ouvrage de M. Pierre Leroy-Beaulieu : *Les Etats-Unis au* XIXe *siècle,* qui date de 1909.

M. DEWAVRIN. G. LECARPENTIER.

LA PROTECTION LÉGALE
DES
TRAVAILLEURS AUX ÉTATS-UNIS

CHAPITRE PREMIER

Du Contrat de Travail en général

En dehors des prescriptions juridiques communes à toutes les conventions synallagmatiques, le droit civil américain comporte certaines règles particulières concernant le louage de services, et plus spécialement le contrat de travail.

Les textes élaborés à ce sujet par les différentes législatures d'Etat n'envisagent que les rapports entre le patron et l'ouvrier considérés individuellement. Aucune loi, aucun projet de loi ne s'est jusqu'à présent proposé d'organiser aux Etats-Unis le contrat collectif de travail. Une pareille initiative eût été à peu près inutile aux Etats-Unis : en raison de leur puissance, les associations ouvrières sont parvenues à obtenir des résultats équivalents, sinon supérieurs, à ceux qu'elle aurait pu donner.

Les dispositions américaines qui concernent le contrat de travail en général visent principalement les points suivants : durée du louage de main-d'œuvre, conditions de validité des conventions d'embauchage, différentes circonstances dans lesquelles ces conventions prennent fin, et intervention des tiers dans la formation des ententes entre les parties ou dans l'exécution de ces ententes.

La réglementation de la durée n'est prévue pour le louage de main-d'œuvre que dans un très petit nombre d'Etats. Les statuts de la Louisiane contiennent à cet égard une prescription qui semble copiée sur l'article 1780 du Code civil français, mis en vigueur plusieurs années après la cession de cette région par la France aux Etats-Unis: « Un homme ne peut louer ses services que pour un temps fixé ou une entreprise déterminée ». La loi du Kentucky, plus précise, limite à sept ans la durée maxima du louage de services; celles de la Virginie et de l'Arkansas interdisent qu'elle dépasse respectivement 2 ans et 1 an, la première quand l'ouvrier ou employé est étranger, fût-il résident, la seconde quand il est mineur de 21 ans (1).

L'embauchage d'un agent salarié n'est d'ordinaire soumis à aucune forme particulière. Toutefois plusieurs Etats ont dérogé à cette règle, soit d'une manière générale, soit dans certains cas spéciaux.

La loi de l'Arkansas se borne à prescrire la rédaction d'un acte écrit à l'occasion de ce fait, quand la durée de l'engagement est supérieure à une année; le contrat devra être signé des parties et de deux témoins n'ayant pas d'intérêt dans l'affaire, ou reçu par un officier public dûment qualifié, qui sera tenu de rédiger

(1) Une loi fédérale très ancienne vise une institution analogue au servage, le *péonage*, qui était encore assez répandu à une époque peu éloignée aux abords de la frontière mexicaine, et notamment dans l'Etat de New-Mexico. Le péonage est la condition de l'Indien d'origine, locataire d'une exploitation agricole, auquel le propriétaire a consenti une avance sur son travail futur; le bénéficiaire de cette avance, et éventuellement ses descendants, sont attachés à la glèbe et tenus de travailler pour le bailleur jusqu'à remboursement complet du prêt. La condition du *péon*, différente par son origine du servage, puisqu'elle dérive d'une entente, se confond en fait avec cette institution. La loi fédérale précitée interdit formellement le péonage; elle punit d'amende (1.000 à 3.000 dollars) et d'un emprisonnement pouvant s'élever jusqu'à un an « quiconque retient une personne dans cet état et l'arrête ou la ramène de force si elle cherche à s'y soustraire ».

un certificat constatant que le contrat a été lu à haute voix en présence des intéressés.

Les codes du Michigan et de la Virginie ont édicté des prescriptions plus détaillées, mais restreintes à certaines natures de contrats de travail. La première de ces lois, qui date de 1903, concerne l'embauchage impliquant pour l'agent salarié l'obligation de travailler dans un lieu différent de celui où il réside habituellement : entre autres conditions, elle impose dans cette hypothèse la rédaction d'un acte écrit. La seconde, plus ancienne, prévoit l'engagement d'un étranger : elle exige que cette convention soit constatée par un contrat dressé en deux exemplaires, dont l'un, rédigé dans la langue maternelle de l'intéressé, lui sera remis, tandis que l'autre, libellé en anglais, sera enregistré au bureau du receveur du comté dans un délai maximum de dix jours.

La fraude en matière de contrat de travail est prévue par plusieurs Etats, notamment le Michigan. Le texte en vigueur dans ce dernier Etat vise à la fois le fait du patron et celui de l'agent, punissant ces deux infractions des mêmes peines : 25 dollars d'amende, emprisonnement de 10 à 60 jours. Aux termes de cette loi, sont délictueux, d'une part, le fait de l'employé qui passe avec son patron un contrat écrit pour l'accomplissement d'un travail déterminé, obtient à ce titre une avance en argent ou toute autre prestation et refuse ensuite, la tâche convenue n'ayant pas été effectuée, de restituer la somme ou valeur qu'il a reçue ; d'autre part, le fait de l'employeur qui embauche ou tente d'embaucher une personne au moyen de fausses indications (*misrepresentations*) touchant le genre de travail, les conditions d'hygiène, le taux du salaire et la survenance ou non-survenance de grève dans l'entreprise.

La fraude du patron est prévue et punie par des textes analogues à celui du Michigan dans cinq autres Etats, notamment l'Illinois et la Californie. La loi de ce dernier Etat ne vise que les cas où le contrat vicié par la fraude impliquerait pour l'agent salarié l'éloignement du lieu où il résidait habituellement; elle édicte des pénalités très sévères : 2.000 dollars d'amende et 1 an d'emprisonnement. Toutes ces mesures ne préjudicient point au droit de la victime à poursuivre l'employeur coupable en réparation du dommage causé par ses agissements frauduleux (2).

Le dol de l'employé fait l'objet de dispositions spéciales, en dehors du Michigan, dans quatre Etats: l'Alabama, la Floride, le New-Mexico et le Minnesota. Les mesures édictées à cet égard sont toutes de date récente: la dernière, celle de la Floride, date de 1907. Le texte de chacune d'entre elles diffère peu de celui de la loi du Michigan : toutefois les pénalités prévues sont généralement plus élevées (3).

Le Massachusetts prohibe, par une loi datant d'une vingtaine d'années, une stipulation accessoire que les compagnies de chemins de fer avaient coutume d'imposer à leurs agents à l'occasion du contrat d'embauchage. Aux termes de cette loi, il est interdit aux entreprises de transport d'exiger ou de recevoir de leur personnel un cautionnement (*bond*) ou toute autre garantie (*security*), avec ou sans répondant (*surety*), pour sûreté des fautes de service susceptibles de causer un préjudice à ces entreprises; exception est faite toutefois pour les agents ayant un maniement de fonds. Toute infraction à cette prescription entraîne une amende de 50 dollars, doublée en cas de récidive.

Le Code de l'Idaho ne s'occupe pas à proprement parler des rapports d'embauchage entre patrons et ouvriers. Mais il impose aux employeurs, tant dans l'intérêt de l'ordre public que dans celui des travailleurs, certaines mesures de publicité sans lesquelles l'embauchage ne peut avoir lieu dans les industries des mines

(2) La loi de la Caroline du Nord édicte des peines correctionnelles plus élevées que celles de droit commun contre la personne qui passe avec un mineur de 21 ans un contrat de travail frustatoire.

(3) La loi du Minnesota n'est applicable qu'aux contrats écrits destinés à être exécutés dans un délai maximum de quinze mois.

et des travaux publics. Les chefs ou directeurs des entreprises de ce caractère sont tenus de remettre au greffier de la Cour de justice une déclaration écrite faisant connaître la raison sociale, le montant du capital, s'il y a lieu, la valeur des inscriptions hypothécaires grevant les immeubles, et les jours de paie du personnel.

Les statuts de l'Indiana interdisent « aux propriétaires, préposés ou gérants de manufacture, maison de commerce, carrière, blanchisserie, atelier de réparation, boulangerie, ou imprimerie » la *discrimination*, c'est-à-dire le refus proclamé d'avance, au moyen d'affiches ou par tout autre mode de publicité, d'embaucher telle personne ou catégorie de personnes. Bien que les patrons américains aient usé de ce procédé indifféremment contre les ex-détenus libérés (*No Convicts Wanted*) et contre les ouvriers syndiqués, la loi de l'Indiana ne vise en fait que le cas de ces derniers.

La terminaison normale du contrat de travail résulte, soit de l'expiration du terme fixé, soit, à défaut d'une telle stipulation, de la dénonciation de ce contrat par l'une des parties en cause. La rupture d'un contrat conclu pour une durée déterminée, si elle n'est pas motivée par une juste cause, constitue un délit civil de droit commun. Toutefois, trois Etats, la Louisiane, la Virginie et la Géorgie, ont édicté des dispositions particulières applicables à la rupture d'un contrat de travail. Dans les deux premiers Etats, le patron qui congédie un ouvrier avant l'expiration de l'engagement de ce dernier est tenu de lui payer l'intégralité du salaire convenu; de son côté, l'agent salarié qui veut quitter le travail avant la date fixée doit restituer tout ce qu'il a reçu (4). La loi de Géorgie diffère notablement des deux précé-

(4) Toutefois, d'après la loi virginienne, le montant de l'allocation à payer par le patron et celui de la restitution à faire par l'ouvrier ne peuvent être supérieurs à trois mois de salaire.

dentes : elle concerne seulement le fait de l'employeur, et n'est applicable qu'aux contrats dont la durée n'excède pas un an. Aux termes de ce texte, l'agent congédié avant l'expiration du terme de son engagement peut, à son choix, considérer le contrat comme toujours en vigueur et assigner le patron en paiement du complément de son salaire, ou le tenir pour rompu, et intenter contre l'employeur une action en dommages-intérêts ; toutefois, dans ce dernier cas, la jurisprudence exige qu'il établisse avoir subi un préjudice, contrairement à la solution consacrée par les tribunaux de la Louisiane, d'après lesquels l'agent congédié est présumé lésé par le seul fait du congédiement (5).

Un contrat passé pour une durée indéterminée peut, d'après les principes généraux du droit, être dénoncé à volonté par les parties en cause. Aucun texte n'édicte dans ce cas la pratique du délai-congé. Mais dix Etats, notamment le Maine, le Massachusetts, la Pennsylvanie et le New-Jersey interdisent à l'employeur de l'imposer à son personnel, à moins qu'il n'admette le délai-congé réciproque. La durée du préavis doit être la même pour les deux parties en cause : elle est fixée à huit jours par la loi du Maine ; partout ailleurs elle est laissée à la libre appréciation des intéressés.

La résiliation par l'une des parties d'un contrat à durée indéterminée ne donne donc pas lieu en principe à l'allocation de dommages-intérêts au profit de l'autre partie, contrairement aux prescriptions de l'article 1780 du Code civil français et de la loi du 27 décembre 1890. Mais les Etats qui ont édicté la réciprocité du délai-congé ordonnent qu'au cas de brusque congédiement ou de brusque départ, le patron ou l'ouvrier qui avaient accepté la formalité du préavis seront tenus, le premier de payer à l'agent

---

(5) D'après la jurisprudence de la Cour suprême de Géorgie, l'agent congédié ne sera considéré comme lésé que s'il justifie *avoir fait diligence* en vue d'obtenir un autre emploi.

congédié, le second de restituer à l'employeur une somme équivalente au salaire afférent à la période de délai-congé. Toutefois, les deux parties peuvent s'affranchir de cette prescription pour un *juste motif,* par exemple, si l'agent est malade, ou si le patron se voit contraint de licencier son personnel tout entier par mesure générale et contre son gré, en raison des circonstances.

La Cour supérieure du Maine a jugé que la réduction du taux des salaires était un *juste motif* de brusque départ en ce qui concerne l'ouvrier, mais que cette même mesure ne présentait pas, en ce qui concerne le patron, le caractère d'un brusque congédiement déguisé; par suite le patron pouvait la mettre en vigueur sans préavis. Cette jurisprudence est contraire à celle de la Cour de cassation, d'après laquelle, dans ce dernier cas, l'ouvrier a droit à une indemnité.

L'agent congédié par son employeur, quel que soit le motif du renvoi, est autorisé par la loi de plusieurs Etats à exiger de son ex-patron une attestation plus ou moins explicite des services rendus. Six législatures, notamment celle de l'Ohio, enjoignent aux chefs ou directeurs d'entreprise, sous peine d'amende, de remettre à l'intéressé, s'il en fait la demande, « un exposé succinct, mais complet et exact, des causes de son renvoi » (6). Une loi du Missouri, en date de 1905, traite du même sujet, mais d'une manière beaucoup plus générale, avec cette restriction toutefois qu'elle vise seulement le personnel des sociétés anonymes. Aux termes de cette loi, tout agent congédié ou démissionnaire de son plein gré peut exiger un certificat « indiquant la durée et la nature de ses services et la cause de son départ », à condition qu'il ait fait partie du personnel de la société pendant 90 jours au moins. En cas de refus, le directeur de l'entreprise est passible d'une amende de 100 dollars et d'emprisonnement

(6) La loi de l'Ohio n'est applicable qu'au personnel des Compagnies de chemins de fer.

pendant un an au plus. Ces différents textes, surtout le dernier, malgré sa sphère d'application restreinte, formulent des prescriptions plus étendues que celles édictées par la loi du 2 juillet 1890; cette dernière exige simplement que le certificat énonce la date d'entrée, la date de sortie et l'espèce de travail auquel l'agent a été employé.

Aux termes de la loi du Colorado, indépendamment de la question de préavis, l'âge d'un employé n'est pas un motif valable de congédiement si la personne visée a dépassé 18 ans et n'a pas atteint 60 ans, est en possession de sa vigueur physique et intellectuelle, connaît son métier et fait bien son service. Par suite, quiconque dans cet Etat congédie un agent salarié sous le prétexte qu'il est trop jeune ou trop âgé s'expose, outre le paiement de dommages-intérêts à la partie en cause, à une amende de 100 à 200 dollars.

L'emploi de faux certificats en vue d'obtenir du travail n'est pas considéré en Pennsylvanie comme une infraction de droit commun, mais comme un délit spécial puni d'une amende plus élevée et d'un emprisonnement de moindre durée que le faux ordinaire (*forgery*).

L'intervention abusive des tiers dans la formation ou l'exécution du contrat de travail a donné lieu aux Etats-Unis à diverses mesures de répression. Un Act de 1903, en vigueur dans le Massachusetts, vise d'une manière très générale le favoritisme politique en matière de recrutement du personnel des entreprises de services publics. Cette loi interdit aux *corporations* de chemins de fer, de tramways, d'éclairage, d'adduction d'eau potable, de navigation à vapeur ou de téléphone, de procéder à aucune nomination, révocation, promotion, réintégration ou suspension, à la demande du gouverneur, du lieutenant-gouverneur, d'un membre de la législature, d'un magistrat, d'un fonctionnaire de l'ordre administratif ou d'un candidat à l'une de ces charges publiques. La même loi fait défense à ces différentes personnes de recommander qui que ce soit aux *corporations* visées ci-dessus, ou de le desservir auprès d'elle, directement ou indirectement, en corps ou individuellement; s'il en est autrement, il ne doit être tenu aucun compte de l'intervention de ces personnes, ni par les sociétés, ni, au cas ou cette intervention est favorable, par les intéressés. Toute infraction à ces dispositions est punie d'une amende de 50 à 100 dollars.

D'autres textes, édictés par les législateurs des Etats de Floride, de Pennsylvanie, de Massachusetts, du Connecticut et du Montana interdisent aux « contremaîtres ou autres agents chargés de recruter le personnel » d'accepter ou à plus forte raison d'exiger une rémunération ou prestation quelconque (*any valuable consideration*) des employés qu'ils sont chargés d'embaucher. Les peines encourues dans ce cas sont très sévères: dans le Montana, elles peuvent s'élever jusqu'à 1.000 dollars d'amende et 1 an d'emprisonnement (7).

Le débauchage (*enticing*) du personnel embauché pour un temps déterminé, en dehors du cas de grève, qui est l'objet de dispositions spéciales, a été prévu par les statuts de dix Etats appartenant à la région du Sud (Carolines, Floride, Louisiane, etc.). Les lois promulguées à cet effet sont pour la plupart très récentes : elles datent de 1905 à 1907; certaines d'entre elles exigent pour qu'il y ait délit « que l'ouvrier sollicité par un tiers de quitter son emploi ait été engagé en vertu d'un contrat écrit, et qu'il y ait promesse d'une récompense ». La loi du Mississipi vise seulement le débauchage d'enfants mineurs, et la loi de la Louisiane celui des ouvriers agricoles. La loi de l'Alabama est ainsi conçue : Quiconque cherche à détourner l'ouvrier, le fermier, le métayer ou le serviteur d'autrui, engagé pour une période d'une année au plus en vertu d'un contrat écrit, sera

---

(7) La loi de Floride ne vise que l'embauchage des débardeurs; celle de Pennsylvanie ne concerne que l'industrie minière.

puni d'amende et devra payer à l'intéressé, à titre de dommages-intérêts, le double du préjudice subi par lui ». Ce texte a été déclaré inconstitutionnel par la Cour suprême des Etats-Unis, sur appel d'une décision rendue par la Cour supérieure de l'Alabama, comme « étant une manifestation de la législation de classe », parce qu'il prévoyait en matière de contrat de travail des pénalités particulières. La Cour suprême désapprouve donc d'une manière générale le fait d'attacher une sanction exorbitante du droit commun en matière de contrat aux prescriptions concernant le contrat de travail en général.

La corruption « susceptible d'influencer les rapports entre un agent salarié et son employeur » est l'objet de dispositions spéciales dans onze Etats, notamment ceux de Massachusetts, New-York, Wisconsin, Maine et Indiana (8). Ces textes sont tous de date récente : le plus ancien est de 1904. Tous punissent d'amende et d'emprisonnement le tiers qui offre ou promet à un employé une récompense en vue de le détourner de ses devoirs, comme aussi l'employé qui accepte cette récompense. Certains d'entre eux infligent les mêmes sanctions aux agents préposés aux achats qui « dans l'exercice de leurs fonctions acceptent une commission ou rémunération à l'insu du chef d'entreprise ». Il en est ainsi notamment dans le Massachusetts (a).

---

(8) La loi du Maine ne vise que les entreprises publiques d'éclairage, d'adduction d'eau, de chemins de fer, de télégraphe et de téléphone; celle de l'Indiana n'est applicable qu'aux Compagnies de chemins de fer.

(a) LÉGISLATION FRANÇAISE. — I. *Le droit français ignore le contrat collectif de travail, tout au plus la jurisprudence est-elle péniblement parvenue chez nous à édifier une théorie juridique susceptible de rendre efficace le contrat syndical de travail.*

Depuis la loi du 21 mars 1884 sur les syndicats, il est admis que les syndicats ont qualité pour passer un contrat collectif, mais la loi ne leur a pas formellement donné une action pour assurer l'exé-

cution du contrat ainsi passé. La jurisprudence a commencé — voir sur ce point un arrêt de la Cour de Dijon du 23 juillet 1890 — par ne reconnaître aux syndicats le droit d'ester en justice que pour la défense des intérêts inhérents à la personnalité juridique du syndicat. Elle admet couramment, depuis un jugement du Tribunal civil de Cholet du 12 février 1897, l'intérêt direct, matériel et professionnel qu'a le syndicat à l'exécution des conditions qu'il a obtenues pour le bien collectif de ses membres.

Mais ce ne sont pas toujours des syndicats légalement constitués qui négocient et concluent des conventions collectives: le besoin d'un contrat collectif peut être ressenti par les ouvriers ou employés d'une seule entreprise industrielle ou commerciale, sans qu'il y ait lieu de faire intervenir le syndicat des ouvriers de ladite industrie ou dudit commerce. Certes, dans notre législation présente, un tel contrat est possible, mais il n'engage que les signataires exclusivement et ne domine pas les contrats individuels qui pourraient être conclus ultérieurement entre le patron et d'autres ouvriers et employés. Or l'utilité propre des conventions collectives de travail est justement de dominer ces contrats individuels de telle manière que ces contrats soient tenus d'être conformes aux conditions inscrites dans ces conventions.

En ce qui concerne ces conventions collectives de travail, notre législation ne contient rien, mais le Parlement a été saisi le 2 juillet 1906 d'un projet de loi sur le contrat de travail par le ministre du Commerce d'alors, M. Doumergue, et ce projet contient un titre tout entier de dix articles, articles 12 à 21, aux « conventions collectives relatives aux conditions du travail ».

Ce projet dispose d'abord que « préalablement à la formation du contrat individuel de travail, des conventions collectives de travail peuvent être conclues entre un ou plusieurs employeurs et un syndicat ou groupement d'employés, ou entre les représentants des uns et des autres, spécialement mandatés à cet effet, soit dans la forme prévue par les statuts des syndicats, soit par tout autre procédé.

« Les conventions collectives déterminent certaines conditions auxquelles doivent satisfaire les contrats individuels qui seront conclus entre les personnes qui peuvent exiger l'application des clauses inscrites dans ces conventions. »

II. — LOUAGE DE MAIN-D'ŒUVRE EN FRANCE. — *Les conditions suivant lesquelles la main-d'œuvre peut ou doit se louer en France se trouvaient réglées au point de vue législatif antérieurement à la loi du 28 décembre 1910 par les règles du droit commun comprises dans l'article 1780 du Code civil complété par la loi du 27 décembre 1890; elles sont réglées maintenant par les articles 20 et suivants du Code du Travail dont le livre I concernant « Les Conventions relatives au travail » a été promulgué par la loi du 28 décembre 1910.*

En ce qui concerne la durée *du louage de service, la loi française édicte : 1° qu'on ne peut engager ses services qu'à temps ou pour une entreprise déterminée (C. T., art. 20); 2° que la durée du louage de service est, sauf preuve d'une convention contraire, réglée suivant l'usage des lieux (C. T., art. 21); 3° que l'engagement d'un ouvrier ne peut excéder un an, à moins qu'il ne soit contremaître, conducteur des autres ouvriers, ou qu'il n'ait un traitement et des conditions stipulées par un acte exprès (C. T., art. 22); 4° que le louage de services, fait sans détermination de durée, peut toujours cesser par la volonté d'une des parties contractantes, mais que, néanmoins, la résiliation du contrat par la volonté d'un seul des contractants peut donner lieu à des dommages-intérêts (C. T., art. 23, paragraphes un et deux).*

Il est stipulé particulièrement que le fait qu'un des contractants est appelé à remplir une période obligatoire d'instruction militaire ou qu'une femme s'absente de son travail pendant huit semaines consécutives dans la période qui précède et suit l'accouchement ne peut être une cause de rupture du contrat de travail. Une stipulation contraire serait nulle de plein droit (C. T., art. 25 à 28 bis).

III. — EMBAUCHAGE. — *L'embauchage d'un agent salarié n'est soumis en France à aucune forme particulière. Il peut se faire verbalement ou par écrit. « Il peut être constaté dans les formes qu'il convient aux parties contractantes d'adopter... Il est exempt de timbre et d'enregistrement. » (C. T., art. 19).*

IV. — CERTIFICAT. — *La seule chose qu'une personne qui engage ses services peut, à l'expiration de son contrat, exiger de celui à qui elle les a loués est, dans le droit français, un certificat contenant exclusivement la date de son entrée, celle de sa sortie et l'espèce de travail auquel elle a été employée, et elle peut l'exiger sous peine de dommages-intérêts (C. T., art. 24).*

CHAPITRE II

Le temps de travail

Après avoir formulé des règles destinées à assurer l'exécution du contrat de travail, le législateur américain a cru devoir intervenir à l'occasion des stipulations essentielles qui le constituent, en vue de protéger les intérêts de l'ouvrier contre l'exploitation patronale, et au besoin contre sa propre ignorance. A cet effet, il a limité, par une voie directe, la quantité de marchandise-travail que l'ouvrier pouvait vendre d'avance à son co-contractant le patron ; en revanche, il a imposé à ce dernier diverses obligations, dont les unes tendent à rendre effectif le paiement du salaire, et les autres ont pour objet de garantir au travailleur les conditions d'hygiène et de sécurité sans lesquelles il ne pourrait s'acquitter de la tâche convenue sans danger pour sa vie et sa santé.

L'intervention de la loi dans la question du temps de travail s'est manifestée aux Etats-Unis par un assez grand nombre de textes que l'on peut ranger en trois groupes. Les uns concernent la limitation du nombre d'heures de travail par jour ou par semaine. D'autres accordent aux salariés le droit d'interrompre leur tâche à certains moments pour prendre leur repas. D'autres enfin instituent l'obligation du repos hebdomadaire.

Les mesures de la première catégorie visent plutôt les personnes protégées (femmes et enfants) que l'ensemble de la classe ouvrière; les textes applicables à ces personnes seules seront étudiés plus loin, en même temps que les autres dispositions concernant les travailleurs réputés faibles (1). Cependant on rencontre dans vingt-quatre Etats, des lois qui fixent d'une manière plus ou moins impérative la durée maxima du travail salarié, sans entrer dans aucune distinction touchant l'âge ou le sexe des assujettis. Une seule d'entre elles, celle du Montana, s'étend à l'ensemble des industries et exclut toute convention contraire. Elle interdit de faire travailler plus de dix heures par jour les salariés autres que les domestiques. Les lois des autres Etats visent seulement une ou plusieurs branches de l'activité économique ou, si elles sont de caractère général, admettent qu'il soit dérogé à leurs prescriptions par voie d'entente amiable entre les intéressés.

Dix-sept Etats ont déclaré qu'en principe la durée légale de la journée de travail était, soit de huit heures, soit de dix heures. Le premier chiffre a prévalu dans neuf Etats, dont huit sont importants: Californie, Illinois, Indiana, Missouri, New-York, Ohio, Pennsylvanie, Wisconsin et Connecticut. Le second est en vigueur dans huit autres, qui pour la plupart jouent dans la vie économiques des Etats-Unis un rôle bien inférieur à celui des précédents, et dont les principaux sont le Minnesota et le Michigan. Toutes ces lois prévoient et autorisent une dérogation à leurs dispositions en vertu d'un arrangement entre le patron et l'ouvrier (2). Elles représentent donc une manifestation de bonne volonté purement platonique, sauf toutefois en Floride et dans l'Etat de New-York, où les textes en vigueur obligent le

---

(1) Voir le chapitre VIII.

(2) Un texte analogue existe dans l'Arkansas depuis 1907, mais il vise seulement l'industrie du sciage du bois (*sawing and planing mills*)

patron à rétribuer le travail supplémentaire ; il ne peut être dérogé à cette nouvelle règle que dans le premier de ces Etats, mais cette fois à la suite d'une convention écrite et signée des deux parties. La loi floridienne s'applique à la main-d'œuvre en général (*manuel labor*) et celle de New-York à « toutes les professions autres que l'agriculture et le service personnel ».

Les dispositions concernant la durée du travail dans une industrie déterminée présentent toujours un caractère obligatoire. On en trouve dans neuf Etats, parmi lesquels certains ont fait coexister cette réglementation spéciale avec des prescriptions d'ordre plus général, mais moins libérales, ou susceptibles d'être mises à l'écart par voie contractuelle. Ainsi le Montana, après avoir, à une date assez ancienne, limité la journée de travail à dix heures, a tout récemment (1909) abaissé cette durée à 9 heures en faveur des téléphonistes travaillant dans les agglomérations d'une certaine importance (3). D'autre part, le New-York et la Californie, après avoir édicté le principe purement théorique de la journée de huit heures en ce qui concerne la masse des travailleurs, ont imposé, cette fois sous peine de sanctions sévères (4), des prescriptions de même nature, mais moins libérales toutefois, applicables à l'industrie de la droguerie et à la vente des produits pharmaceutiques. Le texte en vigueur dans l'Etat de New-York interdit de faire travailler les « pharmacists » et « druggist's clerks » plus de soixante-dix heures par semaine. La loi de Californie, assez récente (1907), défend d'employer les mêmes personnes plus de dix heures par jour et soixante heures par semaine.

Tous les autres Etats qui ont légiféré en cette matière se sont

---

(3) Dans les localités de plus de 3.000 âmes. Aux Etats-Unis, l'industrie téléphonique est libre.

(4) Les peines prévues par la loi de Californie sont les suivantes : 60 jours d'emprisonnement et une amende de 20 à 50 dollars.

bornés à viser une seule spécialité industrielle ou tout au plus un petit groupe de spécialités.

Trois d'entre eux, situés dans la région méridionale des Etats-Unis, et adonnés presque exclusivement à l'industrie textile, ont réglementé la durée du travail dans cette branche. Ce sont le Maryland, la Géorgie, et la Caroline du Sud. La loi de ce dernier Etat est récente, elle date seulement de 1907. Ces textes visent « les établissements affectés à la mise en œuvre de la laine et du coton bruts ou de leurs produits ». Il est interdit sous peine d'une amende élevée (20 à 500 dollars dans le Maryland) d'y faire travailler « un ouvrier appartenant au personnel de fabrication proprement dit », — à l'exclusion des commis de bureau, des agents du dehors et des mécaniciens ou chauffeurs — au delà de la limite légale. Cette dernière est fixée comme suit : dix heures par jour dans le Maryland, 66 heures par semaine en Géorgie, 60 heures par semaine avec maximum de 11 heures par jour dans la Caroline du Sud. Certaines exceptions sont admises, notamment le cas d'accident.

Dans le New-Jersey, la limite est de 60 heures par semaine et de dix heures par jour pour l'industrie de la *boulangerie;* toutefois la loi autorise l'ouvrier à excéder ce dernier chiffre en vue de raccourcir la durée du travail de l'un des jours de la semaine. En outre, en cas d'urgence, un patron pourra autoriser son ouvrier à faire deux heures supplémentaires, moyennant une rétribution spéciale.

L'Arizona (Loi de 1909) impose la limite de 48 heures par semaine, et même, sauf le cas de réparation, celle de 8 heures par jour, dans les blanchisseries de linge. Une loi du Nevada, votée à la même époque, rend obligatoire la journée de huit heures dans les fabriques de ciment et de plâtre.

Ces prescriptions isolées semblent devoir se généraliser avec le temps, si l'on considère le nombre de lois spéciales à telle ou telle industrie votées au cours des deux dernières sessions des Parlements d'Etats: 1907 et 1909 (4 *bis*). Les associations ouvrières favorisent ce mouvement autant qu'il est en leur pouvoir de le faire, et mènent depuis longtemps déjà une vigoureuse campagne pour la limitation légale de la journée de travail à huit heures. Comme le proclamait dans son rapport annuel, lu au Congrès International de Toronto, en novembre 1909, M. Samuel Gompers, président de la Fédération Américaine du Travail, les ouvriers des Etats-Unis aspirent aujourd'hui plus que jamais à l'avènement « du temps où la journée de dix heures, longue, inutile, et anti-économique, aura disparu pour toujours des ateliers merveilleusement productifs (*wonderfully productive*) de leur pays ».

L'obligation d'accorder aux travailleurs le droit d'interrompre leur besogne pour prendre le repas de midi est une réforme moins importante assurément que la précédente, mais néanmoins intéressante. Six Etats l'ont inscrite dans leur Code : ce sont la Californie, l'Indiana, le Michigan, le New-York, la Pennsylvanie, et, plus récemment, le Minnesota.

La législation-type, en cette matière, est celle de l'Etat de New-York. Elle est constituée par deux textes distincts. Le plus ancien, antérieur à 1900, concerne seulement les manufactures (*factories*). Il ordonne d'accorder aux ouvriers une interruption de travail d'au moins une heure pour leur permettre de prendre le repas « du milieu de la journée » ; ce laps de temps peut être réduit pour un « juste motif », en vertu d'une autorisation écrite de l'inspecteur du travail. Quand les employés sont appelés ou autorisés à travailler au delà du nombre d'heures habituel et de six heures du soir, ils ont le droit de quitter leur travail pendant vingt minutes au maximum, en vue de prendre une collation. Ce temps de répit devra leur être accordé avant qu'ils ne commen-

(4 *bis*) Les Parlements d'Etats ne se réunissent, pour la plupart, que tous les deux ans en session ordinaire.

cent leurs heures supplémentaires. Une seconde loi, en date de 1906, vise les maisons de commerce, magasins, bureaux, restaurants et hôtels : elle prescrit de permettre aux employés d'interrompre leur travail pendant trois quarts d'heure au moins afin qu'ils puissent prendre le repas de midi.

En Pennsylvanie, une loi ancienne, aujourd'hui virtuellement abrogée, accordait aux ouvriers des établissements *manufacturiers* le droit d'interrompre chaque jour leur travail pendant quarante-cinq minutes, pour prendre le repas de midi. Elle n'a plus sa raison d'être depuis le vote d'un *act* de 1905, qui maintient le principe du « repos du milieu de la journée » (*midday rest*), mais en porte la durée à une heure, et étend désormais le bénéfice de cette mesure à tous les salariés, sauf les exceptions suivantes : mineurs des houillères, ouvriers de ferme, employés de bureau et domestiques. En revanche, l'inspecteur du travail est autorisé à permettre au patron, pour un « motif sérieux » (*good cause*), d'abréger la durée de ce repos.

La loi du Michigan est copiée sur l'ancien texte des statuts de Pennsylvanie, aujourd'hui devenu caduc ; celles de l'Indiana et du Minnesota reproduisent, à quelques détails près, la teneur de l'*Act* de 1905.

En Californie, l'interruption de travail « au milieu de la journée » est réservée aux bûcherons et aux scieurs de long.

L'obligation légale du repos hebdomadaire est ancienne aux Etats-Unis comme d'ailleurs dans tous les pays anglo-saxons. Les textes américains, comme aussi le *Lord's Day Act* canadien (5), sont conçus dans l'intérêt des travailleurs, mais en règle générale cette préoccupation est primée par la question purement religieuse de l'observance du Sabbat ou Jour du Seigneur (*Sab-*

(5) Voir à ce sujet : Maurice DEWAVRIN, « La loi sur le repos hebdomadaire au Canada » (*Revue politique et parlementaire,* 10 novembre 1907).

bath, Lord's Day). Sur un total de cinquante Etats, colonies ou territoires qui posent le principe du repos hebdomadaire (6), quarante-neuf exigent que ce repos ait lieu le dimanche ; seule la loi de Californie se borne à proclamer le droit de « toute personne travaillant pour un salaire, sauf les domestiques », à se reposer un jour sur sept, et défend de contraindre cette personne, hors le cas d'urgence absolue (*emergency*), à travailler plus de six jours consécutifs. Cet Etat institue donc le repos hebdomadaire proprement dit, au sens de la loi française, mais sans en imposer la pratique au travailleur lui-même.

Tous les autres textes édictés sur le même sujet interdisent à toute personne ayant dépassé un certain âge — généralement quatorze ans, — de se livrer à telle ou telle catégorie de travaux ou de permettre qu'un tiers placé juridiquement sous sa dépendance (enfant, apprenti, ouvrier, employé) se livre à une occupation de ce caractère, durant la période comprise entre le samedi, à minuit (7), et le dimanche, à minuit. Cette prohibition se fonde sur des motifs d'ordre exclusivement religieux. La loi du Dakota du Nord, exprimant ce que les autres Etats ont laissé sous-entendu, justifie de la manière suivante dans son préambule l'intervention du législateur dans la question du repos dominical. « Considérant, dit-elle, que le premier jour de la semaine est, de par le consentement général, réservé pour le repos et les pratiques cultuelles, il sera interdit de vaquer ce jour-là aux travaux et occupations ci-après désignés. »

Le choix du dimanche comme jour de repos souffre bien une exception dans vingt-trois Etats, dont ceux de New-York, de New-Jersey, d'Illinois, d'Ohio et, dans la région de la Nouvelle-

---

(6) Les seuls Codes qui ne contiennent aucune mesure de ce caractère sont ceux du Nevada, de l'Arizona et des îles Philippines.

(7) Le dimanche au lever du soleil dans le territoire du Nouveau-Mexique.

Angleterre, de Rhode-Island. Mais cette dérogation, loin de porter atteinte au caractère purement religieux de l'interdiction du travail dominical dans les Etats en question, contribue tout au contraire à le renforcer. Elle vise les personnes appartenant à une confession ou association religieuse qui exige de ses adhérents l'observance d'un jour de la semaine autre que le dimanche, c'est-à-dire en fait les Israélites et les Sabbatariens, obligés par leurs croyances à chômer le samedi (8). La loi du Rhode-Island spécifie dans quelle mesure les bénéficiaires de cette dérogation du droit commun pourront s'affranchir des dispositions générales. « Les Sabbatariens, Israélites, et membres notoires d'une communauté religieuse pourront légalement exercer leur métier le premier jour de la semaine. Toutefois, il leur sera interdit de faire le commerce, de charger ou de décharger un navire, de travailler à la forge dans la partie agglomérée d'une localité, et de pêcher ou chasser en dehors des limites de leurs propriétés.» Elle exige, en outre, au cas de poursuite, la production par l'intéressé d'un certificat d'affiliation délivré par un ministre du culte. Les autres textes sont moins explicites, mais tous sont d'accord pour restreindre la permission dont bénéficient les dissidents aux manifestations d'activité non susceptibles de troubler matériellement ou moralement le repos dominical des orthodoxes.

Mais parmi les Etats qui imposent le repos du dimanche, un certain nombre ont fait coexister avec cette obligation purement religieuse une autre prescription de caractère exclusivement social : le repos de l'après-midi du samedi. L'ensemble de ces deux périodes consécutives assure au travailleur le temps nécessaire pour se délasser de son labeur, puis pour remplir ses devoirs reli-

---

(8) Les sabbatariens ou *adventistes du septième jour* sont les adhérents d'une secte protestante d'après laquelle le jour du Seigneur serait le samedi, étant donné que, d'après la *Bible*, le Créateur se reposa le septième jour.

gieux. Ce régime constitue un élargissement du repos hebdomadaire tel qu'il est organisé par la loi française. Il entraîne la réduction du temps de travail hebdomadaire à cinq jours et demi, arrangement connu dans le monde ouvrier sous le nom de *semaine anglaise,* tiré du pays où cette combinaison a pris naissance. Mais le repos d'un jour et demi sur sept est obligatoire dans les Etats américains qui l'ont prévu, tandis que le système de la semaine anglaise est purement facultatif.

Le repos hebdomadaire d'un jour et demi est ordonné par la loi, sous réserve de certaines restrictions, dans le district de Colombie et dans sept Etats, dont quatre présentant une importance considérable : Pennsylvanie, New-York, New-Jersey, Michigan, Maine, Virginie et Tennessee. Huit autres Etats, notamment l'Illinois et le Missouri, ont eux aussi organisé cette institution, mais en restreignant son application à quelques grandes villes (9).

L'interdiction de travailler le dimanche a été comprise d'une manière très différente suivant les législatures qui l'ont inscrite dans leur Code. On peut grouper en deux catégories les textes édictés à ce sujet. Quarante-quatre Etats, territoires ou colonies, ont prohibé, d'une manière générale, mais sous réserve d'exceptions plus ou moins nombreuses, « les travaux et occupations ne présentant ni un caractère de nécessité ni un caractère charitable ». Cinq autres Etats sont allés plus avant encore dans cette voie. Ils ont défendu de se livrer, le dimanche, non seulement aux œuvres *serviles* proprement dites, au sens que la doctrine catholique donne à ce mot, mais encore à toutes les œuvres *profanes,* telles la pêche, la chasse et les divertissements publics, à l'exception des fêtes de bienfaisance.

La détermination des œuvres « de charité et de nécessité » a donné lieu dans la pratique à de nombreuses controverses. La

(9) *Illinois :* villes de plus de 200.000 âmes; *Missouri :* localités comptant plus de 100.000 habitants.

plupart des Etats ont illustré d'exemples le principe de l'interdiction des œuvres serviles ne rentrant pas dans cette catégorie, soit qu'ils aient indiqué dans le texte de la loi que tel ou tel travail était autorisé, soit qu'ils aient donné une liste d'occupations défendues. Mais aucune de ces énumérations n'est limitative; aussi la jurisprudence a-t-elle eu à se prononcer dans les cas douteux, malheureusement très fréquents. Quelques législateurs avaient d'ailleurs facilité sa tâche en commentant le terme *works of necessity or charity*. La loi de New-York, l'une des plus précises sur ce point, est ainsi conçue: « Sont considérés comme travaux indispensables ou de pure bienfaisance ceux qui sont nécessaires au maintien de l'ordre public, à la santé publique et au bien-être (*comfort*) de la collectivité. »

En s'appuyant sur les exemples donnés par la majorité des Etats et les décisions des tribunaux, on peut reconnaître le caractère de « travaux indispensables » aux suivants:

1° Vente, au moins pendant un certain nombre d'heures, des denrées *périssables de première* nécessité: lait, viande fraîche, pain, fruits frais et glace à rafraîchir;

2° Fonctionnement ininterrompu des usines à feu continu, c'est-à-dire des établissements dont la marche ne pourrait être suspendue sans entraîner un dommage *irréparable*, telles les fonderies de fer (10) et des services publics de distribution d'eau, d'éclairage, etc.;

3° Transport des denrées corruptibles et du bétail par voie ferrée; acheminement vers leur destination définitive des convois mis en marche le samedi avant minuit; fonctionnement des entreprises de transport urbaines, ces dernières pouvant faciliter aux fidèles l'accès des lieux de culte;

4° Tous les travaux qu'une circonstance critique, comme une

(10) Cette interprétation résulte d'un arrêt célèbre rendu par la Cour supérieure de l'Etat de New-York.

calamité publique, un accident, une maladie ou un décès, rend nécessaires.

D'autre part, ne sont considérées comme œuvres charitables que celles qui ne sont pas destinées à procurer à ceux qui les font un profit matériel quelconque.

Telle est la règle générale. Mais après l'avoir posée ou admise implicitement, un grand nombre d'Etats du premier groupe se sont empressés d'y apporter des dérogations plus ou moins importantes. Plusieurs d'entre eux, comme l'Illinois, le Minnesota, le Texas, ont autorisé la libre circulation des trains de chemin de fer le dimanche, ou tout au moins celle des convois de voyageurs. Dans la plupart des autres, le trafic-voyageurs est implicitement autorisé ou tout au moins toléré, en l'absence d'une prescription formelle et contraire de la loi; cependant le Dakota du Nord, le Montana et le Dakota du Sud prohibent ce trafic par une disposition spéciale. D'autres textes visent la vente de produits non corruptibles et de nécessité plus ou moins immédiate. Divers Etats autorisent l'impression et la vente des journaux. La loi de plusieurs autres, comme les Iles Hawaï, le Minnesota, le Wyoming et l'Idaho, permet la vente du tabac, des pâtisseries, des boissons non spiritueuses, des journaux. Celle de l'Etat de New-York autorise la vente des fruits et fleurs toute la journée, et le débit des comestibles jusqu'à dix heures du matin. Dans le district d'Alaska, l'Orégon et la Louisiane, les boucheries et boulangeries peuvent rester ouvertes toute la journée du dimanche; le dernier de ces Etats ou territoires autorise même l'ouverture « de tous les marchés publics ou privés ».

D'autre part, des difficultés s'étant élevées au sujet du caractère de la profession de coiffeur, la jurisprudence a rendu à ce sujet des décisions contradictoires. La plupart des tribunaux ont jugé que l'exercice de cette profession n'était pas un travail de nécessité. Néanmoins, pour couper court à toute controverse, douze Etats ont formellement interdit l'ouverture et le fonctionnement des salons de coiffure le dimanche. La dernière loi votée à ce sujet est celle du Wisconsin: elle date de 1909. Par contre, la loi du Washington, celles de l'Alaska, de l'Orégon autorisent l'exercice de la profession de coiffeur tous les jours de la semaine.

Les Etats du second groupe sont le Massachusetts, le Connecticut, la Pensylvanie, le Rhode-Island et la Caroline du Sud. Les quatre premiers, situés dans la région du Nord-Est, sont dominés par les puritains; le cinquième appartient à la région du Sud-Est. Le Code de ces législatures interdit non seulement le travail proprement dit, mais encore « tout jeu, sport et divertissement » (11). En Pennsylvanie, la vente des denrées de première nécessité corruptibles, comme le lait, n'est autorisée qu'avant neuf heures du matin et après cinq heures du soir. La loi du Massachusetts a subi à une date très récente (1909) une première atténuation. Elle autorise aujourd'hui les chefs de police à accorder, « aux conditions qu'ils jugeront raisonnables, des permissions spéciales pour l'accomplissement, le jour du Seigneur, des tâches et travaux qui, à leur avis, ne pourraient être effectués un autre jour sans *sérieux inconvénients* ». Il n'est donc plus question, en pareille matière, d'*absolue nécessité* ou de *dommage irréparable*. Ces permissions sont individuelles et valables pour vingt-quatre heures seulement; elles doivent être demandées six jours au moins à l'avance.

Les peines prévues par ces différents textes sont très inégales. Les uns édictent des amendes bénignes de un ou deux dollars, les autres des sanctions très rigoureuses: amende de 500 dollars et emprisonnement d'un mois. La loi de l'Alaska et celle de l'Orégon confèrent au jury de pleins pouvoirs d'appréciations « en ce qui concerne les circonstances alléguées par le prévenu

---

(11) Par contre, la loi de Louisiane, Etat où l'esprit et les goûts français ont persisté dans une certaine mesure, autorise *formellement* l'ouverture le dimanche des théâtres et lieux de divertissement.

pour sa défense, touchant le caractère charitable ou indispensable du travail auquel il s'est livré le dimanche ».

La législation américaine sur le temps de travail et le temps de repos n'est pas comparable dans son ensemble à la législation française correspondante. Certains Etats de l'Union, notamment le New-York et le New-Jersey, en imposant la pratique de la semaine anglaise, l'interruption du travail pour le repas de midi et l'obligation de rétribuer les heures supplémentaires, ont donné satisfaction aux aspirations les plus légitimes des travailleurs, en sorte qu'on serait mal venu à leur reprocher d'avoir confondu le domaine de la morale religieuse avec celui de l'économie politique en basant sur un principe d'ordre confessionnel l'obligation du repos dominical. D'autres, tel le Massachusetts, tout en s'inspirant des principes démocratiques, ont prétendu, bien à tort, priver la classe ouvrière, comme d'ailleurs l'ensemble des citoyens, du droit incontestable de s'accorder des distractions le seul jour de la semaine où il lui soit matériellement possible de le faire. Il est à souhaiter que cette rigueur puritaine se relâche avec le temps. D'autres enfin n'ont édicté en faveur de la classe ouvrière que la garantie du repos dominical, encore cette réglementation est-elle de caractère purement religieux. En sorte que, réserve faite des exceptions citées plus haut, malgré son caractère fragmentaire, la législation française, sur le temps de repos et le temps de travail, est en somme aussi favorable aux intérêts légitimes des travailleurs que celle des Etats-Unis sur le même sujet (a).

(a) LÉGISLATION FRANÇAISE. — I. Durée du travail quotidien. — *La législation française concernant la durée du travail quotidien des ouvriers adultes du sexe masculin se limite à peu de choses : 1° d'une manière générale, la journée de travail ne doit pas dépasser douze heures pour les adultes, cela en vertu du décret-loi du 9 septembre 1848; mais, en pratique, cette loi n'est appliquée que depuis 1883 parce que alors seulement fut votée une disposition chargeant le personnel de l'inspection d'en surveiller l'exécution ; — 2° quand les ouvriers du sexe masculin sont employés dans les mêmes locaux que des enfants, des filles mineures ou des femmes, la durée de leur journée de travail est, en vertu de la loi du 30 mars 1900, réduite à dix heures depuis le 1er avril 1904. En vertu du décret du 28 mars 1902, la durée du travail effectif journalier des ouvriers adultes peut être élevée au-dessus des limites respectivement fixées par la loi du 9 septembre 1848, en ce qui concerne les établissements n'employant que des hommes adultes, et par celle du 30 mars 1900 en ce qui concerne les établissements employant des hommes en même temps que des enfants, des jeunes filles ou des femmes pour certains travaux désignés dans un tableau annexé à ce décret. Là, l'unité d'augmentation de durée du travail journalier est fixée pour chaque catégorie de travail. — 3° pour certaines industries où l'on estime que le surmenage du personnel compromettrait la sécurité du public qui utilise leurs services, en particulier pour les Compagnies de transport de personnes en commun, qui sont soumises au contrôle administratif, la durée de la journée effective de travail est fixée légalement à un chiffre d'heures inférieur à douze; — 4° enfin en vertu de la loi du 29 juin 1905, la journée des ouvriers employés à l'abatage dans les travaux souterrains des mines de combustibles est réduite à huit heures à partir de 1910.*

II. — Repos hebdomadaire. — *Une loi française du 18 novembre 1814, appliquée d'ailleurs assez peu strictement, interdisait tout travail et tout commerce extérieur les dimanches et jours de fêtes légales. Cette loi avait été abrogée par celle du 12 juillet 1880. La loi du 13 juillet 1906, base de la législation actuelle en cette matière, établit le repos hebdomadaire, en principe, d'une manière absolue, en faveur des employés et ouvriers. Elle déclare (art. 1er) que « le repos hebdomadaire devra avoir une durée minima de vingt-quatre heures consécutives » et (art. 2) que « le repos hebdomadaire doit être donné les dimanches ».*

Mais la même loi admet que « lorsqu'il est établi que le repos simultané, le dimanche, de tout le personnel d'un établissement serait préjudiciable au public ou compromettrait le fonctionnement normal de cet établissement, le repos peut être donné soit constamment, soit à certaines époques de l'année seulement:

a) *un autre jour que le dimanche à tout le personnel de l'établissement;*

b) *du dimanche midi au lundi midi;*

c) *le dimanche après-midi avec un repos compensateur d'une journée par roulement et par quinzaine;*

d) *par roulement à tout ou partie du personnel.*

Aux termes de la loi, le repos collectif ne peut être donné un autre jour que le dimanche, de minuit à minuit, qu'avec l'autorisation du préfet. Quant au repos individuel par roulement, il est de droit pour certaines industries énumérées par la loi ou le règlement d'administration publique qui la complète et subordonné pour les autres à l'approbation préfectorale. Les établissements occupant moins de cinq ouvriers peuvent substituer le repos par roulement de deux demi-journées (au choix) au repos d'une journée entière par roulement. D'autres dérogations analogues sont admises dans certaines industries.

En outre, le repos hebdomadaire peut être suspendu ou supprimé en ce qui concerne le personnel indispensable en cas de travaux urgents et nécessaires, soit pour prévenir des accidents imminents, soit pour réparer les accidents survenus au matériel, aux installations ou aux bâtiments.

Les contrevenants sont passibles des peines suivantes: cinq à quinze francs d'amende pour la première infraction, cette amende étant appliquée autant de fois qu'il y a de personnes employées dans des conditions contraires à la loi, sans toutefois que le maximum puisse excéder 500 francs; 16 à 500 francs s'il y a récidive dans les douze mois (maximum, 3.000 francs).

CHAPITRE III

La législation du salaire

La plupart des pays d'Europe ont assuré aux créances dérivées du contrat de travail une situation juridique privilégiée. Il en est de même aux Etats-Unis. Le législateur américain s'est efforcé de garantir aux travailleurs, dans la mesure du possible, le paiement effectif et la libre jouissance de leurs gains professionnels. A cet effet, il a élaboré et mis en vigueur divers textes que l'on peut classer en deux groupes d'après leur objet. Les uns organisent le contentieux du salaire sur des bases très favorables aux mercenaires ; les autres ont déclaré d'ordre public certaines stipulations touchant l'époque et la nature des prestations dues par l'employeur en échange du travail effectué par ses co-contractants.

Le contentieux du salaire s'inspire aux Etats-Unis du même principe qu'en Europe : les gains professionnels sont susceptibles d'être recouvrés dans des conditions exorbitantes du droit commun et ne peuvent par contre être touchés par les voies d'exécution ordinaires. Mais le législateur américain étend l'application de cette double règle beaucoup plus loin que ne le font les lois européennes.

Si l'époque même du paiement des gains professionnels ne donne pas lieu à des difficultés en ce qui concerne les agents travaillant au mois ou à l'année (1), il n'en est pas de même pour les journaliers (*day laborers*). Aussi, alors qu'en France cette question ne relève que des usages, la plupart des Etats ont-ils rendu obligatoire le paiement à date fixe des employés et ouvriers à la journée et déterminé cette date elle-même. La paie *mensuelle* est généralement admise pour le personnel des Compagnies de chemins de fer. Pour les autres entreprises, la majorité des textes prévoient la paie de *quinzaine;* quelques lois, dont celles de tous les Etats de la région essentiellement industrielle de la Nouvelle-Angleterre (le Maine excepté), prescrivent la paie *hebdomadaire.*

La loi de Californie contient une restriction relative au lieu de paiement des salaires. Elle interdit de procéder dans les cabarets et autres locaux où des liqueurs spiritueuses sont vendues au détail à la paie des agents salariés autres que ceux constituant le personnel de ces établissements (1 *bis*).

Le salaire échu est immédiatement exigible au cas de congédiement, de départ volontaire ou de décès de l'ouvrier; toutefois, la loi de l'Orégon stipule que si l'interruption du travail provient de faits de grève, le salaire acquis à cete époque ne devient exigible qu'au prochain jour de paie réglementaire.

Si l'agent salarié, demandant le paiement de ses gains professionnels, se heurte à un refus de l'employeur, la loi vient à son secours de deux manières différentes. Tout d'abord, presque tous les Etats ont édicté diverses mesures de détail destinées à faciliter les poursuites des travailleurs contre le patron récalcitrant. Certains textes dispensent le plaignant de donner caution du paiement des frais de justice antérieurs au jugement, pourvu qu'il produise une attestation (*affidavit*) certifiant que sa cause

---

(1) En fait, ces agents sont généralement payés deux fois par mois.

(1 *bis*) Cette dernière disposition figure aussi dans la loi française du 7 décembre 1909.

est « bonne et méritoire » (*a good and meritory case*). La loi de l'Etat de New-York l'exempte même à cette condition du paiement des honoraires dus au greffier de la Cour, pourvu, d'autre part, que l'importance du litige n'excède pas 50 dollars. L'Ohio, le Wisconsin et la Pennsylvanie (2) interdisent de surseoir à l'exécution des jugements en premier ressort qui font droit à une demande en paiement de salaires; l'Utah, le Wisconsin et le Dakota du Sud se refusent à accorder au patron débiteur les exemptions de saisies-arrêts et autres voies d'exécution dont bénéficient dans certains cas les débiteurs de droit commun (3). Enfin, plusieurs Etats déterminent à forfait le montant des honoraires d'hommes d'affaires (*attorneys' fees*) que les tribunaux devront accorder à l'ouvrier ou employé demandeur qui a obtenu gain de cause (4).

En second lieu, un certain nombre d'Etats considèrent comme délictueux, et punissent comme tel de peines correctionnelles le refus de payer les salaires exigibles, quand ce refus est fait de mauvaise foi (*maliciously*). Les lois du Montana, du Minnesota et du Connecticut ont prévu à ce sujet des peines d'emprisonnement et d'amende. Le code de Californie va plus loin : il qualifie *crime* (felony) le refus de payer les salaires des ouvriers embauchés par les entreprises de travaux publics.

Mais d'autres causes que la mauvaise volonté de l'employeur peuvent s'opposer au paiement du salaire. Le travailleur est

(2) En Pennsylvanie, il n'en est ainsi que si le montant du litige n'excède pas 50 dollars.

(3) L'exemption de saisie-arrêt n'est jamais accordée en Utah quand il s'agit d'une action en paiement de salaires dus pour la dernière année (Wisconsin : les six derniers mois).

(4) Idaho, Michigan, Minnesota, New-York : 10 dollars en première instance, et 25 dollars en appel. Texas, 20 dollars; Wisconsin : les honoraires de l'homme d'affaires ne peuvent excéder 5 dollars si le montant du litige est inférieur à 50 dollars, et ladite somme de 5 dollars sera passée en taxe.

appelé parfois à se trouver en présence d'un débiteur en faillite, en liquidation judiciaire, ou d'une succession insolvable.

La législation déterminant les droits des agents mercenaires en matière de faillite ou de liquidation judiciaire de l'employeur émane aujourd'hui de l'autorité fédérale. L'*act* du Congrès Américain en date du 1er juillet 1898 a abrogé (*superseded*) sur ce point les textes édictés par les législatures. Ce texte est applicable aux sociétés et particuliers exploitant toute entreprise autre qu'un établissement agricole. L'article 64 de la loi, modifié par l'*act* du 15 juin 1906, accorde aux ouvriers et employés un privilège pour les gains et salaires échus dans les trois mois qui ont précédé l'ouverture de la procédure de faillite ou liquidation, sans que la somme ainsi réservée puisse excéder 300 dollars par créancier. Ce privilège est primé par les trois suivants, dans l'ordre : privilège des frais d'administration des biens ; privilège des frais d'enregistrement des créances ; privilège des frais de justice (4 *bis*).

Un certain nombre d'Etats ont édicté, en cas de faillite, la responsabilité personnelle des actionnaires pour le paiement des salaires dus au personnel, même en ce qui concerne les *compagnies limitées* ou sociétés anonymes. Cette clause dérogatoire du droit commun des *Corporations* n'a pas été abrogée par la loi fédérale précitée, parce qu'elle n'entraînait point disposition de l'actif, et ne touchait pas ainsi aux droits de la masse. Elle s'applique à l'ensemble des Corporations dans le Massachusetts, le New-York, le Michigan et l'Indiana. Ceux des autres Etats qui l'ont inscrite dans leur code l'ont limitée à certaines entreprises, comme les Compagnies de chemins de fer, de tramways ou d'éclairage public.

(4 *bis*) Ce régime se rapproche beaucoup de celui de la loi française (art. 549 du Code de Commerce), applicable aux employés de commerce sédentaires et aux voyageurs de commerce ; toutefois il protège une catégorie de personnes non visée par cette dernière : les ouvriers. En

D'autres textes locaux visent la répartition de l'actif successoral au cas où un insolvable décède sans avoir été déclaré en faillite, et déterminent le droit des agents salariés dans cette hypothèse. Plusieurs Etats ont fait preuve à ce sujet d'une grande bienveillance envers les travailleurs : le New-Jersey, l'Utah, et le New-York accordent aux créances de salaires en souffrance un privilège de premier rang. Mais cette faveur est exceptionnelle. D'ordinaire, les frais funéraires, les frais de dernière maladie et les frais d'administration des biens, dans l'ordre, priment les créances de salaires. Parfois cependant ces dernières reculent d'un ou de plusieurs rangs. Ainsi la loi de l'Illinois accorde à la veuve et aux orphelins du *de cujus* une allocation destinée à pourvoir à leur subsistance pendant une année entière. et fait bénéficier cette pension alimentaire d'un tour de faveur (5). Et la loi de deux Etats — Iowa, Indiana, — préfère aux salaires impayés en cas d'insuffisance de l'actif successoral les cotes d'impôts fédéraux et locaux en souffrance.

Le montant des gains professionnels couvert par le privilège en cas de décès du patron est toujours limité à une somme déterminée, mais ce quantum est généralement élevé (5 *bis*).

La loi américaine ne s'est point contentée de reconnaître aux travailleurs diverses facilités et garanties de recouvrement; elle s'est en outre efforcée de supprimer un abus assez fréquent aux Etats-Unis : la réduction par l'employeur, sans préavis raisonnable, des appointements et salaires. Les lois du Missouri et du

---

revanche il pose une limitation de somme, alors que la loi française ne contient aucune stipulation analogue.

(5) Il en est de même dans l'Arizona, l'Idaho et la Californie.

(5 *bis*) Dans l'Etat de New-York, le privilège garantit le salaire des douze derniers mois, de même dans le Massachusetts, mais sans que la somme réservée puisse excéder 100 dollars par tête; en Pennsylvanie, il porte sur six mois de salaires, avec un maximum de 200 dollars par créancier.

Texas — malheureusement spéciales à certaines industries (6) — obligent le chef d'entreprise à faire connaître aux intéressés toute mesure de ce caractère trente jours d'avance. Si la diminution est collective, des affiches devront être apposées d'une manière apparente au lieu de travail pour la porter à la connaissance du personnel; si elle est individuelle, l'avertissement devra être donné par lettre recommandée.

L'*act* fédéral du 1er juin 1898 vise la réduction des salaires et appointements du personnel d'un réseau de voies ferrées mis sous séquestre à la suite d'une décision de justice. Cette mesure ne peut être prise par l'administrateur-séquestre que sous deux conditions : l'autorisation préalable du tribunal et un préavis de vingt jours aux intéressés.

L'objet commun des textes précédents est d'assurer aux travailleurs des facilités spéciales pour le recouvrement de leurs salaires impayés. D'autres visent le cas inverse, celui de l'ouvrier ou employé poursuivi par ses créanciers : ils se proposent de restreindre dans une mesure plus ou moins considérable la portée d'application des voies d'exécution dirigées contre les gains professionnels. On rencontre des prescriptions de ce caractère dans tous les Etats et Territoires, sauf la Virginie Occidentale et le New-Jersey, ainsi que dans deux colonies, Hawaï et Porto-Rico (7).

La majorité des Etats n'accordent pas aux travailleurs une exemption permanente, totale ou partielle, de la mainmise des créanciers sur leurs salaires; ils se sont bornés à déclarer insaisissables les sommes gagnées pendant une période déterminée, presque toujours antérieure à la signification du jugement pris contre le débiteur ou à celle de l'opposition entre les mains du

(6) La loi du Missouri est applicable aux manufactures, aux mines et aux chemins de fer; celle du Texas vise seulement ces dernières entreprises.

(7) La plupart de ces textes sont antérieurs à 1900.

tiers saisi. Encore cette faveur, déjà si restreinte, est-elle d'ordinaire subordonnée à diverses conditions. D'une manière générale, l'exemption de saisie-arrêt ou autre mesure d'exécution ne s'applique qu'aux *wages for personal services,* c'est-à-dire aux produits du travail seul. Mais, en outre, elle est restreinte dans seize Etats aux personnes domiciliées ou résidant dans la « *Commonwealth* », c'est-à-dire dans les limites du territoire de l'Etat : il en est ainsi notamment dans le Michigan, le Missouri et la Californie. Par contre les lois du Maryland et du Montana ordonnent expressément que les non-résidents soient traités comme les résidents ; cette assimilation résulte aussi de la jurisprudence constante de la Cour supérieure du Nebraska.

En vue de prévenir la fraude, certaines des législatures qui accordent en matière de saisie-arrêt un privilège aux résidents prévoient et punissent d'amende le délit de « *sending out claims* » ; cette infraction consiste à « transférer à un tiers une créance contre un ouvrier, ou à faire valoir cette créance devant une cour de justice d'un autre Etat, en vue de priver le débiteur du bénéfice de l'insaisissabilité » (8).

En second lieu, vingt-six Etats ou Territoires réservent l'exemption de mesures d'exécution contre le salaire aux « chefs de famille ». La loi de l'Etat de New-York s'exprime à ce sujet de la manière suivante : « Cette exemption sera acquise s'il est établi, par serment ou par un autre mode de preuve, que ces gains sont nécessaires à l'entretien de la famille du débiteur, cette dernière vivant exclusivement ou en partie du travail de son chef ». La même formule figure dans le Code de Californie, du Wisconsin, du Missouri, etc. Aucun texte n'a nettement spécifié quelles étaient les personnes susceptibles d'être considérées comme membres de la famille. La Cour supérieure de l'Oklahoma,

(8) Ce délit est prévu dans sept Etats, dont les principaux sont : l'Ohio, l'Indiana, le Wisconsin et l'Illinois.

ayant été appelée à se prononcer sur cette question, s'est rangée à la solution la plus libérale, et a décidé qu'une personne à la charge d'une autre en vertu d'une obligation légale *ou morale* devait être considérée comme un membre de sa famille au sens de la loi sur la saisie-arrêt » (9).

La règle générale en matière d'insaisissabilité des salaires, sous réserve des conditions qui précèdent, est donc l'exemption de gains professionnels afférents à une période déterminée, antérieure à la notification des mesures d'exécution prises par le créancier. Cette période est fixée tantôt à trente, tantôt à soixante, et exceptionnellement à 90 jours. Mais souvent le montant des salaires gagnés pendant sa durée n'est insaisissable que jusqu'à concurrence d'une somme déterminée : 20 dollars dans le New Hampshire, 75 dollars dans l'Orégon (loi de 1909), 150 dollars dans l'Ohio, etc. Parfois en revanche un minimum insaisissable est prévu : 30 dollars dans l'Utah (10).

Certains Etats, au lieu d'exempter les salaires acquis pendant une période déterminée, ont préféré déclarer insaisissable une somme fixe et généralement peu élevée. Il en est ainsi dans le Massachusetts (20 dollars), le Connecticut (25 dollars), l'Indiana (25 dollars), le Rhode-Island (10 dollars). Le même principe se retrouve dans le Code du Maryland, mais cette fois le minimum insaisissable est assez considérable: il atteint 100 dollars.

Un petit nombre de législatures ont rejeté les deux systèmes précédents et ont édicté en matière de saisie-arrêt des prescriptions qui se rapprochent davantage du régime de la loi française du 12 janvier 1895 : elles exemptent de toute mainmise de

(9) Il s'agissait en l'espèce d'un ouvrier célibataire qui avait pris à sa charge une sœur demeurée sans ressources.

(10) Les lois de Washington et du Texas exemptent les « gages courants » (current wages), c'est-à-dire ceux qui ont été gagnés depuis la dernière paye régulière. Dans le premier de ces Etats, cette faveur est subordonnée à plusieurs conditions.

la part des créanciers une proportion déterminée des gains professionnels. Le taux de cette exemption est fixé à 50 p. 100 dans le Delaware, à 60 p. 100 dans le Colorado (11), à 80 p. 100 dans le Michigan, avec établissement d'un maximum et d'un minimum mensuel (12), enfin à 90 p. 100 — comme en France — dans le Nebraska et le Tennessee. Toutes les lois du Delaware, du Colorado, du Michigan et du Tennessee ne sont applicables qu'aux résidents, et les quatre dernières années, comme aussi celle du Nebraska, concernent seulement les chefs de famille (13).

Les exemptions partielles ne sont pas maintenues ou sont restreintes dans plusieurs Etats quand la créance invoquée contre l'ouvrier ou l'employé menacé de mainmise sur son salaire dérive d'une fourniture « d'objet ou produits de première nécessité » (*necessaries*). Dans ce cas le New-Hampshire, le Rhode-Island, le Nouveau-Mexique n'accordent pas l'insaisissabilité; les lois du Massachusetts et de l'Orégon réduisent à la moitié le minimum non saisissable, et celle du Washington l'abaisse aux deux cinquièmes.

Six législatures, tout en soumettant les travailleurs en général à l'un des régimes précédents, ont fait bénéficier les gains professionnels des femmes mariées et des enfants mineurs du privilège de l'insaisissabilité complète : tel est notamment le cas dans le Massachusetts et le Minnesota. Le premier de ces Etats, comme aussi son proche voisin le Rhode-Island, accordent le même traitement aux matelots (14).

Quatre Etats seulement, se séparant complètement de la prati-

(11) Avec minimum insaisissable de 5 dollars par semaine.

(12) Au moins 8 dollars par mois, au plus 30.

(13) La loi du Michigan réduit de moitié le taux insaisissable, le maximum mensuel et le minimum mensuel quand il s'agit d'un ouvrier célibataire ou non résident.

(14) La loi de Californie accorde aux matelots l'insaisissabilité de salaires jusqu'à concurrence de 300 dollars.

que législative courante, ont édicté en matière de saisie-arrêt des mesures plus libérales que la loi française. Ces Etats sont la Floride, la Géorgie, la Louisiane, tous trois situés dans l'Extrême-Sud, et le Massachusetts, l'une des principales régions industrielles du Nord des Etats-Unis.

La loi floridienne interdit de toucher par une voie d'exécution quelconque les gains professionnels des chefs de famille résidents, quel que soit le montant de ces gains.

La loi géorgienne date sous sa forme actuelle de 1898. Elle déclare insaisissables les salaires des « ouvriers et journaliers » (*journeymen, mechanics and day laborers*), et punit de peines sévères quiconque cherche à éluder cette disposition par un transfert de créances frauduleuses (*sending out claims*) (15). La jurisprudence des Cours de l'Etat de Géorgie a interprété ce texte d'une manière très large, bien que parfois arbitraire (16).

Les statuts de Louisiane et de Pennsylvanie déclarent insaisissables les salaires et gages de toute nature, sans aucune restriction.

La comparaison entre les principaux systèmes législatifs des Etats-Unis concernant la protection légale du salaire et la loi française du 12 janvier 1895 qui traite du même sujet fait ressortir de part et d'autre des avantages et des inconvénients sérieux. Sauf les quatre Etats qui admettent l'insaisissabilité absolue des gains professionnels dus au travail seul, tous les autres n'accordent aux salaires qu'un taux d'exemption inférieur, ou tout au plus égal — en Tennessee et au Nebraska — à celui de la loi de 1895. En outre, aucun des textes en vigueur aux Etats-Unis ne

(15) Voir ci-dessus.

(16) Il a été jugé, par la Cour supérieure de Géorgie, que cette loi était applicable aux ouvriers travaillant à façon ou aux pièces (*job work, piece work*), aux mécaniciens des chemins de fer, aux conducteurs de tramways, aux secrétaires particuliers, aux comptables et aux commis de magasins, mais non aux chefs de trains.

limite le droit des travailleurs à céder d'eux-mêmes à leurs créanciers une partie de leurs gains, alors que la loi française ne permet pas de faire abandon d'une fraction du salaire supérieure au dixième. On peut critiquer d'autre part la conception américaine qui fait traiter différemment, en matière de saisissabilité des salaires, les chefs de famille et les célibataires : l'expérience prouve que les mesures de ce caractère se retournent généralement contre ceux qu'elles tendent à protéger. La même observation peut être adressée aux lois de certains Etats qui déclarent insaisissables le salaire de la femme mariée, avec cette réserve toutefois que la loi française, du 16 juillet 1907, en permettant aux créanciers du mari de saisir ce salaire encourt le reproche inverse. En revanche, la législation américaine protège tous ceux qui louent leurs services moyennant salaire, quel que soit le montant de ce salaire.

Un certain nombre de législatures se sont préoccupées du sort fait à la veuve et aux orphelins d'un ouvrier décédé insolvable. Elles ont édicté dans ce cas l'insaisissabilité des salaires arriérés du défunt, jusqu'à concurrence de 100 dollars. Six d'entre elles ont décidé d'autre part que certains héritiers, à savoir le conjoint, les ascendants et descendants, ou à défaut les frères ou sœurs, dans l'ordre, primeraient les créanciers privilégiés du défunt, en ce qui concerne la répartition des salaires arriérés, jusqu'à concurrence d'un chiffre déterminé (17).

L'emprunt gagé sur une délégation de salaires est un contrat très usité aux Etats-Unis. Les *pawn-brokers*, ou prêteurs sur gages, cumulent le plus souvent leur profession avec celle de *wage-brokers* (prêteurs sur salaires futurs), et l'exercice de ces

(17) Arizona (loi de 1909) 150 dollars; Alabama, Géorgie, Mississipi, 200 dollars; Pennsylvanie, 75 dollars.

La loi de New-Jersey (1909) attribue la totalité des salaires arriérés aux héritiers ci-dessus désignés.

deux métiers similaires se traduit par une même exploitation des ouvriers et petits employés besogneux. Des lois récentes — elles datent de 1909 — ont tenté d'enrayer le mal en soumettant l'exercice de la profession de *wage-brokers* à une réglementation administrative. D'après la loi du Colorado, le prêteur sur salaires futurs est tenu de payer un droit annuel de licence. Il ne peut prélever à titre d'intérêt ou de commission plus de 2 p. 100 par mois du montant de la dette, taux exorbitant, mais cependant relativement modéré en comparaison de celui qui est couramment pratiqué ailleurs. La délégation de salaires consenti au prêteur qu'elle soit partielle ou totale, ne peut s'étendre au delà de 30 jours consécutifs. Si elle est faite par un homme marié, le consentement de sa femme est nécessaire à la validité de l'opération.

Les prescriptions formulées par la loi de l'Indiana diffèrent des précédentes en ce qu'elles réduisent à 8 p. 100 le taux maximum de la rémunération du prêteur, et n'exigent point de licence de ce dernier.

Les autres Etats qui se sont occupés de la délégation de salaires sont intervenus d'une autre manière. Quelques-uns prohibent complètement cette opération, tels la Pennsylvanie et la Géorgie; il en est de même dans l'Indiana (18), mais en revanche la loi de cet Etat autorise l'employeur à consentir à son personnel des avances sur les salaires non échus, opération interdite par les Etats de New-York et de Massachusetts. Le New-Jersey et le Maryland se bornent à limiter le taux d'intérêt des emprunts gagés sur une délégation de salaire, et le fixent respectivement à 5 p. 100 et 6 p. 100 l'an.

Les autres prescriptions légales ayant trait à la délégation de salaires concernent seulement des conditions de forme. La loi de plusieurs Etats exige le consentement du conjoint (19) ou du

---

(18) Sous peine de 200 dollars d'amende.

(19) Iowa, Illinois, Colorado, Wisconsin, Maryland.

délégué, débiteur du salaire (20). La plupart des textes prescrivent en outre une certaine publicité de la délégation (notification aux créanciers du déléguant ou enregistrement de l'opération au greffe du tribunal), faute de laquelle elle ne prévaudra point contre les tiers.

Il convient de rapprocher de l'emprunt gagé sur une délégation de salaires la demande d'avances sur appointements, qui donne lieu à des abus analogues. Certains employeurs, saisis par leur personnel de demandes d'avances, s'y prêtent volontiers, mais en profitent pour imposer à leurs agents un taux d'escompte usuraire. Trois textes ont trait à cette matière. La loi du Connecticut et celle du New-Jersey interdisent de faire l'escompte des avances au personnel; la loi de l'Arkansas limite la quotité du prélèvement à 10 p. 100, taux déjà considérable.

La législaion américaine sur le contentieux du salaire est notablement plus favorable aux travailleurs mercenaires que ne l'est celle des pays d'Europe. Mais l'intervention des pouvoirs publics américains ne s'est pas bornée au contentieux. Les faits l'ont contrainte de s'étendre au mode de paiement des salaires.

Les gains professionnels de l'ouvrier américain sont en moyenne générale notablement supérieurs à ceux du travailleur européen, les Labor Associations étant parvenues après une longue lutte à imposer au patronat un taux de rémunération plus ou moins élevé suivant les professions, mais toujours considérable. Les patrons, à leur tour, se sont efforcés par des moyens détournés de restreindre l'importance des sacrifices qu'ils se voyaient contraints de faire. Ils ont cherché à imposer à leur personnel le paiement des salaires en billets à échéance plus ou moins rapprochée ou en bons de marchandise. Les billets étaient rachetés ensuite moyennant escompte, soit par le patron lui-même, soit par une banque désignée à cet effet; quant aux bons, ils pou-

(20) Minnesota, Tennessee.

vaient être troqués dans des magasins spéciaux contre des denrées ou produits, sur des bases d'échange défavorables à l'ouvrier. D'autres fois, ce dernier était bien payé en numéraire ou en billets de banque, mais il se voyait contraint sous peine de renvoi de s'approvisionner à l'économat patronal, le montant de ses achats étant déduit d'office de sa paie. Enfin les ouvriers se sont vu infliger dans certaines entreprises, notamment dans les tissages et filatures, des amendes plus ou moins justifiées pour malfaçons.

Les patrons sont souvent parvenus à imposer ces diverses mesures à leur personnel, surtout en raison de ce fait que parmi les ouvriers on compte de nombreux étrangers, venus depuis peu de temps aux Etats-Unis, et ignorant à la fois la langue et les usages du pays. Aussi les associations ouvrières ont-elles dû intervenir auprès des pouvoirs publics, et provoquer la mise en vigueur des textes destinés à prescrire ou tout au moins à limiter les abus relatifs au paiement des salaires. Ces textes remontent pour la plupart à quinze ou vingt années. Il n'en existe guère de semblables en Europe, si ce n'est en ce qui concerne les économats patronaux.

Vingt-sept Etats, dont le New-Jersey, le New-York, l'Illinois, le Michigan et la colonie de Porto-Rico, ont voté des lois ordonnant « à toutes les sociétés, maisons de commerce ou entreprises se servant de certificats, bons de marchandises et autres pièces constatant une dette (*évidences of indebtedness*), pour payer leur personnel ou toute autre personne de son travail, de racheter à première demande et au pair (*at face value*) ces différentes pièces en bonnes espèces ou billets ayant cours (21).

La législature de Pennsylvanie a édicté à ce sujet les dispos

(21) La loi de l'Iowa s'applique seulement aux mines, celles d Maryland et de la Virginie aux mines, chemins de fer et manufactur Celle de la Louisiane accorde aux porteurs légitimes de ces pièces, e cas de refus, des intérêts inventoriés et le droit de se faire rembours

tions suivantes : les employeurs sont tenus de présenter le 1er novembre de chaque année le relevé du nombre et de la valeur des chèques, billets à ordre, coupons et autres titres représentatifs des salaires qui n'auraient pas été remboursés aux ayants droit en espèces ou billets ayant cours, et ce dans les trente jours de leur émission. Le patron ou la société devra acquitter au Trésor public une taxe égale au quart du montant des valeurs non remboursées dans le délai fixé. La taxe est doublée en cas de non-déclaration ou de fausse déclaration.

Parmi les autres procédés employés par les chefs d'entreprise pour retenir une partie du salaire de leur personnel, deux seulement sont à retenir. L'un consiste à différer le paiement d'une certaine proportion des gains professionnels, pour la distribuer en fin d'exercice sous le nom de gratification de bons services. Cette pratique, qui a donné lieu à de nombreux abus, est interdite par le code de l'Illinois. L'autre est l'institution sous des prétextes variés et plus ou moins plausibles de cotisations obligatoires.

Les lois du New-Jersey, de l'Ohio, du Michigan et du Maryland interdisent de retenir sur la paie des ouvriers ou employés le montant des cotisations afférentes à la qualité de membre de sociétés philanthropiques ou de bienfaisance, sans le consentement *écrit* des intéressés (22). Dans le premier de ces Etats, il est en outre défendu aux chefs d'entreprise ou à leurs représentants de contraindre un agent mercenaire à se faire inscrire comme membre d'une association quelconque. La loi du Nevada formule une interdiction analogue : elle fait défense aux employeurs de retenir à leur personnel une somme quelconque à titre de « cotisation d'hôpital », s'il y a dans le lieu de travail un établissement hospitalier public offrant un nombre suffisant de places.

---

10 p. 100 du principal titre des « frais d'hommes d'affaires » (*attorney's pees*).

(22) Un texte analogue en vigueur dans l'Indiana s'applique seulement aux Compagnies de chemins de fer.

Le « truck system », ou paiement obligatoire en marchandises, de la totalité ou d'une partie des salaires, est spécialement visé par un grand nombre de textes; les plus généraux émanent des législatures de l'Ohio, du Colorado et du New-Jersey, qui proscrivent cette pratique sous des peines sévères. Le premier de ces Etats, ainsi que l'Iowa, le Nevada et le Nouveau-Mexique, plus récemment l'Arizona et Porto-Rico, cherchant à atteindre le truck-system indirect, défendent en outre « de contraindre un agent salarié à acheter à une personne ou société déterminée ». Les lois du Maryland et de la Virginie défendent aux entreprises minières et aux compagnies de chemins de fer de maintenir des économats patronaux (*Company stores*), mais autorisent néanmoins les Sociétés à vendre au personnel leurs propres produits. La première de ces lois interdit en outre aux directeurs et administrateurs de ces entreprises de prendre intérêt dans des magasins de vente au détail. La législature de l'Etat de New-York a formulé en termes plus précis encore une prohibition analogue : elle fait défense aux sociétés exécutant des travaux publics pour le compte de la *Commonwealth* ou des municipalités « de s'intéresser pécuniairement, d'une manière directe ou indirecte, à la gestion d'un magasin de vente au détail situé dans un rayon de deux milles du siège des travaux ».

L'Indiana et le Connecticut qualifient délit (*misdemeanor*) le fait pour une entreprise, de vendre à son personnel « au-dessus des prix raisonnables », formule un peu trop imprécise (23).

On ne trouve de texte visant les amendes imposées par le patron à ses ouvriers que dans un seul Etat, celui de Massachusetts. Cette loi, déjà ancienne, ne concerne que l'industrie du tissage, dont le Massachusetts est, il est vrai, le principal centre aux Etats-Unis. Elle interdit de diminuer le montant des salaires

(23) D'une manière générale, le législateur américain est resté en deçà de la loi française, très récente il est vrai, du 28 mars 1910.

d'un ouvrier par l'imposition d'amendes, excepté pour malfaçons ; encore faut-il préalablement faire constater ces malfaçons par l'intéressé. Le taux des amendes doit avoir été convenu par les deux parties. Toute infraction à ces prescriptions est punie d'une amende de 100 dollars, et de 300 dollars en cas de récidive.

Des difficultés s'étant produites sur la question de l'agrément des deux parties en matière d'amende, la jurisprudence a décidé « que si une affiche placée bien en vue dans l'atelier indiquait que le travail de seconde qualité serait payé la moitié du prix du travail de première qualité, l'ouvrier serait réputé d'accord avec le patron sur le taux des amendes ».

L'abstention à peu près complète du législateur américain en matière de réglementation des amendes professionnelles est très critiquable, mais il ne faut pas oublier que celle du législateur français est plus complète encore. Un projet de loi à ce sujet est en souffrance devant le Parlement depuis plus de dix ans.

Il convient enfin de signaler comme se rattachant à la réglementation du paiement des salaires une loi californienne qui interdit de procéder à la paie du personnel dans les cabarets et autres lieux où se vendent des liqueurs spiritueuses.

La sanction des prescriptions des lois sur le salaire est une amende qui peut s'élever à 100 dollars, parfois aussi l'emprisonnement. Le délit de « truck-system » comporte en outre dans plusieurs Etats la perte (*forfeiture*) de l'autorisation légale (*chart*) accordée aux sociétés anonymes (a).

(a) LÉGISLATION FRANÇAISE. — *Les règles légales relatives au salaire étaient, antérieurement à la loi du 28 décembre 1910, dispersées dans le Code civil, le Code de Commerce et quelques lois particulières à cette matière. Elles se trouvent maintenant codifiées dans le Premier Livre du Code du Travail et de la Prévoyance sociale, dont elles forment le titre III intitulé: Du Salaire. Ce titre III est divisé en six chapitres qui commencent avec l'art. 32 du C. T. pour se terminer à l'art. 71 inclusivement:*

1° La loi, dans le chap. I, qui comprend les art. 32 à 41 inclus, traite des moyens de constater les conventions relatives aux salaires afin de déterminer le montant du salaire, *mais pour un très petit nombre de professions seulement: tissage, bobinage, coupe du velours de coton, teintures, blanchiment et apprêts des étoffes;*

2° Le chapitre II, art. 41 bis *à 45, a une portée beaucoup plus générale; il traite du* Paiement des Salaires *et se divise en trois sections:* a) *Mode de paiement des salaires;* b) *Des Privilèges et Garanties de la créance de salaire;* c) *De la Prescription de l'action en paiement du salaire.*

A — Le mode de paiement des salaires *des ouvriers et employés n'a été réglé législativement qu'en 1909 (loi du 7 décembre) et ce sont les termes de cette loi que reproduit la section 1re du second chapitre du premier titre du premier livre du C. T., laquelle comprend trois articles: 41* bis, *41* ter *et 41* quater.

Quant à l'époque du paiement, *l'article 41* ter *fixe que « les salaires des ouvriers du Commerce et de l'Industrie doivent être payés au moins deux fois par mois, à seize jours au plus d'intervalle; ceux des employés doivent être payés au moins une fois par mois ».*

« Pour tout travail aux pièces, dont l'exécution doit durer plus d'une quinzaine, les dates de paiement peuvent être fixées de gré à gré; mais l'ouvrier doit recevoir des acomptes chaque quinzaine et être intégralement payé dans la quinzaine qui suit la livraison de l'ouvrage ».

Quant au jour et lieu de paiement, *l'article 41* quater *fixe que « le paiement ne peut être effectué un jour où l'ouvrier ou l'employé a droit au repos, soit en vertu de la loi, soit en vertu de la convention. Il ne peut avoir lieu dans les débits de boissons ou magasins de vente, sauf pour les personnes qui y sont occupées ».*

Quant au salaire lui-même, *l'article 41* bis *dit qu'il doit être payé en monnaie métallique ou fiduciaire ayant cours légal, nonobstant toute stipulation contraire, à peine de nullité.*

Une loi du 25 mars 1910, codifiée dans le Code de Travail, articles 70 bis, *70* ter *et 70* quater, *supprime les économats et interdit aux employeurs de vendre directement ou indirectement, à leurs ouvriers et employés, des denrées et marchandises de quelque nature que ce soit, ou de leur imposer l'obligation de dépenser leur salaire, en totalité ou en partie, dans des magasins indiqués par lui. Il est fait exception à cette règle en faveur des économats des réseaux de che-*

ins de fer, qui sont placés sous le contrôle de l'Etat, et en faveur cs économats annexés aux établissements industriels dépendant de ociétés dans lesquelles le capital appartient, en majorité, aux ouriers et employés, retraités ou non, de l'entreprise.

B. — DES PRIVILÈGES ET GARANTIES DE LA CRÉANCE DE SALAIRE ET E LA PRESCRIPTION DE L'ACTION EN PAIEMENT DU SALAIRE.

Ces questions sont réglées par les articles 42 à 45 du Code du ravail et par les articles du Code civil et du Code du Commerce, uxquels lesdits articles du Code du Travail renvoient.

Le privilège des ouvriers, commis et gens de service sur les meules et immeubles du débiteur ne sont primés que: 1° par les frais e justice; 2° les frais funéraires; et 3° les frais de dernière maladie. ertaines catégories d'ouvriers et d'employés peuvent, en outre, faire 'aloir une action directe ou des privilèges spéciaux (Code du Travail, rt. 13, seconde partie).

L'action en paiement du salaire se prescrit par six mois pour le aiement du salaire des ouvriers et gens de travail, et par un an our le paiement des domestiques qui se louent à l'année (Code du ravail, art. 45 et art. du Code Civil et du Code de Commerce auxuels cet article renvoie).

C. — DES RETENUES SUR LE SALAIRE; DE LA SAISIE-ARRÊT ET DE LA ESSION DES SALAIRES ET PETITS TRAITEMENTS.

Retenues. — *Dans trois cas seulement il s'opère* compensation *au rofit des patrons entre le montant des salaires dus par eux à leurs uvriers et les sommes que leurs ouvriers leur doivent, à savoir uand ces sommes sont dues pour: 1° outils et instruments nécesaires au travail; 2° matières ou matériaux dont l'ouvrier a la charge t l'usage; 3° sommes avancées pour l'acquisition de ces mêmes objets.*

En dehors de ces trois cas très précis, tout patron qui a fait une vance en espèces ne peut se rembourser qu'au moyen de retenues uccessives ne dépassant pas le dixième du montant des salaires exiibles. Les acomptes sur un travail en cours ne sont pas considérés omme avances.

Saisie-arrêt et cession des salaires. — *Cette matière est réglée par e chapitre IV du titre III du 1er Livre du Code du Travail, art. 57 à o de ce code.*

Quotité de la part saisissable. — *Les salaires des ouvriers et gens de service ne sont saisissables que jusqu'à concurrence du dixième, quel que soit le montant de ces salaires. Les appointements ou traitements des employés ou commis et des fonctionnaires ne sont également saisissables que jusqu'à concurrence du dixième lorsqu'ils ne dépassent pas 2.000 francs par an.*

Quotité de la part cessible. — *Un autre dixième.*

La retenue d'un dixième opérée par le patron ne se confond ni avec la partie saisissable, ni avec la partie cessible.

Les cessions et saisies faites pour le paiement des dettes alimentaires prévues par les articles 203, 205, 206, 207, 214 et 349 du Code civil ne sont pas soumises aux restrictions qui précèdent.

Les salaires des marins sont incessibles et insaisissables, sauf les exceptions prévues par la législaltion spéciale en vigueur.

CHAPITRE IV

L'hygiène et la sécurité du travail

L'employeur est tenu, aux termes du contrat passé avec l'employé ou l'ouvrier qu'il a embauché, de lui payer une rémunération déterminée en représentation de son travail, mais à cette première obligation vient s'en ajouter une autre qui est sous entendue dans la convention : le chef d'entreprise s'est implicitement engagé à veiller à la sécurité de son personnel et à le placer, en vue de l'accomplissement de la tâche convenue, dans des conditions d'hygiène satisfaisantes.

Les dispositions légales relatives à l'hygiène et à la sécurité des ateliers et autres lieux de travail en commun sont pour la plupart assez anciennes, bien qu'un grand pas ait été fait dans cette voie depuis le début du XXe siècle. Parmi celles qui concernent l'hygiène, les unes sont d'une portée très générale : elles visent tous les établissements manufacturiers, souvent même les magasins. D'autres ne s'appliquent qu'à une catégorie déterminée de locaux professionnels, comme les boulangeries ou les lieux de fabrication et de vente de produits alimentaires ; les textes concernant ces dernières entreprises sont de date très récente.

L'hygiène industrielle en général est l'objet d'une réglementation légale dans dix-neuf Etats, parmi lesquels figurent les suivants : New-York, New-Jersey, Illinois, Michigan, Wisconsin et

Pennsylvanie. Dans ce dernier Etat, la loi concerne « toutes les entreprises autres que les mines et les exploitations agricoles; dans la plupart des autres, elle n'est applicable qu'aux « *factories and workshops* » (manufactures et ateliers), encore est-ce parfois sous réserve d'importantes restrictions (1).

Les prescriptions essentielles des lois américaines sur l'hygiène générale dans l'industrie se réfèrent aux points suivants : ventilation, cube d'air, éclairage et chauffage, salubrité.

La ventilation des ateliers est requise par tous les textes sans exception. L'un des plus récents sur ce sujet, celui de l'Etat de New-York (1907) est rédigé comme suit :

« Le propriétaire, fondé de pouvoirs ou locataire d'une manufacture devra ménager dans chaque salle de travail des appareils de ventilation *convenables et suffisants,* de manière à renouveler l'air constamment; si les procédés de fabrication en usage ont pour effet de produire une chaleur excessive ou de dégager de la fumée, des gaz, de la poussière ou toute autre impureté nuisible à la santé, les salles devront être aérées de telle sorte que ces corps ou matières ne puissent plus être nuisibles à la santé. »

La plupart des autres textes peuvent se ramener au précédent. Toutefois il convient de faire une place à part à la loi de l'Illinois, dont les prescriptions sont plus précises et détaillées que celles de la loi de New-York. La loi de l'Illinois (1909) exige que les ateliers et autres locaux professionnels, dont les portes et fenêtres donnant sur la cour ou la rue présentent une superficie totale inférieure à 1/8 de celle du plancher, soient ventilés par des appareils spéciaux, dans des conditions qui varient avec le cube d'air par ouvrier. Dans le cas contraire il suffit que les pièces

(1) Les lois du Delaware et de la Virginie visent seulement les personnes protégées (femmes et enfants). Les lois de Massachusetts, de la Californie, de l'Iowa et (en partie) du Michigan ne sont applicables qu'aux établissements manufacturiers employant au moins cinq personnes salariées.

soient aérées avant le commencement de chaque journée de travail et durant les heures de repas.

La loi du Maryland (Etat de climat assez chaud durant l'été, et où l'industrie textile est très développée) ordonne de prendre les mesures nécessaires pour que la température des ateliers n'excède jamais 80 degrés Farenheit (26°7 cent.), du 1er mai au 1er octobre.

A l'exception de ces deux derniers textes, toutes les mesures législatives concernant la ventilation des ateliers et autres locaux professionnels sont identiques à celles qui résultent des lois françaises et des décrets qui les complètent.

La fixation d'un cube d'air minimum par tête d'ouvrier se rencontre seulement dans sept Etats : New-York, New-Jersey, Illinois, Pennsylvanie, Indiana, Minnesota et Maryland; toutefois cette liste correspond aux principales régions industrielles du pays, le Massachusetts excepté. Le cube d'air requis est généralement fixé comme suit : 250 pieds (environ 9 mètres cubes) si le travail n'a lieu qu'entre 6 heures du matin et 6 heures du soir, et 400 pieds (13 m. c.) s'il empiète sur d'autres heures. Mais les lois du Maryland et de l'Illinois font exception à cette règle : elles édictent uniformément, l'une le chiffre de 400 pieds cubes, l'autre celui de 250 (2). Ces dispositions sont plus favorables à la santé des travailleurs que celles de la loi française, qui fixe à 7 mètres cubes seulement le cube d'air minimum, sauf pour certains locaux (laboratoires, cuisines, etc.) et les magasins ouverts au public (3). En revanche, il est vrai, la grande majorité des Etats américains n'ont rien prescrit à ce sujet.

(2) Toutefois, d'après le Code de l'Illinois, si l'éclairage des locaux est assuré par des appareils consommant de l'oxygène, ce chiffre doit être porté à 500 pieds cubes (18 mètres). La loi du New-Jersey exige d'autre part, pour des raisons analogues, que les ateliers où l'on travaille après 6 heures du soir ou avant 6 heures du matin soient éclairés *à l'électricité.*

(3) Dans ces deux cas, le cube d'air minimum est élevé à 10 m. c.

Les textes concernant l'éclairage et le chauffage des locaux professionnels sont, comme les précédents, peu nombreux aux Etats-Unis. Les lois du New-York, du New-Jersey, de l'Illinois et du Connecticut exigent que les pièces de travail soient éclairées d'une manière « convenable » ou « suffisante », libellé qui est identique à celui de la loi française. Le Maryland édicte sur ce sujet des prescriptions plus précises : cet Etat ordonne que les locaux dont la superficie totale est inférieure à 500 pieds carrés (55 mq.) soient aménagés de manière à recevoir directement et en quantité suffisante la lumière du jour entre 8 heures du matin et 4 heures de l'après-midi. Deux Etats seulement, l'Illinois et le Maryland, se sont occupés du chauffage : ils ordonnent « que les ateliers, les fabriques et magasins soient maintenus à une température *raisonnable* et, autant que possible, uniforme ». Encore la loi du Maryland ne vise-t-elle que les établissements où des femmes sont employées (3). Sur ce point encore, la plupart des Etats américains n'ont rien prévu, restant ainsi en deçà de la loi française, qui prescrit « d'aérer largement et, en hiver, de chauffer convenablement les locaux fermés affectés au travail.

Les mesures de salubrité prescrites par les différents Etats sont d'ordinaire d'un caractère très général. On peut citer comme modèle du genre la plus récente des lois portant réglementation de l'hygiène du travail, celle de la Californie, mise en vigueur au début de l'année 1909. Le texte, plus complet sur les autres questions se rattachant à l'hygiène, ordonne « d'assurer le maintien des locaux dans un état constant de propreté, de les garantir contre les infiltrations et exhalaisons des tuyaux d'égout ou des cabinets d'aisance, et de les préserver de toutes autres incommo-

(4) Cette disposition figure aussi dans les statuts du Washington et du Michigan, mais avec des restrictions considérables; dans le premier de ces Etats, elle s'applique seulement aux servantes d'hôtel; dans le second, elle vise seulement les *fondeurs de fer*.

dités (*nuisances*) ». Quelques lois se sont étendues sur le nettoyage des salles de travail, ou sur les mesures de caractère permanent destinées à les maintenir dans des conditions satisfaisantes au point de vue sanitaire. Dans l'Indiana, le New-York, le New-Jersey et le Missouri, le chef de service de l'inspection du travail peut contraindre le patron à blanchir à la chaux ou à revêtir de peinture les murs des ateliers, s'il le juge *nécessaire*. Le Code de l'Illinois prescrit le nettoyage quotidien des magasins et établissements industriels; celui du Minnesota exige que le plancher des « lieux de travail » soit récuré (*scrubbed*) à l'eau et au savon au moins une fois par semaine. Ces dispositions sont donc exceptionnelles aux Etats-Unis, ce qui constitue ce pays en état d'infériorité par rapport au nôtre où le nettoyage des locaux professionnels est une mesure générale prévue par l'article 1er du décret du 29 novembre 1904. Mais ce n'est pas sur la réglementation du nettoyage des locaux professionnels que s'est porté l'effort des législateurs américains : ces derniers se sont plutôt préoccupés de l'installation de lavabos, cabinets d'aisances et vestiaires. Douze Etats ont élaboré une réglementation sur ce sujet.

La plupart des textes concernant ces installations de salubrité ne concernent que les ateliers et fabriques, cependant ceux de l'Illinois et du Michigan s'appliquent aussi aux hôtels et magasins. Plusieurs (Connecticut, Louisiane, Wisconsin) visent seulement les établissements comptant, soit un nombre minimum de travailleurs, soit un nombre minimum de personnes protégées (5). Les prescriptions qu'ils édictent touchant la construction et l'entretien de ces locaux sont identiques à celles de la législation française. Il n'en est pas de même en ce qui concerne le nombre

(5) La loi du Connecticut s'applique seulement aux établissements où sont employées cinq personnes au moins, celle du Wisconsin aux entreprises comptant 8 travailleurs salariés au minimum, et la loi de Louisiane aux manufactures et magasins où sont employées cinq personnes protégées, dont deux enfants au moins.

même des cabinets ou lavabos, fixé par cette dernière à 1 par 50 ouvriers ou employés pour les cabinets. Quelques lois, notamment celles du Massachusetts, du New-York et du New-Jersey, se contentent de prescrire que les locaux de salubrité soient « en nombre suffisant ». D'autres fixent une proportion pour les cabinets seulement : 1 par 15 personnes dans le Tennessee, 1 pour 20 dans le Wisconsin, 1 pour 25 dans l'Indiana et le Michigan. La loi de l'Illinois est plus complète : elle ordonne d'établir 1 cabinet par 25 hommes et par 30 femmes; quant aux lavabos, il doit en être installé 1 par 30 personnes dans les établissements industriels et 1 par 50 personnes dans les établissements commerciaux. Une prescription d'une nature un peu spéciale figure dans les statuts de l'Indiana : la loi de cet Etat ordonne « de faire disparaître des cabinets d'aisance toute inscription ou dessin obscène ».

Quelques dispositions isolées relatives à l'hygiène des locaux professionnels se rencontrent dans certains Etats. Ainsi le Parlement du Massachusetts a prescrit par une loi récente (1907) de placer dans les établissements manufacturiers un nombre suffisant de crachoirs d'un type conforme au modèle adopté par la Commission d'hygiène (*State Board of Health*). D'autre part celle du Maryland interdit sous peine d'une amende élevée de fabriquer ou de vendre dans le voisinage immédiat de certains établissements insalubres ou lieux réputés malsains « des articles d'habillement et autres marchandises susceptibles de propager la contagion ».

Les prescriptions d'hygiène spéciales à certains établissements manufacturiers s'appliquent, soit aux boulangeries, soit à l'ensemble des entreprises ayant pour objet « la fabrication, la manipulation ou la vente des produits alimentaires ». La réglementation concernant ces dernières entreprises est de date récente (6).

(6) En dehors des lois concernant l'exercice de la profession de boulanger ou, d'une manière plus générale, celui des industries alimentaires

L'hygiène des boulangeries a donné lieu à des mesures législatives particulières dans sept Etats, qui sont le New-York, le New-Jersey, l'Ohio, la Pennsylvanie, le Missouri, le Connecticut et le Washington. En Pennsylvanie et Connecticut, l'ouverture d'un établissement de ce caractère est assujettie à diverses formalités administratives : dépôt d'une demande, dix jours à l'avance, au bureau de l'inspection du travail; visite des locaux par un fonctionnaire assermenté; délivrance d'un certificat d'autorisation, etc. Les autres textes régissant cette matière formulent diverses prescriptions particulières. Les lois de l'Ohio et le Connecticut prohibent l'affectation d'une cave ou d'un sous-sol à l'exercice de la profession de boulanger. La loi de New-York n'interdit pas le travail de cette nature (7) dans des locaux souterrains, mais exige que ces derniers présentent une hauteur minima de 7 pieds (2 m. 12 environ) du plancher au plafond. L'Ohio et le Washington défendent de pétrir dans des pièces servant de chambres à coucher.

La réglementation sanitaire des entreprises intéressant l'alimentation n'existe encore que dans un petit nombre d'Etats, mais on constate depuis quelque temps un mouvement favorable

---

on ne rencontre que quatre textes visant l'hygiène du travail dans une catégorie déterminée de manufactures: un *act* du Wisconsin, applicable aux fabriques de cigares et cigarettes, et trois lois relatives aux blanchisseries de linge, en vigueur dans le New-York, l'Arizona et les îles Hawaï. La loi du Wisconsin prescrit de donner aux salles de travail un cube d'air *total* de 26 mètres cubes au minimum et une hauteur d'au moins 2 m. 40. En outre, la surface des fenêtres devra n'être pas inférieure à 12 p. 100 de la superficie du plancher de chaque atelier. Quant aux textes visant l'industrie du blanchissage, le plus intéressant est celui de l'Arizona, voté en 1909; il exige que chaque pièce comporte au moins deux fenêtres donnant sur l'extérieur, et que le cube d'air par tête soit de 600 pieds au minimum (22 mètres cubes).

(7) La loi de New-York s'applique à la fois aux boulangeries, pâtisseries et confiseries; un texte analogue, celui de l'Illinois, vise seulement les deux dernières catégories d'établissement.

à son extension. Durant la dernière session législative (1909) trois Etats, la Californie, le Nebraska et le Tennessee, ont élaboré et mis en vigueur des prescriptions très minutieuses et très complètes visant l'exercice des manufactures, entrepôts et magasins de vente de denrées alimentaires, et un autre, le New-Jersey, a refondu une loi de même caractère qui datait de près de vingt ans.

Les deux plus anciens textes concernant l'hygiène des entreprises intéressant l'alimentation, et actuellement en vigueur, sont ceux de l'Indiana et du Wisconsin, contemporains de l'ancienne loi du New-Jersey. Ces *acts* visaient seulement les *fabriques* de produits alimentaires. Leurs dispositions se restreignaient d'ailleurs à quelques mesures jugées aujourd'hui insuffisantes, particulièrement celles du Wisconsin (8).

Les quatre lois nouvelles sont identiques, réserve faite de certains points de détail. Leurs traits essentiels sont les suivants

« Tous les bâtiments, pièces, caves et sous-sol, à usage de boulangerie, pâtisserie, fabrique de conserves, abattoirs, beurrerie, fromagerie, restaurant, hôtel, épicerie, marché de viande et autre pièce ou logement affecté à la fabrication, préparation, mise en boîte, mise en entrepôt ou distribution d'un produit alimentaire quelconque, destiné à être vendu ou donné, devront être convenablement éclairés, drainés, ventilés. Les opérations de fabrication devront être menées de façon à ne pas nuire à la qualité et à la pureté des produits. »

Les planchers, plafonds, murs, meubles, machines, devront être maintenus dans un état de constante propreté. Les murs ou parois des pièces seront enduits de plâtre, couverts de métal ou lam

---

(8) La loi de ce dernier Etat se borne à prohiber l'exercice d'une profession *appartenant au groupe de l'alimentation* dans un local « dont le plancher serait situé à plus de 8 pieds (2 m. 43) au-dessous du niveau de la chaussée ».

brissés, et selon le cas, blanchis à la chaux ou peints à l'huile; toutes les boiseries intérieures seront nettoyées au savon et à l'eau; le plancher sera cimenté, ou fait d'une autre matière susceptible d'être lavée à grande eau (*flushed or washed clean with water*).

Des crachoirs seront installés dans les pièces; chaque crachoir sera vidé et nettoyé à fond journellement avec une solution antiseptique, dont cinq onces (140 grammes) seront versées ensuite dans l'appareil pour y demeurer pendant qu'il est en usage. Il est défendu de cracher dans les pièces si ce n'est dans les crachoirs.

Il est défendu de séjourner d'une manière permanente et de coucher dans une des pièces où sont fabriqués, entreposés, emballés, distribués ou vendus des produits alimentaires.

Les employés appelés à manipuler les produits devront se laver les mains et les bras à fond (*thoroughly*) à l'eau claire et au savon avant de se mettre au travail comme aussi après s'être rendu aux lieux d'aisances. Des lavabos seront ménagés en nombre convenable à cet effet, et placés en dehors des pièces, ateliers ou magasins de vente (9).

La plupart des dispositions législatives concernant l'hygiène industrielle visent seulement l'état des locaux et les conditions de fabrication ou de manipulation des produits. Toutefois certains textes imposent aux employeurs certaines prescriptions relatives au personnel lui-même. Ainsi une loi du Maine interdit sous peine d'amende l'embauchage dans une papeterie d'un ouvrier non vacciné, à moins que ce dernier n'ait déjà été atteint de la petite

---

(9) Texte de la loi du New-Jersey.

La législation française sur l'hygiène industrielle(Décret du 29 novembre 1904, article 2) contient elle aussi des prescriptions concernant les industries alimentaires; ces textes s'appliquent même à une catégorie d'établissements plus étendue, puisqu'ils visent « tous les locaux où l'on travaille des matières organiques altérables ».

vérole; dans le même cas, la loi du Connecticut ne prononce aucune peine afflictive, mais déclare le patron tenu de payer les frais de maladie si l'ouvrier contracte cette affection pendant la durée de son engagement. Dans le Missouri, il est défendu d'embaucher un ouvrier boulanger atteint de tuberculose. Enfin les quatre nouvelles lois réglementant le travail dans les industries du groupe de l'alimentation contiennent la disposition suivante : « Aucun patron ne pourra permettre ou exiger qu'une personne atteinte d'une maladie contagieuse travaille dans un local affecté à la production, à l'emballage, ou à la vente de denrées alimentaires, ni qu'elle monte dans un véhicule servant au transport ou à la livraison de ces dernières.

La réglementation sur la sécurité du travail industriel comprend principalement deux catégories de mesures : les unes visent les machines ou installations dangereuses; les autres concernent l'organisation des secours contre l'incendie.

Vingt-trois Etats se sont préoccupés d'assurer la protection du personnel des établissements manufacturiers (10) contre les machines, appareils ou installations « susceptibles de mettre en péril la vie ou les membres des travailleurs » (*life and limbs of the laborers*). Cette liste comprend tous les grands Etats industriels, sans exception. La loi-type est celle de l'Etat d'Illinois (*act* de 1909). Elle ordonne « de placer autant que possible de manière à ne pas être dangereux pour le personnel, et à défaut d'entourer de barrières ou de pourvoir d'autres dispositifs protecteurs toutes les machines mues par la force mécanique (11), tous les écrous non munis de contre-écrous et posés sur des parties mobiles de

---

(10) En outre, des mesures de protection des travailleurs agricoles contre les machines à battre existent dans les Etats suivants : Iowa, Wisconsin, Michigan, Illinois, tous situés dans la région agricole du Nord-Ouest. Ces textes exigent que les machines soient entourées de dispositifs protecteurs cachant toutes les pièces saillantes mobiles.

(11) La loi donne une énumération non limitative de ces machines.

machines, toutes les roues dentées, courroies, poulies... tous les fils électriques, toutes les dynamos et autres appareils électriques; tous les récipients, cuves ou réservoirs contenant un liquide en ébullition, un produit corrosif ou un métal en fusion ». De plus, « les endroits dangereux situés dans les manufactures, ateliers et magasins, ou aux abords de ces établissements, près desquels le personnel est obligé de passer ou de travailler, doivent être autant que possible enclos ou pourvus de dispositifs de protection. Aucune machine connue comme dangereuse ou défectueuse ne sera mise en marche. Il est défendu de faire des réparations à une machine en activité ».

D'autres mesures concernent les monte-charges, ascenseurs ou élévateurs. Ces appareils devront être entourés de grillages ou de barrières; ces dernières seront fermées toutes les fois que l'appareil qui s'y trouve ne sera pas en usage. Les cabines d'ascenseurs seront pourvues d'une griffe ou d'un autre dispositif permettant de les retenir en cas de rupture du câble ou du contrepoids.

Les lois des autres Etats formulent des prescriptions à peu près identiques aux précédentes, mais d'ordinaire moins complètes.

D'autres textes isolés édictent des mesures additionnelles de sécurité. Ainsi dans le New-York et le Michigan la loi ordonne que les escaliers soient munis de rampes solides (*substantial hand-rails*), et que si l'inspecteur du travail le juge nécessaire, les marches soient recouvertes de lames de caoutchouc. Dans le Massachusetts, région où l'industrie textile est très développée, les métiers à tisser (*looms*) sont soumis à une réglementation de sécurité très minutieuse. Les statuts de l'Illinois interdisent, d'une part, de surcharger un plancher de manière à mettre en danger « la vie ou les membres » des ouvriers ou employés travaillant dans l'immeuble, et d'autre part, de faire courir une machine mobile de manière à ce qu'elle s'approche à moins de 18 pouces (45 cm.) d'une « structure fixe », si l'espace compris entre l'une et l'autre doit être traversé par des ouvriers au cours de leur travail. La loi du Connecticut prohibe l'emploi dans les manufactures et ateliers de verres ou vitrages de couleur susceptibles d'affecter la vue des ouvriers. Cette dernière prescription, bien que très différente des précédentes, se rattache indiscutablement à la législation d'ensemble sur la sécurité du travail. Réserve faite de ces dispositions exceptionnelles, les mesures de protection édictées par les législatures américaines en faveur des travailleurs industriels des établissements comportant des machines sont identiques à celles du Décret de 1904 (articles 10, 11, 12).

L'industrie du bâtiment a été touchée dans sept Etats par des prescriptions réglementaires comparables à celles qui concernent dans ces mêmes régions ou ailleurs le travail des manufactures et magasins. Parmi les textes édictés à ce sujet, la loi californienne se borne à prononcer des peines contre les entrepreneurs dont les échafaudages seront reconnus insuffisants par les inspecteurs des bâtiments. Dans l'Illinois, le Wisconsin, le New-York et l'Ohio, la loi exige l'établissement d'une rampe parallèle aux montants des échafaudages dont la hauteur excède 20 pieds (environ 6 m. 05) ; dans le premier de ces Etats, comme aussi dans l'Indiana, les échaufaudages doivent être entièrement planchéiés. Le Code du Michigan, procédant d'une toute autre manière, ne formule aucune prescription de détail concernant ces installations, mais exige qu'elles soient construites de telle sorte qu'elles puissent supporter sans se rompre un poids triple de celui qu'elles auront effectivement à subir.

La réglementation administrative des moyens de secours contre l'incendie, qui existe dans trente-trois Etats, notamment le New-York, le New-Jersey, l'Illinois, le Massachusetts et dans le district de Colombie, présente partout un caractère très général, en ce sens qu'elle s'applique à tous les immeubles de plus de deux étages (12) sans égard à leur affectation. Son principe

(12) ... de plus de trois étages dans l'Illinois et la Louisiane.

fondamental est l'obligation de munir les édifices visés d'échelles ou escaliers extérieurs (*fire escapes*) mettant en communication l'étage le plus élevé avec le rez-de-chaussée, avec palier (*landing*) et balcon à chaque étage. Ces appareils doivent être en fer forgé, satisfaire à certaines conditions d'agencement et présenter des dimensions déterminées. Leur nombre par étage est laissé à l'appréciation des autorités locales.

Telle est la règle générale. Elle est modifiée et complétée dans plusieurs Etats en ce qui concerne les locaux professionnels par diverses prescriptions particulières. Le Massachusetts soumet à un régime spécial l'organisation des moyens de défense contre l'incendie dans les établissements commerciaux (*mercantile*) et dans les « édifices où dix personnes au moins sont appelées à travailler en commun, soit au second étage, soit à un étage supérieur ». Il en est à peu près de même, réserve faite des détails, dans l'Illinois, le New-Jersey, le New-York et la Pennsylvanie.

La loi du Massachusetts exige que les locaux professionnels, précédemment définis, soient pourvus « d'un nombre suffisant » de sorties de secours. Les « *fire escapes* » et les paliers devront être entretenus en bon état, et constamment prêts à servir ; ils ne devront jamais être encombrés de neige ou de glace, ou de détritus d'aucune espèce. Les couloirs conduisant aux sorties de secours devront porter le mot *sortie* (exit) en caractères d'une hauteur d'au moins 5 pouces (12 centim. 1/2).

Par un arrêt déjà ancien, la Cour supérieure de l'Etat de New-York a décidé que dans le cas où les sorties de secours d'un immeuble ne seraient pas conformes au type déterminé par la loi (*statutory fire escape*), le prévenu devrait néanmoins être renvoyé des fins de la plainte si le jury déclarait que les installations incriminées étaient « sûres et convenables ».

Les prescriptions autres que l'organisation des sorties de secours ne s'appliquent qu'aux locaux professionnels. Un assez grand nombre d'Etats ont ordonné que les portes des « bâtiments où sont employés des travailleurs manuels ou non » (*where is employed manual or other labor*) soient posées sur leurs gonds de manière à s'ouvrir du dedans au dehors ; certains des textes édictés à cet effet (Minnesota, Rhode-Island, Oklahoma) interdisent en outre de fermer les portes des ateliers pendant les heures de travail, sauf « de telle manière qu'elles puissent toujours être promptement ouvertes ». En vue de faciliter la sortie en cas d'accident grave, les lois du Dakota du Nord et du Dakota du Sud ordonnent même que les portes de toute nature présentent une largeur minima de 4 pieds (1 m. 20 environ). D'autres textes (Massachusetts, Géorgie) ordonnent de placer à chaque étage des extincteurs ou des seaux d'eau.

Trois Etats, le Maryland, le Massachusetts et le Missouri, ont pris des mesures ayant un caractère préventif. Le premier interdit aux patrons « d'une manufacture ou d'un atelier où sont employées plus de trois personnes » de se servir pour l'éclairage de ses locaux d'une substance explosive ou inflammable. Les deux derniers défendent de placer des matières de cette nature près des issues (portes ou fenêtres) des locaux professionnels, cette pratique ayant pour effet de rendre impossible ou dangereuse, en cas de sinistre, la sortie du personnel.

Les prescriptions relatives aux sorties de secours se rapprochent de celles édictées sur le même sujet par le Décret de 1904 (art. 16). Toutefois, il convient d'observer que les lois américaines exigent toutes l'établissement d'escaliers extérieurs (*fire escapes*) mettant les étages en communication directe avec la voie publique et font de cette mesure la base même de la réglementation des secours contre l'incendie.

Les mesures de caractère sanitaire prescrites par les différents Etats de l'Union paraissent au moins d'une manière générale donner satisfaction à la classe ouvrière. Il n'en est pas de même des mesures de sécurité. Le président Gompers s'est fait l'écho des plaintes de tous au dernier Congrès de la Fédération éricaine du Travail en affirmant que, de tous les pays du onde, les Etats-Unis étaient celui où l'on comptait, d'année en mée, le plus grand nombre d'ouvriers tués ou estropiés (*crippled*) et celui dont la législation sur la protection des travailleurs ontre les accidents était la plus arriérée. Il a en outre émis le œu qu'un musée des appareils de sécurité analogue à celui de unich fût créé aux Etats-Unis et approuvé la campagne menée cet effet par le Dr Tolman.

Cette critique paraît trop sévère. Sans doute d'importants prorès restent encore à réaliser dans la réglementation américaine e la sécurité du travail, notamment en ce qui concerne certains Etats du Sud et de l'Ouest, où cette branche de la législation ait complètement défaut, bien que l'industrie y soit assez développée : telles la Californie, la Géorgie, la Caroline du Nord et a Caroline du Sud. Il n'en est pas moins vrai que des efforts onsidérables ont été faits dans cette voie, particulièrement au ours des dix dernières années. Pendant cette période, plusieurs Etats ont pris pour la première fois des mesures favorables à a sécurité des travailleurs (13) ou refondu et amélioré leurs aniennes lois sur ce sujet (14).

D'une manière générale, la réglementation sur l'hygiène et la écurité du travail est organisée dans les principaux Etats de 'Union dans des conditions aussi satisfaisantes que celles du égime français, en sorte que l'ouvrier et l'employé du New-York, du New-Jersey, de l'Illinois et de la Pennsylvanie n'ont ien à envier sous ce rapport au nôtre (a).

(13) Notamment le Colorado, le New-Hampshire et l'Oklahoma.
(14) Notamment l'Illinois et le Wisconsin.

(a) LÉGISLATION FRANÇAISE. — *La législation française, en cette matière, a débuté il y a moins de vingt ans et se compose de deux lois fondamentales: la loi du 2 novembre 1892, qui concerne seule-*

ment le travail des enfants, des filles mineures et des femmes dans les établissements industriels, et la loi du 12 juin 1893, qui concerne l'hygiène et la sécurité des travailleurs. Ces lois ont été complétées et modifiées par des décrets et des lois plus récentes.

1° Concernant les établissements qui emploient des enfants, des filles mineures et des femmes :

Loi du 7 décembre 1874 modifiée par la loi du 19 avril 1897;

Loi du 2 novembre 1892, section V, art. 12 à 16;

Décrets du 3 mai 1893; du 13 mai 1893 modifié par les décrets des 21 juin 1897, 20 avril 1899, 3 mai 1900, 22 novembre 1905, 7 mars 1908, 10 septembre et 15 décembre 1908, 7 mars 1910; du 15 juillet 1893 modifié par les décrets des 26 juillet 1895, 29 juillet 1897, 24 février 1898, 1er juillet 1899, 18 avril 1901, 4 juillet 1902, 14 août 1903, 23 novembre, 24 décembre 1904, 3 juillet 1908, 1er, 7, 17 février, 12 mai et 23 novembre 1910;

Loi du 29 décembre 1900;

Loi du 30 avril 1909;

Décret du 28 décembre 1909.

Il est interdit, par la loi du 7 décembre 1874, de faire exécuter des tours de force périlleux ou des exercices de dislocation par des enfants âgés de moins de seize ans.

La loi du 2 novembre 1892 pose en principe, dans son article 12, que « les différents genres de travail présentant des causes de danger ou excédant les forces, ou dangereux pour la moralité, seront interdits aux femmes, filles et enfants », et que ces dits travaux ainsi interdits « seront déterminés par des règlements d'administration publique »

La même loi, art. 9, a eu soin d'établir que « les filles et les femmes ne peuvent être employées aux travaux souterrains des mines, minières et carrières » et que « des règlements d'administration publique détermineront les conditions spéciales du travail des enfants de treize à dix-huit ans du sexe masculin dans les travaux souterrains ci-dessus visés ».

Le décret du 3 mai 1893 est venu déterminer les conditions auxquelles les enfants peuvent travailler dans les mines; il précise les travaux auxquels et le temps durant lequel les enfants et jeunes ouvriers de moins de seize ans ou de seize à dix-huit ans peuvent être occupés dans les mines.

Le décret du 3 mai 1893, tel qu'il existe aujourd'hui après les modifications diverses qu'il a subies depuis son origine, interdit:

A. — Pour raisons de santé physique:

I. *Aux enfants au-dessous de dix-huit ans, aux filles mineures et aux femmes:*

a) *Les travaux de graissage, nettoyage, visite, réparation des machines ou mécanismes en marche* (*art.* 1er);

b) *Les travaux dans les ateliers où se trouvent des machines actionnées à la main ou par un moteur mécanique, et dont les parties dangereuses ne sont point couvertes de couvre-engrenages, garde-mains et autres organes protecteurs* (*art. 2*);

c) *Certains travaux dangereux énumérés au tableau* A.

II. *Aux enfants:*

1° *Au-dessous de dix-huit ans:*

a) *le travail qui consiste à faire tourner des appareils en sautillant sur une pédale, ou à faire tourner des roues horizontales;*

b) *certains travaux dangereux énumérés au tableau B.*

2° *Au-dessous de seize ans.*

a) *de faire tourner des roues verticales pendant plus d'une demi-journée de travail et encore à condition que cette demi-journée de travail soit divisée par un repos d'une demi-heure au moins;*

b) *d'actionner au moyen de pédales les métiers dits à la main;*

c) *de travailler aux scies circulaires ou aux scies à ruban;*

d) *de travailler avec des cisailles ou autres lames tranchantes mécaniques;*

e) *d'assurer le service des robinets à vapeur;*

f) *de servir de doubleurs dans les ateliers où s'opèrent le laminage et l'étirage de la verge de tréfilerie dans les ateliers où le travail des doubleurs n'est pas garanti par des appareils protecteurs;*

g) *de s'employer aux travaux exécutés à l'aide d'échafaudages volants pour la réfection ou le nettoyage des maisons.*

3° *Les travaux de soufflage du verre sont interdits aux enfants de moins de treize ans; de treize à seize ans, ils ne peuvent cueillir un poids de verre supérieur à 100 grammes, ni souffler par la bouche dans les fabriques de bouteilles et de verres à vitres.*

4° *Aux filles de moins de seize ans de s'employer au travail des machines à coudre mues par des pédales.*

B. — Pour raisons de moralité:

I. *Aux enfants, filles mineures ou femmes, la confection d'écrits, d'imprimés, affiches, dessins, gravures, peintures, emblèmes, images ou autres objets dont la vente, l'offre, l'exposition, l'affichage ou la distribution sont réprimés par les lois pénales comme contraires aux bonnes mœurs.*

II. *L'emploi d'enfants au-dessous de seize ans et de filles mineures dans les ateliers où se confectionnent des écrits,..., etc., qui, sans tomber sous l'action des lois pénales, sont cependant de nature à blesser leur moralité.*

Enfin, dans un tableau C le décret du 13 mai 1893 énumère les établissements dans lesquels l'emploi des enfants au-dessous de dix-huit ans, des filles mineures et des femmes n'est autorisé que sous certaines conditions.

Le décret du 15 juillet 1893, tel qu'il existe aujourd'hui après les modifications que des décrets postérieurs y ont apportées, indique les tolérances et exceptions prévues par la loi du 2 novembre 1892

Deux lois, postérieures à celle du 2 novembre 1892, sont encore venues améliorer la situation des enfants, des filles mineures et des femmes : celle du 29 décembre 1900 prescrit que dans chaque salle des magasins, boutiques et autres locaux en dépendant dans lesquels des marchandises et objets divers sont manutentionnés ou offerts au public par un personnel féminin, il doit y avoir un nombre de sièges égal à celui des femmes qui y sont employées ; et la loi du 30 avril 1909, complétée par le décret du 28 décembre de la même année, fixe la limite des charges qui peuvent être portées, traînées ou poussées par les enfants et les femmes.

2° *L'hygiène et la sécurité des travailleurs en général est réglée par la loi fondamentale du 12 juin 1893, modifiée par la loi du 11 juillet 1903, en vertu desquelles un grand nombre de décrets sont venus réglementer chaque cas spécial.*

Etablissements soumis à la loi. — *Sont soumis à la loi les manufactures, fabriques, usines, chantiers, ateliers, laboratoires, cuisines, caves, chais, magasins, boutiques, bureaux, entreprises de chargement et de déchargement et leurs dépendances, de quelque nature que ce soit, publics ou privés, laïques ou religieux, même lorsque ces établissements ont un caractère d'enseignement professionnel ou de bienfaisance, et même les établissements où ne sont employés que des membres de la famille sous l'autorité soit du père, soit de la mère, soit du tuteur, si pour cette dernière catégorie d'établissements le travail s'y fait à l'aide de chaudière à vapeur ou de moteur mécanique, ou si l'industrie est classée au nombre des établissements dangereux ou insalubres.*

Etablissements exemptés de l'application de la loi. — *Les seuls établissements exceptés sont les établissements où ne sont employés que les membres de la famille sous l'autorité soit du père, soit de la mère, soit du tuteur, quand le travail ne s'y fait ni à l'aide de chaudière à vapeur, ni à l'aide de moteur mécanique et que l'industrie exercée n'est pas classée au nombre des établissements dangereux ou insalubres.*

Principes de la loi. — *Les principes de la loi sont : 1° que les établissements visés doivent être tenus dans un état constant de propreté, présenter les conditions* d'hygiène *et de salubrité nécessaires à la santé du personnel; 2° qu'ils doivent être aménagés de manière à garantir* la sécurité *des travailleurs; 3° que des règlements d'administration publique, rendus après avis du comité consultatif des arts et manufactures, détermineront les mesures générales de protection et de salubrité applicables à tous les établissements assujettis et les prescriptions particulières relatives soit à certaines professions, soit à certains modes de travail; 4° enfin que les établissements assujettis seront soumis à l'inspection du travail.*

Mesures générales prises pour l'application de la loi

A. En ce qui concerne l'hygiène ou la salubrité.

Nettoyage *à fond du sol, au moins une fois par jour, mais pas pendant le travail, soit par lavage, soit par linge ou brosse humide, si les conditions de l'exploitation ou la nature du revêtement du sol s'opposent au lavage. Le lavage est obligatoire dans les locaux où l'on travaille des matières organiques altérables.*

Pour que l'atmosphère *des ateliers ne soit point nuisible, les locaux seront tenus constamment à l'abri de toute émanation provenant d'égouts, etc. Le cube d'air ne pourra être inférieur à six mètres par ouvrier. Les locaux doivent être convenablement éclairés, largement aérés en été, convenablement chauffés en hiver. Les poussières, gaz et vapeurs délétères seront évacués régulièrement. Il devra y avoir des cabinets d'aisances, un au moins par cinquante personnes, et ils ne devront pas communiquer directement avec les locaux fermés où sont employés les ouvriers.*

Pendant les interruptions de travail, l'air des locaux sera entièrement renouvelé.

Pour assurer la propreté individuelle des ouvriers, *les patrons mettront à la disposition de leur personnel des vestiaires avec lavabos et de l'eau de bonne qualité pour la boisson.*

B. En ce qui concerne la sécurité :

Tout organe pouvant offrir une cause de danger doit être séparé des ouvriers de telle sorte que l'approche n'en soit possible que pour les besoins du service. Toutes sortes de précautions minutieuses sont ordonnées pour éviter les accidents durant le travail.

D'autres dispositions et précautions sont ordonnées pour faciliter l'évacuation des locaux en cas d'incendie.

Industries pour lesquelles des mesures particulières ont été prises

Vert de Schweinfurt, décret du 29 juin 1895;

Poterie d'étain, décret du 21 novembre 1902;

Industriels exposant les ouvriers à l'intoxication saturnine, décrets du 23 avril 1908 et du 28 décembre 1909;

Blanchissage, décret du 4 avril 1905;

Electricité, décret du 11 juillet 1907;

Air comprimé, décret du 15 décembre 1908;

Etablissements dont le personnel est exposé à l'infection charbonneuse, décret du 22 août 1910;

Industrie de la peinture en bâtiment, décret du 18 juillet 1902;

Industrie de tous travaux de peinture, décret du 15 juillet 1904;

La loi du 20 juillet 1909 a ordonné que cinq ans après la promulgation de la loi, la céruse devrait être proscrite de tous travaux de peinture.

CHAPITRE V

Réglementation du travail à domicile

Le travail à domicile présente de grandes facilités d'éluder les lois relatives à l'hygiène industrielle, en même temps qu'il favorise l'exploitation éhontée des travailleurs connue sous le nom générique de *sweating-system*. Les ouvriers travaillant en chambre ne courent guère de risques sérieux au point de vue de la sécurité, les petits ateliers ne disposant généralement que d'un matériel très simple, en rapport avec les travaux peu compliqués qui s'y effectuent ; mais en revanche leur santé est particulièrement menacée en raison de la malpropreté, de l'éclairage défectueux et de la ventilation insuffisante des locaux où ils travaillent durant un nombre d'heures très considérable.

Le législateur américain s'est préoccupé du *sweating-system* et des moyens propres à en atténuer les abus à une époque relativement récente. C'est seulement en 1890 que le gouverneur du Massachusetts, à la suite de plaintes nombreuses, se décida à provoquer une enquête sur les conditions du travail à domicile. Les résultats de cette investigation furent atterrants : on découvrit que la ville de Boston était le siège de plusieurs centaines de petits ateliers clandestins, où des personnes de tout âge et de tout sexe, principalement des immigrants, travaillaient seize et dix-sept heures par jour dans des conditions d'hygiène déplorables. Aussi la législature du Massachusetts se hâta-t-elle de voter l'*act* de 1891 destiné à mettre fin aux abus les plus criants du *sweating-system*. Ce texte, amendé depuis à plusieurs reprises, notamment en 1905, interdit les *sweatshops,* ou ateliers de surmenage, dont il donne une définition précise, et soumet les autres ateliers privés à diverses prescriptions réglementaires, et notamment aux deux suivantes : l'autorisation administrative et l'inspection sanitaire.

La loi du Massachusetts considère comme tombant sous le coup des dispositions visant les *sweat shops* les pièces ou logement dans lesquels sont effectués, par la main-d'œuvre de personnes n'appartenant pas exclusivement à la même famille, la fabrication, le finissage, la retouche ou la réparation de vêtements ou autres articles d'habillement de toute espèce (*wearing apparel of any description*). L'atelier familial proprement dit n'est point visé par la loi, cette dernière n'ayant point voulu porter atteinte à la liberté individuelle.

Les membres d'une même famille désireux d'affecter la totalité ou une partie de leur habitation à la fabrication ou mise en œuvre des objets et produits précités sont tenus de se munir d'une *licence* délivrée à titre individuel par le chef de la police du district. Il est interdit aux particuliers et aux sociétés de faire fabriquer des articles de cette catégorie dans une maison d'habitation par une personne non munie d'une autorisation. Toutefois, chacun a le droit d'embaucher une couturière à la journée, ou de travailler lui-même comme bon lui semble, — à condition, dans les deux cas, que le produit de ce travail soit destiné à son usage personnel.

Les ateliers familiaux doivent être constamment maintenus dans le plus grand état de propreté. Ils sont soumis à la visite des inspecteurs de la police du district. Ces agents ont à examiner si les vêtements fabriqués dans ces locaux sont indemnes ou non de vermine et de germes de maladies contagieuses, et si les ateliers eux-mêmes satisfont aux exigences de la réglementation industrielle générale. S'ils constatent une infraction quelconque à la loi, ils en avisent le chef de la police, qui invite le Conseil d'Hygiène à prendre les mesures nécessaires à la préservation de la santé publique.

Toutefois, les ateliers de famille qui ne servent pas à l'habitation proprement dite, qu'ils comprennent une ou plusieurs pièces réservées à cet effet dans un logement, ne sont pas assujettis au contrôle de la police du district, pourvu qu'ils aient une entrée indépendante sur le palier et ne soient pas en communication avec le surplus de l'appartement, double condition qui ne doit pas être fréquemment réalisée dans les maisons d'ouvriers.

Si les inspecteurs de la police ou le Conseil d'Hygiène viennent à être informés que des articles d'habillement fabriqués au dehors dans des conditions contraires à l'hygiène ont été expédiés à destination de l'Etat de Massachusetts, les inspecteurs examineront lesdits articles et se renseigneront sur leurs conditions de fabrication ; si ces fonctionnaires constatent que les articles en question sont infestés de vermine, ou ont été confectionnés dans des locaux insalubres, ils adresseront un rapport circonstancié au Conseil d'Hygiène, qui prendra les mesures nécessaires.

Cette dernière prescription vise l'importation à Boston de produits provenant d'autres centres industriels où sévit le *sweating-system*, notamment de New-York.

Mais il n'a pas paru suffisant d'élaborer une réglementation visant seulement les victimes volontaires ou involontaires du *sweating-system*. Le législateur a cherché avec raison à atteindre aussi l'organisation même des « ateliers de surmenage », le sous-traitant et le vendeur des articles fabriqués dans les *sweat shops*.

Aux termes de la loi précitée, quiconque met en vente ou vend des articles d'habillement confectionnés dans un logement ou une maison d'habitation par une famille *non autorisée* est tenu de coudre ou d'attacher à chacun de ces articles une étiquette (*tag*) de 5 centimètres de long sur 2 centimètres et demi de large, portant lisiblement les mots TENEMENT MADE (fait en garni), ainsi que le nom de l'Etat et de la localité. L'enlèvement volontaire, la falsification des étiquettes et l'apposition d'étiquettes portant des indications mensongères sont déclarés des faits délictueux. D'autre part, quiconque emploie à un titre quelconque des personnes autorisées à travailler dans un atelier de famille devra tenir registre des noms et adresses de ces personnes, et adresser chaque mois une copie des nouvelles inscriptions au chef de la police du district.

Toute contravention à la loi est punie d'une amende de 50 à 500 dollars. Les anciens textes édictaient une peine pécuniaire moins considérable, mais prévoyaient en revanche l'emprisonnement, disposition abrogée en 1905.

L'exemple donné par le Massachusetts fut peu à peu suivi par onze autres Etats, parmi lesquels l'Illinois, le New-Jersey, la Pennsylvanie, l'Ohio, le Wisconsin et le New-York. Ce dernier Etat avait réglementé la question des *sweat shops* dès 1892, cédant aux sollicitations du corps de l'Inspection du Travail, qui demandait depuis quatre ans une mesure de ce caractère ; il a modifié cette loi à plusieurs reprises, et l'a complètement refondue en 1906.

Si le chiffre de onze Etats paraît au premier abord peu considérable, il faut observer que tous les grands centres industriels du pays sont compris dans ces Etats : Boston, Jersey-City, Détroit, Milwaukee, Cincinnati, Baltimore, Chicago, Brooklyn et enfin New-York ; cette dernière ville compte plus de *sweaters* que n'en renferment tous les autres centres de surmenage réunis. D'après M. Willoughby, ancien sous-secrétaire d'Etat du Département fédéral du Commerce et du Travail, en 1901, la métropole économique américaine était habitée par près de 600.000 Israélites, dont la majorité immigrés de Russie et de Roumanie et non encore acclimatés, qui « étaient assujettis au *sweating-*

system et vivaient dans des taudis horribles à tous égards » (1).

Les dispositions combinées des lois new-yorkaises sur les ateliers de surmenage diffèrent du régime en vigueur dans l'Etat de Massachusetts sur les points suivants : Tout d'abord le législateur de New-York allonge la liste des articles dont la fabrication est interdite en chambre ou en appartement garni, aux personnes non munies d'une licence. Cette liste comprend non seulement les vêtements et accessoires de toilette de toute nature (2), mais encore des produits alimentaires (les pâtes, sucreries, pâtisseries et confitures), et divers autres objets (sacs et boites de papier, fleurs et plumes artificielles, parapluies, cigares et cigarettes, porte-monnaie, portefeuilles, pantoufles et articles en caoutchouc).

La personne qui désire organiser un atelier en chambre ou en garni doit remettre au commissaire du travail une demande écrite faisant connaître l'adresse de la maison choisie à cet effet, le nombre de pièces que comporte le logement, enfin le nom et le domicile du propriétaire. Le commissaire, au reçu de cette demande, consultera les procès-verbaux du bureau local d'hygiène. Si l'immeuble en question y est désigné comme insalubre, ou comme infecté par une maladie contagieuse, la licence sera refusée *de plano*. Dans le cas contraire, le commissaire visitera les locaux, consignera dans un rapport écrit les résultats de cet examen, et, si ce dernier est satisfaisant, délivrera une licence au requérant. L'autorisation donnée, le logement ou la chambre affectés au travail en commun n'en demeurent pas moins assu-

---

(1) Essais sur la Législation ouvrière aux Etats-Unis (traduit en français par A. Chaboseau).

(2) Loi de 1906 « No tenement house or part thereof shall be used for the purpose of manufacturing, altering, reparing or finishing therein any coats, vests, knee pants, trousers, overalls, cloaks, hats, caps, suspenders, jerseys, blouses, dresses,, waists, w aistsbands, underwear, neckwear, furs, furs trimmings, fur garments, skirts, shirts, aprons... »

jettis aux vérifications périodiques du commissaire du travail. La loi enjoint à cet agent d'inspecter les *licenced tenement houses* au moins tous les six mois. S'il constate au cours d'une de ces visites que les locaux laissent à désirer au point de vue sanitaire, il peut fermer l'atelier ; le même pouvoir lui est attribué au cas où le propriétaire n'aurait pas donné suite dans un délai de dix jours aux observations qui lui seraient faites au sujet de l'état de son immeuble.

La loi défend en outre de faire travailler à la fabrication des articles précédemment cités dans des locaux dont la hauteur soit en sous-sol dans une proportion supérieure à la moitié. En outre, le nombre de personnes appelées à travailler ou simplement à séjourner dans un atelier privé ne devra jamais excéder 1 par 1.000 pieds cubes (35 m. c.), et aucun enfant âgé de moins de 14 ans ne pourra y résider. Ces deux dernières conditions sont plus sévères que celles auxquelles la loi générale de l'Etat de New-York assujettit les ateliers ou manufactures ordinaires.

Les textes des autres Etats concernant les « ateliers de surmenage » sont moins précis et moins efficaces que ceux de la Pennsylvanie et du New-York. Ils ne prévoient pas l'apposition de l'étiquette *tenement made* sur les articles fabriqués dans les ateliers clandestins ; en outre, si la plupart étendent au delà des vêtements et objets d'habillement, seuls visés par la loi de Pennsylvanie, la catégorie des articles dont la fabrication en chambre ou en garni ne peut être entreprise sans autorisation spéciale aucun n'a dressé en pareille matière une liste aussi compréhensive que celle élaborée par la législature de l'Etat de New-York.

La loi du Massuchusetts ne définissait pas le terme « membre de la famille », omission qui a donné lieu à de nombreuses controverses. Les Etats de New-York, de Pennsylvanie et du Maryland ont su éviter cette lacune : les lois en vigueur dans ces trois régions déclarent formellement que la « famille » comprend seulement le mari, la femme, leurs enfants et les enfants issus d'un mariage antérieur de l'un d'eux. Le texte du Missouri a toutefois considéré comme échappant à toute prescription réglementaire les logements garnis ou chambres « où ne travaillent pas plus de trois personnes étrangères à la famille. Cette restriction est très critiquable.

La réglementation du travail à domicile, malgré certaines insuffisances, est l'un des meilleurs traits de la législation ouvrière américaine. Elle a produit des effets considérables : plusieurs milliers d'ateliers clandestins ont été découverts et fermés depuis la mise en vigueur des lois sur le *sweating-system.* Il serait à souhaiter que le législateur français s'inspirât de ces textes pour combattre un fléau qui sévit dans les grandes villes de notre pays comme dans celles de l'Amérique du Nord, bien qu'à un moindre degré (a).

(a) Législation française. — *Le travail à domicile n'est en France l'objet d'aucune réglementation légale.*

CHAPITRE VI

L'Inspection du travail

Les prescriptions législatives sur l'hygiène et la sécurité du travail risqueraient de rester lettre morte, malgré la sévérité des sanctions prévues, si la loi n'avait organisé sur des bases solides un service chargé de veiller à leur application et investi de pouvoirs très étendus : l'inspection du travail.

Cette institution est plus récente aux Etats-Unis qu'en France. La première loi américaine qui l'ait créée, celle du Massachusetts, date de 1877, et l'exemple donné par cet Etat ne fut suivi que très lentement. Ce mouvement d'imitation s'est toutefois accéléré au cours des dix dernières années, et, en outre, plusieurs des anciennes lois ont été refondues et améliorées pendant la même période. Actuellement l'inspection du travail existe dans trente et un Etats, auxquels il convient d'ajouter le district de Colombie et les Iles Philippines. Dans ce nombre figurent toutes les régions des Etats-Unis dont le mouvement commercial et manufacturier présente quelque importance, notamment le New-York, le New-Jersey, l'Illinois, la Pennsylvanie et l'Ohio.

Mais l'inspection du travail est loin de présenter partout le même caractère et le même développement. En Louisiane (*act* de 1906), c'est une institution purement municipale ; il en est de même dans le Missouri, du moins en ce qui concerne certaines catégories de localités (1). Dans le Kansas, l'inspection municipale coexiste avec le contrôle des agents de l'Etat (2). Dans tous les autres *Commonwealths* où ce service a été organisé il relève uniquement du pouvoir central.

D'autre part la portée d'application des lois sur l'inspection du travail est très variable d'un Etat à l'autre. Les textes les plus anciens ne visent que les manufactures et ateliers (*factories and workshops*) ; ils n'ont guère été maintenus que dans les petits Etats comme le Connecticut, le Maryland, ou ceux dont la production manufacturière est d'importance secondaire, comme le Montana. En revanche, à la suite d'une revision de cette branche de leur législation, ou dès le début même de l'institution de l'inspection du travail (là où elle avait tardé à s'établir), un assez grand nombre d'Etats, grands et petits, ont soumis à ce contrôle des catégories d'entreprises autres que l'industrie manufacturière. Ainsi dans l'Indiana, l'Illinois, le Colorado, le Michigan (3), les inspecteurs du travail ont le droit d'instrumenter dans les « manufactures, ateliers, magasins, imprimeries, hôtels, restaurants, et tous autres locaux où des marchandises de toute espèce sont fabriquées, entreposées, achetées ou vendues, à l'exception des habitations particulières ». Les lois du Missouri et de la Louisiane sont plus étendues encore : elles s'appliquent non seulement à toutes les entreprises industrielles et commerciales proprement dites, mais encore aux « théâtres, cafés, jeux de boules publics (*bowling alleys*) et lieux de divertissement ».

(1) Les villes de 5.000 à 10.000 habitants; dans celles de plus de 10.000 âmes, l'ancienne loi instituant l'inspection municipale est tombée en désuétude par suite de la mise en vigueur de la loi instituant l'inspection par les agents de l'Etat.

(2) Dans l'Ohio, le maire de chaque localité doit visiter chaque établissement industriel au moins une fois par an, indépendamment des inspections faites par les agents du pouvoir central.

(3) La loi de ce dernier Etat ne vise que les établissements où sont employés dix agents salariés ou un plus grand nombre.

Dans le Massachusetts, où l'inspection est divisée en deux services assurés par un personnel différent, le contrôle sanitaire, dépendant du Conseil d'Hygiène, et le contrôle de sécurité, les agents de cette dernière branche, qualifiés « inspecteurs des manufactures et bâtiments publics », ont le droit de pénétrer dans les fabriques, usines, théâtres, écoles et tous les lieux de réunion publique, en vue de s'assurer que les prescriptions relatives à la sécurité, au chauffage et à la ventilation ont été bien observées. Ce dernier texte excède donc notablement les limites de la législation ouvrière.

Divers Etats, comme la Californie, le Tennessee ou le New-Jersey, tout en restreignant la compétence des inspecteurs du travail aux établissements industriels, ont assujetti les fabriques et lieux de vente des produits alimentaires à une surveillance particulière, confiée aux conseils d'hygiène, qui jouissent à cet égard d'une liberté d'organisation plus ou moins grande. La législature du New-York a étendu ce régime à tous les établissements de commerce qu'elle a soumis au contrôle d'un corps de fonctionnaires spéciaux.

La Pennsylvanie a revisé en 1905 son ancienne législation sur l'inspection du travail, et placé sous la surveillance de ce corps administratif « toutes les entreprises employant la main-d'œuvre salariée, à l'exception des mines et des exploitations agricoles ». Cet exemple a été suivi par le Tennessee en 1909. Le petit Etat de Rhode-Island soumet à ce même contrôle « tous les établissements employant au moins cinq agents salariés ou une personne protégée ».

Les lois du Delaware et du District de Colombie présentent cette particularité que tout en organisant l'inspection du travail dans toutes les branches de l'activité économique, elles restreignent leur réglementation, la première aux établissements où des femmes sont employées, la seconde à ceux où des enfants le sont.

Enfin, même dans certains Etats où les usines et manufactures sont seules assujetties au contrôle du travail, la loi interprète souvent le terme *factories and workshops* dans un sens large, et considère comme rentrant dans cette catégorie tous les établissements « où l'on fait usage de machines mues par la force mécanique ». Il en est ainsi notamment dans le Connecticut.

L'organisation intérieure du service de l'inspection du travail se présente sous trois aspects différents. Tantôt cette institution est érigée en service autonome et comporte un personnel, sinon nombreux, du moins en rapport avec le développement industriel et commercial de la région. Ainsi l'Etat de New-York compte un inspecteur-chef et 60 inspecteurs du travail, dont chacun a juridiction sur un district déterminé. La Pennsylvanie, 1 chef de service, 1 sous-chef, 1 statisticien et 39 inspecteurs titulaires ou adjoints. Le Rhode-Island ne compte que trois agents de contrôle, mais ce chiffre est parfaitement suffisant, eu égard à la faible étendue de cet Etat et au nombre peu considérable d'entreprises manufacturières ou commerciales qu'il compte. Parfois le corps de l'inspection du travail, tout en conservant des cadres distincts, est placé sous la dépendance du Commissaire du Travail, combinaison qui nuit à l'efficacité du contrôle. Quelques Etats, par raison d'économie, n'ont pas créé d'inspecteurs, mais ont confié cette fonction aux Commissaires du Travail eux-mêmes : il en est ainsi dans le Washington, la Virginie de l'Ouest, etc. Cette mesure est plus critiquable encore que la précédente. Le Commissaire du Travail, chargé à l'origine de recueillir et d'élaborer des statistiques industrielles, voire aussi agricoles, est par définition un fonctionnaire de bureau, appelé à traiter toutes les affaires par correspondance; il n'a ni l'habitude ni le loisir de visiter les établissements industriels et, en outre, il est obligé de ménager les employeurs, qui seuls peuvent lui fournir les éléments d'information dont il a besoin dans l'exercice de sa mission principale.

La tendance actuelle des législateurs est à la création d'un service autonome d'inspecteurs, dans la limite des possibilités budgétaires.

Les inspecteurs du travail sont en général nommés par le gouverneur de l'Etat pour une période assez courte, variant de 2 à 4 ans, mais leur mandat est renouvelable. Parfois cette réglementation s'applique seulement au chef de service, et ce dernier choisit seul ses auxiliaires, sous sa responsabilité. Dans l'Etat de Kansas, en vertu d'une loi de 1905, les associations ouvrières organisées nomment chacune un certain nombre de délégués, proportionnellement à leur effectif. Ces délégués forment par leur réunion la *Société du Travail et de l'Industrie de l'Etat de Kansas* dont le bureau élu remplit des fonctions analogues à celles d'un Ministre du Travail; le secrétaire et le secrétaire adjoint de la société sont, en vertu de leurs fonctions, inspecteurs et sous-inspecteurs du travail. Dans l'Orégon (Loi de 1903), l'inspecteur des Manufactures, qui remplit simultanément les attributions de Commissaire du Travail, est élu pour quatre ans au suffrage universel, comme les autres fonctionnaires importants de cet Etat.

Les inspecteurs spéciaux des établissements où s'effectue la vente ou la fabrication de produits alimentaires, institués dans certains Etats comme la Californie, le Tennessee, le Nébraska, etc., sont nommés par le Conseil d'Hygiène (*State board of Health*).

La plupart des textes ne posent aucune condition spéciale à la désignation des inspecteurs du travail. Cependant il existe plusieurs exceptions à cette règle. Ainsi la loi de l'Alabama, qui insiste particulièrement sur la question de l'hygiène, laissant un peu dans l'ombre celle de la sécurité, exige que l'inspecteur soit « un médecin exerçant ». Celles du New-Jersey, de l'Ohio et du Minnesota ordonnent que le chef du service et, dans les deux derniers Etats, tout le personnel, « aient une expérience pratique et complète du fonctionnement des fabriques ». La loi du Minnesota porte même que les nominations faites en violation de cette prescription seront nulles de plein droit.

Plusieurs textes obligent les inspecteurs, lors de leur entrée en fonctions, au dépôt d'un cautionnement : il en est ainsi notamment dans l'Orégon et le Montana.

Aucune loi n'interdit de nommer des femmes aux fonctions d'inspecteur du travail aux lieu et place des hommes. Même les textes les plus récents exigent qu'un certain nombre d'emplois soient réservés aux personnes du sexe féminin : tel est le cas dans le Wisconsin, le Missouri, le New-Jersey, la Pennsylvanie, etc La loi de New-York ne fixe pas le nombre des inspectrices, mais se borne à déclarer qu'il ne *pourra* en être nommé plus de dix sur un total de 60 membres du corps d'inspection. La législature de l'Ohio a voté en 1909 un nouveau texte créant 8 emplois de « *visiteuses* » chargées d'assurer dans les usines et magasins où sont employées des femmes ou des enfants un contrôle qui se superpose à celui des inspecteurs du travail.

Tous les Etats accordent aux fonctionnaires de l'inspection du travail un traitement fixe, sauf le Missouri, où ces agents sont rétribués par les assujettis eux-mêmes, à l'issue de chaque visite de leur établissement, d'après un tarif variant suivant le nombre d'ouvriers ou commis employés dans l'entreprise (4). La loi qui institue ce régime date de 1907. Elle a été déférée à la Cour Suprême du Missouri comme inconstitutionnelle par un groupe d'industriels mécontents, mais cette haute juridiction a rejeté le pourvoi en déclarant « que la rémunération en question ne présentait pas le caractère d'une taxe » (5).

---

(4) Le taux est de 2 fr. 50 si l'établissement compte moins de quatre ouvriers ; il s'élève graduellement : pour 60 ouvriers il atteint 10 francs, et au delà ce nombre s'accroît de 5 francs par 50 ouvriers ou fraction de 50.

(5) Décision rendue en 1908.

Les fonctions des inspecteurs du travail sont les mêmes, à quelques détails près, dans les Etats où le service est bien organisé. On peut considérer en cette matière la loi votée en 1904 par la législature de l'Ohio comme le modèle du genre. Voici quelles sont les dispositions de cette loi.

« L'inspecteur en chef et les inspecteurs de district donneront tout leur temps et leur attention aux devoirs de leur charge; ils auront le pouvoir de « notaires publics », celui de déférer le serment et de recevoir des *affidavits* (6) concernant les affaires qui se réfèrent à l'application des lois sur l'inspection du travail. Ils auront le devoir de visiter toutes les manufactures et tous les magasins aussi souvent que possible, en vue de s'assurer que les prescriptions de la loi sont bien observées. Ils inspecteront avec soin l'état de ces établissements au point de vue sanitaire, et ils auront le devoir d'examiner le système du tout à l'égout, la situation et l'état des cabinets d'aisances et des urinoirs; l'éclairage, le chauffage et la ventilation des pièces où des personnes accomplissent un travail quotidien; de même les moyens de sortir de ces locaux en cas d'incendie ou de calamité; de même les courroies de transmission, ascenseurs, monte-charges, en s'assurant que ces appareils ne sont pas placés de manière à contituer un danger pour les employés quand ces derniers accomplissent leur travail ordinaire, et qu'ils sont protégés par des grillages ou autres dispositifs analogues; que les cuves ou réservoirs remplis de matières en fusion ou de liquides en ébullition sont entourés de barrières ou garde-fous, de manière à préserver les accidents; enfin, que ces locaux sont en bon état au point de vue de l'hygiène, et pourvus de sorties spéciales pour le cas de sinistre ou d'incendie. »

Dans quelles limites le droit de visite peut-il s'exercer, et dans quelle mesure doit-il l'être ? Les réponses faites par les différents

---

(6) Déclarations faites sous la foi du serment.

Etats à ces deux questions, dont la première vise les rapports de l'inspecteur avec les assujettis, et la seconde ceux du même fonctionnaire avec l'administration, ne sont pas uniformes. La plupart des textes portent que l'inspecteur doit visiter les établissements soumis à sa juridiction « aussi souvent que possible » (*as far as practicable*). D'autres précisent davantage : la loi du Tennessee (1899-1901) exige que chaque « atelier ou manufacture » soit visité au moins tous les six mois. Il en est de même dans le Missouri (loi de 1907). Dans l'Alabama, la visite doit être trimestrielle; dans la Virginie Occidentale, annuelle (7).

Quant au droit de pénétrer dans l'établissement, reconnu par la loi aux inspecteurs, il n'est pas réglé dans un certain nombre d'Etats, mais, sauf celui de Washington, qui autorise les agents du Bureau du Travail à se présenter *en tout temps* (at any time), tous ceux qui se sont occupés de la question limitent le droit de visite aux « heures raisonnables » (*reasonable hours*) (8). La loi du Maine ajoute « que les investigations de l'inspecteur devront être menées de manière à interrompre le moins longtemps possible la marche des travaux ou affaires ».

Dans l'exercice de leurs fonctions, les inspecteurs du travail sont investis de pouvoirs très étendus; quand ils constatent une violation de la loi ou un fait d'abstention contraire aux dispositions de cette dernière, comme aussi quand ils en sont informés, ces fonctionnaires peuvent faire des injonctions verbales ou adresser une sommation écrite aux intéressés. Ces derniers sont tenus de se conformer à cette mise en demeure dans un délai qui varie suivant les textes : il est de quatre semaines dans le Ten-

(7) En outre, dans ce dernier Etat, l'inspecteur est tenu, « sur la plainte et réquisition de trois citoyens de bonne réputation (*reputable*) », de visiter tout endroit où travaillent des personnes salariées et de faire un rapport exact de ce qu'il a vu.

(8) La loi du Tennessee (1899-1901) emploie une expression un peu différente : « at all proper times ».

nessee, de trente jours dans le Wisconsin et quelques autres Etats, de 90 jours dans le Rhode-Island, etc.

Les décisions de l'inspecteur sont susceptibles d'appel, soit aux inspecteurs-chefs, soit aux tribunaux civils. Dans le premier cas, des lois récentes, notamment celles du Colorado (1909), ont prévu la réunion d'un comité d'arbitres nommés par les parties et chargés de statuer sur le différend. Dans le second, l'appel a un caractère suspensif (*supersedeas*). Toutefois la plupart des Etats n'admettent pas ces voies de recours : si les injonctions de l'inspecteur n'ont pas reçu satisfaction dans le délai fixé, ce fonctionnaire doit poursuivre les contrevenants, soit directement, soit plus souvent par l'intermédiaire de l'avoué du comté.

Tout chef d'entreprise, préposé ou agent qui refuse à un inspecteur du travail de le laisser pénétrer dans son établissement s'il est assujetti, d'obtempérer aux injonctions de ce fonctionnaire, de se présenter devant lui s'il est convoqué, de lui fournir tous éclaircissements nécessaires; qui lui communique volontairement des renseignements erronés concernant la marche de l'établissement, ou qui entrave d'une manière quelconque l'exercice des fonctions de l'inspecteur, est passible de peines sévères. La loi de la Virginie Occidentale, la plus rigoureuse de toutes sur ce point, édicte une amende de 100 dollars et un emprisonnement de trois mois au maximum.

Dans le Maine, en vertu d'une loi de 1907, si l'employeur refuse de se conformer à la mise en demeure de l'inspecteur, ce dernier a le droit de prendre d'office les mesures nécessaires pour assurer la protection de la vie et de la santé du personnel, aux frais de l'employeur.

L'inspecteur du travail américain, bien qu'appelé à la même mission que son collègue français, se trouve placé dans une situation très différente de celle de ce dernier. D'une part, en effet, il n'est pas un fonctionnaire de carrière, nommé à la suite d'un concours, mais un agent temporaire, dont le sort, lié à celui de l'auteur de sa nomination, est précaire en droit, et souvent aussi en fait : il n'en présente pas moins des garanties sérieuses de compétence technique. D'autre part, tandis que l'inspecteur français est simplement un agent de contrôle, chargé de faire respecter les prescriptions de la loi, l'inspecteur des Etats-Unis est pourvu d'attributions plus étendues. C'est un véritable agent d'exécution : il peut adresser des injonctions aux chefs d'entreprise, rendre des décisions juridictionnelles, et poursuivre les contrevenants devant les tribunaux, par l'intermédiaire du *State* ou *County attorney*, qui n'a rien de commun avec notre ministère public, ou même directement; tandis que l'inspecteur français peut seulement dresser des procès-verbaux faisant foi *jusqu'à preuve contraire.*

L'organisation de l'inspection du travail telle qu'elle est conçue dans les grands Etats américains donne d'excellents résultats, et a beaucoup contribué à l'amélioration des conditions physiques du travail dans ces régions. Mais il serait dangereux de l'introduire en France, où ce système ne manquerait pas de donner lieu à de sérieux abus (a).

(a) Législation française. — *L'inspection du travail a été établie en France par la loi du 7 décembre 1874 qui a créé et organisé le corps des inspecteurs du travail. La loi du 2 novembre 1892, section VI, articles 17 à 21, et les décrets des 13 et 27 décembre de la même année et le décret du 18 décembre 1893 sont venus réorganiser une première fois l'inspection du travail. Un décret du 10 mai 1902 l'a réorganisée à nouveau, puis un décret du 17 mai 1905, modifié par les décrets du 11 juillet 1906, du 19 mars 1908 et enfin du 3 avril 1909 l'a établie telle qu'elle fonctionne actuellement.*

Composition du corps des inspecteurs du travail. — *Ce service comprend :*

1° des inspecteurs divisionnaires;

2° des inspecteurs et inspectrices départementaux.

Les inspecteurs du travail sont nommés par le ministre du Commerce.

Les inspecteurs et inspectrices départementaux sont placés sous l'autorité de l'inspecteur divisionnaire.

La France est divisée par régions en onze circonscriptions industrielles à la tête desquelles se trouvent respectivement onze inspecteurs divisionnaires. En dessous des inspecteurs divisionnaires, il y a cent dix inspecteurs départementaux et dix-huit inspectrices.

Le recrutement a lieu exclusivement par voie de concours.

Fonction des inspecteurs du travail. — *Ils sont chargés d'assurer l'exécution des lois sur le travail et sur l'hygiène et la sécurité des travailleurs, sauf des lois concernant le travail dans les mines pour lequel il existe un contrôle particulier que nous verrons plus loin. Ils doivent donc surveiller les établissements industriels soumis à la législation du travail; ils ont le droit d'y pénétrer même en dehors des heures de travail et sans être accompagnés d'un agent local; ils peuvent interroger le personnel protégé et requérir toutes les pièces nécessaires à l'exercice de leur contrôle.*

Ils constatent par procès-verbaux les contraventions à la loi et leurs procès-verbaux font foi jusqu'à preuve du contraire; ils mettent les chefs d'industrie en demeure de se conformer aux prescriptions réglementaires pour l'application de la loi sur l'hygiène et la sécurité des travailleurs.

CHAPITRE VII

Les accidents du travail

La responsabilité patronale au cas d'accident du travail, jadis confondue avec la responsabilité civile proprement dite, tend depuis quelques années à s'en séparer dans tous les pays du monde industriel pour s'organiser dans un sens plus favorable aux intérêts des travailleurs. Cette évolution, déjà accomplie à la fin du siècle dernier en Allemagne et en France, vient à peine de s'achever en Angleterre, et en est encore à la période des débuts aux Etats-Unis. C'est qu'en effet son point de départ n'a pas été le même dans la sphère de droit anglo-saxon et dans celle qui est soumise à l'influence du droit romain. Le contentieux des accidents professionnels s'est constitué d'une manière distincte dans le Royaume-Uni vers l'année 1850, mais jusqu'en 1880 ce régime spécial, et d'ailleurs purement jurisprudentiel, était loin de comporter un traitement privilégié en faveur des ouvriers : tout au contraire, il plaçait ces derniers dans une situation juridique inférieure à celle des tiers du droit commun. Ce système, aujourd'hui abrogé, subsiste encore avec des modalités un peu différentes, dans presque tous les Etats de la Fédération américaine, où il avait été introduit par imitation de la pratique britannique, mais avec quelques années de retard.

D'après la *Common Law* des deux pays en cause, quiconque

cause à autrui un dommage par sa négligence (1) est tenu de le réparer, et toute personne est responsable, vis-à-vis des tiers, des actes d'une autre personne placée sous ses ordres ou sa dépendance légale. Ces deux principes, identiques à ceux que posent les articles 1382 et 1384 du Code civil français, ont cependant donné lieu de tout temps à une restriction jurisprudentielle d'une importance considérable tant en Grande-Bretagne qu'aux Etats-Unis. Jusqu'au début de la seconde moitié du XIXe siècle, les tribunaux des deux pays se sont constamment refusés à accorder des dommages-intérêts aux représentants de la victime d'un accident mortel causé par l'imprudence ou la négligence d'un tiers, en alléguant « qu'il n'existait aucun moyen d'évaluer le préjudice causé par la mort d'un homme ». Des lois votées à cette époque, d'abord en Angleterre (Lord Campbell's act de 1846) puis aux Etats-Unis, firent disparaître cette anomalie, en sorte qu'aujourd'hui la responsabilité civile de droit commun comporte des solutions légales identiques dans les deux pays de droit anglo-saxon et dans les principaux pays de l'Europe Occidentale, sous cette réserve que dans les premiers l'action en dommages-intérêts n'est pas transmissible passivement.

L'application intégrale du droit commun de la responsabilité civile, tel qu'il se présentait après la mise en vigueur du *Lord Campbell's Act,* aurait assuré à la classe ouvrière du Royaume-Uni des garanties suffisantes. Malheureusement la jurisprudence britannique, et à son exemple celle des tribunaux américains, avait constitué de toutes pièces, en marge de la loi, un ensemble de règles spéciales aux litiges nés des accidents professionnels. Elle avait bien admis en principe la responsabilité délictuelle et

(1) La *négligence,* en matière de délit ou quasi-délit, est ainsi définie par le droit anglo-américain : « La négligence consiste à faire ce qu'un homme sage et raisonnable ne ferait pas, ou à ne pas faire ce qu'il ferait dans une circonstance déterminée ». Elle embrasse donc à la fois l'*imprudence* et la *négligence* du droit homme.

quasi-délictuelle de l'employeur, mais l'avait rendue à peu près illusoire en fait par des restrictions d'une portée considérable. Une longue suite d'arrêts rendus par les Cours de Justice des deux pays avaient considéré comme constituant des fins de non-recevoir à la demande de la victime l'une des circonstances suivantes :

1° L'acceptation tacite des risques (*assumption of risks*). Par ce seul fait qu'il continuait son travail après avoir découvert ou appris l'existence d'un danger résultant de l'état défectueux du matériel ou des installations fixes, et n'avertissait point ses supérieurs, l'ouvrier était présumé accepter par avance les risques d'accidents inhérents à cet état défectueux;

2° La faute professionnelle de l'ouvrier (*contributory negligence*), dès lors que cette faute avait contribué à l'accident, dans quelque proportion que ce fût;

3° Le fait que l'accident était dû à un compagnon de travail de la victime (*fellow-servant*), c'est-à-dire « à un autre agent, au service du même employeur, et qui, au moment de l'accident, concourait à la réalisation d'une même tâche.

Ce régime artificiel, nettement défavorable aux intérêts légitimes des travailleurs industriels, avait été très vivement attaqué par les *Trade Unions* anglaises; à la suite d'une campagne énergique et incessante menée par ces associations professionnelles, il a été l'objet de trois révisions successives au cours des trente dernières années. L'*Employers Liability* act de 1880 vint tout d'abord restreindre la définition du *fellow servant*, en se refusant à considérer comme tels, d'une part, les délégués du patron, permanents ou temporaires, de l'autre, les préposés spécialement chargés de veiller au bon état d'entretien des installations et du matériel professionnel. Une réforme beaucoup plus importante fut réalisée près de vingt ans plus tard par le *Workmen's Compensation Act de 1897*. Ce texte nouveau substitua le principe du risque professionnel à celui de la responsabilité civile comme fondement de l'action en indemnité pour accidents du travail : désormais le patron est tenu des conséquences de tout accident de service, sauf de ceux qui sont imputables à une faute lourde de la victime. Par malheur l'application de cette loi, par ailleurs si libérale, est limitée à certaines catégories de travailleurs, parmi lesquels ne figurent point les ouvriers des manufactures, qui auraient dû être appelés les premiers à en profiter. Enfin le *Workmen's Compensation Act de 1906*, qui concerne tous les agents (ouvriers ou employés) permanents ne gagnant pas plus de 250 livres sterling par an, est venu modifier sur ce point important les dispositions de la loi précédente. Il met à la charge du patron les conséquences des accidents mortels, même si ces derniers sont dus à une faute lourde de la victime.

L'évolution de la législation des accidents professionnels a été beaucoup plus lente aux Etats-Unis qu'en Angleterre. Les assemblées délibérantes des différents Etats n'ont pas montré en cette matière l'initiative qu'elles ont su prendre dans d'autres branches de la législation civile. Le plus grand nombre d'entre elles ne sont pas intervenues à cette occasion, et s'en sont entièrement remises à la jurisprudence, du soin de constituer, s'il y avait lieu, une théorie de la responsabilité patronale. Quelques-unes seulement ont suivi, à vingt ou trente années de distance, l'exemple donné dès 1880 par le Parlement du Royaume-Uni. Fait assez curieux, le premier Etat qui se soit inspiré des leçons données par l'Angleterre n'est pas l'un des principaux de la Fédération, comme on serait porté à le croire, mais un petit Etat du Sud, la Géorgie ; encore la loi votée par cette législature — loi aujourd'hui refondue et complétée — concernait-elle seulement les entreprises de transport par chemin de fer. Depuis, d'autres assemblées régionales sont entrées dans cette voie, et ont organisé un régime légal des accidents du travail plus équitable que ne l'était l'ancien système de la jurisprudence.

Ce régime se borne ordinairement à la détermination de la

responsabilité patronale, mais il comporte aussi parfois des règles relatives aux conséquences pécuniaires de cette dernière. Parmi les textes, les uns s'appliquent à l'ensemble des entreprises; les autres, plus nombreux, visent seulement telle ou telle industrie, et en particulier celle des transports par voie ferrée.

La responsabilité des accidents du travail en général est l'objet de prescriptions légales dans dix-sept Etats de l'Union (2) et deux colonies. La plupart des lois édictées en pareille matière par ces différentes subdivisions du territoire américain sont de date très récente; bien qu'elles présentent encore les unes par rapport aux autres des divergences assez considérables, on constate depuis le début du présent siècle un mouvement vers l'unification de leurs prescriptions.

L'Oklahoma, Etat de création récente, a inscrit dans sa Constitution l'assimilation complète de la responsabilité du chef d'entreprise à celle de l'auteur d'un délit ou quasi-délit civil. Les autres Etats et colonies ont organisé d'une manière plus ou moins complète un régime intermédiaire, au point de vue des garanties prévues au profit des ouvriers, entre le système ancien de la jurisprudence anglo-saxonne et celui du *Workmen's Compensation Act* britannique de 1897.

L'Utah a reproduit exactement les dispositions de l'*Employer's Liability Act* de 1880; en d'autres termes, la loi de cet Etat se borne à restreindre la définition du *fellow-service*, sans s'occuper des autres fins de non-recevoir admises par la jurisprudence.

L'Iowa et le Texas ne sont intervenus qu'au sujet de la doctrine de l'acceptation tacite des risques. Le premier de ces Etats maintient la vieille règle de la jurisprudence anglo-saxonne con-

---

(2) La loi du Montana se borne à répéter, à propos des relations entre patron et salarié, les prescriptions qu'elle avait déjà émises au sujet de la responsabilité civile; mais elle se désintéresse complètement des solutions de la jurisprudence.

cernant cette question. Le second impose en principe aux agents salariés l'obligation d'avertir leurs supérieurs des risques d'accidents dont ils peuvent avoir connaissance. Toutefois il est fait exception à cette règle dans deux cas : d'une part, quand les supérieurs auront été déjà informés du danger; de l'autre, quand les risques ne sont pas assez graves pour qu'une personne *raisonnablement prudente* cesse de se livrer à son travail habituel après les avoir constatés.

Le Dakota du Nord et le Dakota du Sud ont posé, en matière d'accidents professionnels, les principes suivants :

1° Tout employeur est tenu d'indemniser ses employés et ouvriers des dommages qu'il leur a causés par sa négligence;

2° L'employeur n'est pas tenu d'indemniser un agent des dommages occasionnés soit par les risques ordinaires de la profession de cet agent, soit par la négligence d'un autre agent appartenant à la même entreprise; néanmoins, dans le second cas, l'employeur sera responsable s'il est établi qu'en raison de l'incompétence professionnelle de l'auteur du dommage, le fait de l'embaucher ou de le maintenir en service constitue une faute lourde.

Le régime en vigueur dans ces deux Etats est donc, sous réserve d'une légère atténuation, sans grand intérêt pratique, vu les difficultés de la preuve qu'elle suppose, celui de la jurisprudence ancienne.

Ces différents textes perpétuent l'élément ancien de la législation américaine sur les accidents du travail : ils s'écartent peu de la théorie jurisprudentielle anglo-saxonne, et ne visent que tel ou tel aspect de la question. D'autres lois sont intervenues au cours des trois dernières années, et ont créé de toutes pièces, ou substitué à des textes anciens moins libéraux, suivant le cas particulier de tel ou tel Etat, une doctrine nouvelle de la responsabilité des accidents professionnels.

On peut grouper en un même système les lois de sept Etats : Indiana, Massachusetts, Ohio, Colorado, Maine, Idaho, New-

Jersey, et de deux colonies : Porto-Rico, Philippines, qui ont adopté une législation commune sur cette question. Ces textes déclarent le patron tenu des conséquences de tout accident de service, causé à l'un de ses agents par l'une des deux circonstances suivantes :

1° La négligence d'un *supérieur* de la victime. Est considéré comme tel celui dont les attributions consistent *exclusivement* ou du moins *principalement* à donner des ordres aux autres agents et à les surveiller ;

2° Le mauvais état du matériel, de l'outillage ou des bâtiments, dès lors que cette situation de fait est imputable, soit à la négligence du patron, soit à celle d'un agent spécialement chargé par ce dernier de veiller à l'entretien des installations ou constructions.

La responsabilité patronale ne sera pas toutefois engagée si, au moment de l'accident, la victime n'a pas déployé l'attention et pris les précautions qu'on était en droit d'attendre d'une personne *raisonnable*. D'autre part, si un agent, ayant appris ou constaté lui-même le mauvais état du matériel ou des installations de toute nature, n'en avertit pas l'un de ses supérieurs dans un délai raisonnable, il sera présumé avoir encouru volontairement les risques impliqués par cette situation de fait, sauf à lui ou à ses ayants droit à établir que le patron ou son représentant connaissait déjà lesdits risques (3).

La Californie avait d'abord adopté une loi identique à celle des deux Dakota. Elle a modifié ce texte en 1907 de la manière suivante : L'employeur est responsable de la négligence d'un agent qui avait autorité sur la victime au moment de l'accident, supérieur hiérarchique ou camarade chargé momentanément d'un

---

(3) L'Ohio a édicté des dispositions spéciales au cas de violation d'une mesure de sécurité imposée par la loi dans l'intérêt du personnel. Dans cette hypothèse, le patron est toujours responsable.

travail de surveillance ou de direction, et de celle d'un agent égal en grade, mais appartenant à un servie différent. Le patron est également tenu des conséquences de l'omission d'une prescription légale concernant la sécurité du personnel. D'autre part l'acceptation tacite des risques n'est admise que dans le cas où « l'agent comprenait, saisissait et apercevait pleinement (*fully understood comprehented and appreciated*) le danger, et consentait néanmoins à travailler dans ces conditions ». La preuve de ce fait incombe au patron. Cette réforme, jointe à la limitation de la définition du *fellow service* représente déjà un progrès assez appréciable.

Ce système législatif se caractérise par le trait essentiel suivant. Il maintient en principe la doctrine des *fellow-service*, mais en limite considérablement la portée. Il conserve aussi la théorie de l'acceptation tacite des risques. En revanche, l'exception tirée de la *contributory negligence* est formellement rejetée . l'employeur n'est plus admis à invoquer la faute professionnelle de la victime, dès lors que cette faute est compatible avec l'attention et les précautions qu'on est en droit d'attendre d'une personne ordinaire.

Il convient de rapprocher des précédentes les lois de quatre autres Etats, qui sont la Californie, l'Alabama, la Pennsylvanie et le New-York. Ces différents textes, tout en présentant de nombreux points communs avec ceux des Etats précités, s'en distinguent cependant par certains traits importants.

La loi de l'Alabama se sépare de celle de l'Indiana en ce qu'elle maintient dans toute sa rigueur la vieille règle de la *contributory negligence;* telle est du moins l'interprétation qui a prévalu en jurisprudence. Par suite le patron est exonéré de toute responsabilité s'il est établi que l'ouvrier a commis une faute d'attention ou une maladresse, si minime soit-elle.

La loi pennsylvanienne de 1907, après avoir mis en jeu la responsabilité du chef d'entreprise au cas de négligence des supérieurs de la victime ou de mauvais état du matériel imputable à la négligence du patron ou d'un préposé spécial, fait brèche à la vieille doctrine du *fellow-service*. Elle en restreint tout d'abord la portée, en considérant comme *vice-principals* (représentants du patron) tous les agents ayant un grade supérieur à celui de la victime ou ayant autorité sur elle au moment de l'accident. Mais en outre elle se refuse à admettre l'exception de *fellow-service* au cas où l'accident est dû au fait (et non à la *faute* seulement) d'un agent qui, en la circonstance, a obéi ponctuellement aux instructions générales ou spéciales d'un supérieur. La loi pennsylvanienne ne s'occupe ni de la question de la faute professionnelle (*contributory negligence*) ni de celle de l'acceptation tacite des risques. Les solutions jurisprudentielles restent donc en vigueur sur ces points.

L'ancienne loi de l'Etat de New-York sur les accidents du travail en général, mise en vigueur en 1902, était à peu près identique à celle de l'Indiana. Elle a été abrogée par l'*act* de 1909, modifié lui-même dès l'année suivante sur plusieurs points importants. Cette réforme, réalisée en deux étapes successives, représente un progrès notable sur le droit antérieur, non seulement de l'Etat de New-York, mais encore des autres *Commonwealths*. Aussi semble-t-elle appelée à exercer une influence considérable dans toute la Fédération américaine, sur l'évolution de la législation sur la responsabilité des accidents professionnels.

Aux termes de la loi new-yorkaise, actuellement en vigueur, le patron est responsable des conséquences de tout accident de service survenu à un agent « qui a fait preuve en cette circonstance de toute la vigilance désirable (*in due care and diligence*) et occasionné par l'un des faits suivants :

1° L'état défectueux du matériel, des travaux, des installations, des chemins privés, faisant partie de l'entreprise du patron, à condition qu'il provienne de la négigence du patron ou de celle d'un préposé spécial ;

2° La négligence d'un agent chargé par le patron d'un travail de direction ou de surveillance, ou investi régulièrement du droit de donner des ordres à la victime (4). »

Par ce seul fait qu'il entre ou demeure au service du patron l'agent est censé avoir accepté par avance les risques *inévitables* de sa profession, à l'exclusion de tous autres dangers. La loi considère comme risques inévitables « ceux qui subsistent après que le patron a fait preuve de la vigilance désirable (*due care*) en ce qui concerne la sécurité du personnel, et s'est conformé aux lois relatives à cet objet ». Cette définition correspond donc aux cas *fortuit* et de *force majeure.*

L'acceptation tacite des *risques ordinaires* était, sous l'empire de la loi ancienne, une question sur laquelle le jury était appelé à se prononcer d'une manière souveraine. Il n'en est plus de même aujourd'hui. L'*act* de 1909-1910 édicte en cette matière les dispositions suivantes : L'employeur n'est pas admis à exciper de cette fin de non-recevoir « si le demandeur établit que le patron aurait pu découvrir par avance la cause de l'accident en déployant l'activité et la vigilance qu'on pouvait raisonnablement attendre d'un chef d'entreprise (*reasonable and proper care*) ». La conclusion est la même si le demandeur prouve, soit que les supérieurs de la victime connaissaient le danger d'accident, soit que la victime avait prévenu lesdits chefs de ce danger dans un délai raisonnable.

La loi nouvelle maintient les prescriptions des anciens textes en ce qui concerne la *faute professionnelle* des victimes d'accidents du travail. La faute *légère* pourra être invoquée par le défendeur, en vue d'obtenir une atténuation de sa responsabilité ; la faute *inexcusable* (*serious and wilful misconduct*) constituera

---

(4) Le paragraphe correspondant de la loi de 1902 était ainsi libellé : « La négligence d'un agent chargé par le patron d'attributions consistant exclusivement ou du moins principalement en un travail de direction ou de surveillance ». (Texte de la loi de l'Indiana).

une fin de non-recevoir dirimante ; dans ce cas le patron ne sera tenu à aucune indemnité.

La loi stipule formellement que les incapacités temporaires de travail, soit partielles, soit totales, dont la durée serait inférieure à deux semaines, ne donneront pas lieu à indemnité, quelle qu'en soit la cause.

Les conditions d'application des règles sur la responsabilité patronale en cas d'accident sont à peu près les mêmes dans tous les Etats, sauf en ce qui concerne le taux des dommages-intérêts à accorder aux victimes. L'action en indemnité doit être intentée dans un délai déterminé, qui varie, suivant les textes, de six mois à deux ans (4*bis*).

Le taux des dommages-intérêts est entièrement laissé à l'appréciation du jury dans la plupart des Etats. Les seuls qui ont établi des règles en cette matière sont les suivants : Massachusetts, Ohio, Maine, Idaho, New-York, Iles Philippines et Porto-Rico. Encore se bornent-ils, à l'exception de l'Etat de New-York, à fixer un maximum d'indemnité en capital et, parfois, au cas d'accident ayant des conséquences fatales, un minimum. Dans le Massachusetts et le Maine, la victime a droit à une somme maximum de 4.000 dollars, si elle a été seulement blessée ; si elle a

---

(4*bis*) D'autres dispositions visent les formalités administratives à remplir, l'énoncé verbal, etc. La loi du New-York pose à ce sujet les règles suivantes : la demande en justice doit être formulée dans les six mois de l'accident et être accompagnée d'un mémoire relatant les circonstances de l'accident. Toutes les questions contentieuses concernant le droit à indemnité et les conditions de cette dernière sont réglées de gré à gré, par voie d'arbitrage ou par une action judiciaire suivant la forme d'une action en dommages-intérêts pour violation de contrat écrit.

Les blessés qui reçoivent des allocations hebdomadaires devront être examinés, si le patron le demande, par un médecin ou chirurgien choisi et rétribué par le patron, en des lieux et temps convenables, dans les trois semaines de l'accident et ensuite une fois au plus toutes les six semaines.

été tuée sur le coup, ses héritiers recevront de 500 à 5.000 dollars. Les deux colonies de Porto-Rico et des Philippines ont adopté le même principe, mais ont prévu des taux plus réduits. L'Idaho s'est borné à fixer à 5.000 dollars la limite des indemnités pour décès. Dans l'Ohio, la limite légale est de 3.000 dollars au cas de blessures non mortelles et de 10.000 au cas d'accident ayant des suites fatales.

Toutes les lois précédentes, comme aussi celles des Etats qui n'ont pas fixé de taux, s'en remettent au jury du soin d'arbitrer le montant des dommages-intérêts en proportion de la négligence du patron ou des personnes dont ce dernier est responsable. Il n'en est pas de même des lois new-yorkaises de 1909-1910. Ces textes font dépendre le taux de l'allocation à payer à la victime du préjudice subi par elle. Leurs dispositions sont les suivantes :

Si l'accident a une issue fatale et si la victime laisse une veuve ou un parent vivant entièrement à sa charge, il sera alloué à cette personne une somme égale à douze fois le gain journalier de l'employé à l'époque de l'accident, sans toutefois qu'il puisse être alloué plus de 3.000 dollars. Si des secours hebdomadaires ont été accordés provisionnellement à l'intéressé, le montant de ces secours sera déduit de l'allocation. Si la veuve ou le parent survivant n'était que pour partie à la charge de la victime, ils recevront la somme correspondant au préjudice subi, sous la même limitation que ci-dessus.

Si la victime ne laisse aucune personne à sa charge, le patron se bornera à payer les frais médicaux et funéraires *raisonnables*, avec maximum de 100 dollars.

Si l'accident entraîne seulement une incapacité de travail totale ou partielle, le patron paiera à l'ouvrier, à compter de la fin de la deuxième semaine, jusqu'à la cessation de l'incapacité, une indemnité hebdomadaire n'excédant pas 50 p. 100 de son salaire moyen en plein travail (*when at work on full time*) durant l'année précédente ; si la durée de l'emploi était inférieure à un an, une indemnité hebdomadaire n'excédant pas trois fois la moyenne de son salaire quotidien pendant cette période.

La valeur des prestations faites à la victime durant la période antérieure à la liquidation de l'indemnité devra être déduite du montant de cette dernière.

Au cas d'incapacité partielle, l'allocation journalière ne devra jamais excéder la moitié de la différence entre le salaire moyen de la victime à l'époque de l'accident et celui qu'elle est susceptible de gagner dans une autre profession, après avoir été atteinte par l'incapacité visée. Mais en outre l'indemnité ne pourra jamais s'élever à plus de 10 dollars par semaine, et elle ne sera plus obligatoire à l'expiration de la huitième année postérieure à la date de l'accident.

Toutes les lois sur la responsabilité des accidents du travail en général réservent le droit de poursuivre l'employeur à raison d'un accident mortel aux personnes suivantes : le conjoint, les héritiers directs, et, à leur défaut, le plus proche parent à la charge du défunt. La loi de l'Ohio fait seule exception à cette règle, et considère le droit de poursuite comme compris dans les obligations actives de la succession du défunt : il peut donc être exercé par l'héritier le plus proche, qu'il ait été ou non à la charge du défunt.

Trente et un Etats et deux colonies ont soumis à des règles particulières la responsabilité des accidents du travail survenant dans l'industrie des chemins de fer. Parmi ces diverses subdivisions du territoire américain, les unes — neuf Etats et les deux colonies (5) — se sont bornées à poser le principe de la respon-

---

(5) *Etats:* Alabama, Colorado, Indiana, Missouri, Nevada (loi applicable aussi aux mines, et prévoyant, en ce qui concerne cette dernière industrie, un nouveau cas de mise en jeu de la responsabilité patronale : négligence dans la manutention ou l'entreposage des explosifs), New-Jersey (1909), Maine (1909), Idaho (1909), *New-York* (loi de 1910 plus compréhensive que celle des Etats précédents exposée ci-dessus).

Colonies: Porto-Rico (1902), Philippines (1909).

sabilité patronale dans un cas non prévu par la législation de caractère général : « la négligence d'un agent, *même fellow-servant,* préposé à la manœuvre d'un convoi, d'une locomotive, d'un wagon, d'une aiguille, ou d'un appareil de sécurité ». Ils s'en rapportent pour le surplus aux règles applicables à l'ensemble des professions. Les vingt-deux autres Etats n'avaient posé aucun principe de la responsabilité patronale en matière d'accidents professionnels en général : ils se sont occupés seulement des accidents du travail dans l'industrie des transports par voie ferrée.

Toutes ces décisions législatives ont perdu, après coup ou par avance, suivant leur date, une grande partie de leur intérêt en raison de la mise en vigueur de l'*act* fédéral de 1907, applicable « aux accidents du travail survenus dans les entreprises *internationales* ou *interprovinciales* de transport par voie ferrée », c'est-à-dire, en fait, à toutes les grandes compagnies de chemins de fer des Etats-Unis. Par suite les lois des Etats particuliers, qu'elles soient antérieures ou postérieures à l'*act* de 1907, visent seulement les accidents survenus au personnel des réseaux situés exclusivement sur le territoire d'un même Etat.

L'*act* fédéral reconnaît aux agents blessés en service et aux ayants droit des victimes d'accidents de service ayant eu des suites mortelles un droit à indemnité, à condition que l'accident soit imputable à la négligence d'un autre agent, quel que soit le rang de ce dernier. La loi énonce un second cas qui rentre dans le premier : celui où l'accident provient du mauvais état dû à la négligence des installations de toute nature (bâtiments, voie, ouvrages d'art, etc.) ou du matériel. Si la victime a contribué elle-même par son manque d'attention ou de précautions à la survenance de l'accident, cette circonstance de fait aura seulement la valeur d'une excuse atténuante pour l'autre partie, et non celle d'une fin de non-recevoir dirimante. Toutefois, si la Compagnie a enfreint une prescription légale relative aux mesures de sécurité, elle ne sera pas fondée à exciper de la négligence de la victime.

La loi confie au jury un plein pouvoir d'appréciation de la responsabilité respective des deux parties en cause : ce corps judiciaire aura à se prononcer sans âppel sur les questions de négligence et à arbitrer en conséquence le taux des dommages-intérêts dus à la victime ou à ses représentants.

Au cas d'accident mortel ou ayant des suites fatales, le droit à indemnité est dévolu successivement aux personnes suivantes : le conjoint, les enfants, le père ou la mère, et, à défaut des précédents, le plus proche parent à la charge du défunt, en se reportant au jour de l'accident (*next of kin dependant*). L'action en dommages-intérêts doit être intentée dans un délai de deux ans, sous peine de forclusion.

Toute convention tendant à écarter ou à limiter par avance la responsabilité patronale est déclarée nulle et non avenue. Il en est de même de toute transaction postérieure à l'accident et non conforme à la présente loi, à condition que le délai préfixe ne soit pas écoulé ; sauf le droit pour le patron de faire déduire du montant de la condamnation prononcée contre lui le montant ou la valeur des prestations fournies à la victime ou à ses représentants en vertu de l'arrangement frappé de nullité.

L'*act* de 1907 présente deux particularités importantes ; il répudie formellement, sinon explicitement, deux anciennes théories du droit anglo-saxon : l'irresponsabilité patronale au cas d'accident causé par un *compagnon de travail,* et la non-recevabilité de l'action en indemnité dans l'hypothèse où la victime *est elle-même en défaut.*

Les lois provinciales particulières aux accidents du travail dans l'industrie des chemins de fer sont presque toutes moins libérales que la loi fédérale. Celle du Michigan et du Texas, toutes deux postérieures à la précédente (elles datent de 1909), en reproduisent exactement l'esprit, sinon la lettre. Parmi les vingt autres Etats qui ont légiféré sur la responsabilité des accidents survenus au personnel de la voie ferrée, un seul, la Floride, considère la *contributory negligence* de la victime comme un fin de non-recevoir absolue, si légère qu'elle puisse être. D'autre part, neuf Etats ont écarté la théorie dite du *fellow-servant* (6) ; sept autres l'ont maintenue, mais en la tempérant par d'importantes réserves (7) : ils ne considèrent pas comme compagnons de travail de la victime les personnes ayant autorité sur elle, en vertu d'une délégation régulière, au moment de l'accident, ni celles qui appartiennent à une autre branche du même service ou qui, étant collègues, ne prenaient pas part à un travail commun au moment de l'accident.

La loi géorgienne de 1909 mérite d'être citée en raison d'une règle qu'elle formule en ce qui concerne les accidents mortels. Par une analogie, d'ailleurs assez lointaine, avec l'une des solutions du *Workmen's Compensation act de 1906,* elle décide qu'au cas d'accident professionnel ayant des suites fatales, le chef d'entreprise sera présumé coupable de négligence, sauf preuve du contraire; c'est là une exception remarquable, quoique contestable au point de vue de la logique, à la règle *actori incumbit probatio.* Sous cette réserve, la loi géorgienne est identique à l'*act* fédéral de 1907 (8).

(6) Massachusetts, Iowa, Wisconsin, Kansas, Montana, Nébraska, Caroline du Nord et les deux Dakota.

(7) Pennsylvanie, Ohio, Orégon, Caroline du Sud, Virginie, Mississipi et New-York.

Toutefois, la loi de ce dernier Etat ne s'applique plus aujourd'hui aux agents du service actif de la Traction et à certains agents de la Voie, qui sont régis par la loi de 1910 étudiée ci-dessus.

(8) Une loi du Missouri, datant de 1905, concerne les accidents mortels causés *à une personne quelconque,* employé ou simple particulier, par la négligence, la maladresse ou l'intention criminelle d'un agent chargé de la conduite d'un véhicule affecté à un transport en commun. Il ne s'agit donc plus seulement des entreprises de chemins de fer, mais encore des Compagnies de navigation, des concessionnaires de bacs ou de voitures publiques, des Compagnies d'omnibus ou de tramways, etc.

D'autres textes, spéciaux à tel ou tel Etat, concernent seulement certaines catégories d'entreprises. Ainsi deux *acts* de l'Arizona et de l'Arkansas visent les *corporations* ou sociétés anonymes quel que soit leur objet. D'autres (Montana, Maryland, Indiana) s'appliquent seulement à l'industrie minière. Toutes ces lois sont de la même période : elles ont été promulguées entre 1900 et 1909. Depuis, la législature de l'Etat de New-York, au cours de la session de 1910, a institué un régime spécial à certaines professions réputées particulièrement dangereuses.

La loi de l'Arkansas se borne à énoncer un seul passage, très important il est vrai : l'abrogation de la doctrine du *fellow-service*. L'Arizona s'avance moins loin dans cette voie : il se borne à déclarer la société responsable des conséquences de la négligence ou de l'incompétence d'un agent quelconque, si ces faits étaient connus d'elle.

La loi du Maryland, peu claire, n'offre qu'un médiocre intérêt. Celle de l'Indiana envisage seulement les accidents causés par l'inobservation des mesures de sécurité prescrites par la législation ouvrière, auquel cas la responsabilité du patron est engagée. Si l'accident entraîne la mort de la victime, ses représentants légaux, qu'ils soient ou non à sa charge, auront droit à une indemnité arbitrée par le jury, sans pouvoir excéder 10.000 dollars.

La loi du Montana présente un intérêt considérable en raison de ce fait qu'elle est basée sur la théorie du risque professionnel et résout la question de la responsabilité des accidents du travail par l'application du principe de la mutualité. Son titre exact est le suivant :

« Loi sur l'assurance coopérative des ouvriers mineurs contre les accidents du travail ».

L'*act* du Montana vise l'ensemble du personnel actif de l'industrie minière, à l'exception des directeurs et chefs de service. Il crée un *fonds coopératif des employeurs et employés* sur lequel seront imputées les indemnités allouées aux victimes ou à leurs ayants droit. Il sera alimenté par les ressources suivantes : une contribution de la Compagnie, fixée à 1 cent par tonne de minerai extrait, et une retenue de 1 p. 100 sur le montant des salaires bruts du personnel.

Le fonds coopératif devra être remplacé en valeurs « sûres et négociables » : obligations du gouvernement fédéral, des Etats, des municipalités. Sa gestion est confiée au trésorier de l'Etat qui devra être avisé de tout accident professionnel, et paiera aux intéressés les sommes qui leur sont dues sur le vu des pièces justificatives.

L'indemnité est toujours payée en capital s'il s'agit d'un accident mortel; si la victime est tuée sur le coup, ou décède des suites de l'accident dans un délai d'une année, la veuve, les enfants, et à leur défaut les parents à la charge du défunt recevront une allocation forfaitaire de 3.000 dollars.

Au cas d'incapacité permanente totale (comme la perte des deux bras, des deux jambes, des deux yeux, paralysie) la victime recevra, à son choix, une indemnité pour chaque jour ouvrable, dont le taux ne pourra excéder 1 dollar, ou le capital correspondant à cette indemnité. La loi n'indique pas les circonstances d'après lesquelles sera déterminé le taux de cette indemnité, et ne désigne aucune autorité pour fixer cette dernière.

Les incapacités permanentes partielles ci-après donnent droit à une indemnité fixée à 1.000 dollars en capital : perte d'un membre ou d'un œil, ou perte de leur usage.

Les allocations pour incapacités permanentes ne seront payées ou servies à la victime qu'à l'expiration d'un délai de douze semaines, compté du jour de l'accident, sauf le cas où les blessures de ladite victime seraient déclarées incurables dès l'origine par un médecin délégué à cet effet.

La loi est applicable aux personnes de nationalité étrangère, avec cette restriction que les ascendants non résidents de la victime d'un accident mortel n'ont pas droit à indemnité.

Le fait d'invoquer le bénéfice de la loi entraîne de plein droit renonciation à poursuivre l'employeur en responsabilité civile. La loi ne s'occupe point des incapacités temporaires.

La loi new-yorkaise de 1910 sur les accidents du travail dans les professions réputées dangereuses modifie sur certains points particulièrement importants les principes de la responsabilité patronale applicables, en vertu des *acts* de 1909-1910 précités, à l'ensemble des entreprises. Quant au taux des indemnités, il reste le même.

La loi vise les personnes se livrant à un travail purement manuel ou mécanique, (à l'exclusion des employés de bureau), dans les entreprises « où la nature des travaux et les conditions dans lesquelles ils sont appelés à être exécutés entraînent nécessairement des risques extraordinaires pour la vie et la sécurité des ouvriers ». Ces travaux sont les suivants :

Construction et démolition des ponts et bâtiments dont la charpente comporte du fer et de l'acier;

Manœuvre de monte-charges, ascenseurs ou grues servant à l'intérieur ou à l'extérieur d'un pont ou bâtiment en construction ou démolition pour le transport des matériaux;

Le travail effectué sur des échafaudages de toute nature d'une hauteur excédant 20 pieds, employés à la construction, réparation, démolition ou peinture des ponts et bâtiments;

La construction, réparation ou mise en marche de fils, câbles, interrupteurs et autres appareils chargés de courants électriques.

Tous travaux qui sont appelés nécessairement à s'effectuer dans un voisinage dangereux par rapport à des explosifs, quand ces derniers sont employés dans une industrie;

La construction de tunnels ou passages souterrains;

Les travaux effectués dans l'air comprimé;

Enfin la conduite de locomotives, moteurs, trains, ou voitures mues par la pesanteur ou la vapeur, l'électricité ou toute autre force mécanique, *sur chemins de fer*, ou la construction et réparation de la plate-forme et de la voie.

Dans ces professions, *sauf le cas où il serait causé par la faute lourde et volontaire* de la victime, tout accident entraînant la mort ou une incapacité complète d'au moins deux semaines engage la responsabilité du patron, dès lors que ledit accident est dû exclusivement ou en partie à l'une des deux causes suivantes :

1° Un risque inhérent à la nature de la profession;

2° La négligence du patron ou d'un employé quelconque.

Cette loi est donc la seule qui fonde le droit à indemnité de la victime ou de ses représentants sur les risques professionnels, en réservant toutefois le cas où l'accident est dû à la faute lourde de la victime. C'est donc celle qui se rapproche le plus du système français.

Les prescriptions des diverses lois sur les responsabilités des accidents du travail présentent un caractère d'ordre public : par suite, il n'est pas possible d'y déroger par voie de convention particulière. Plusieurs Etats interdisent même d'une manière explicite tout arrangement entre patrons et ouvriers ayant pour objet de limiter la responsabilité patronale. Il en est différemment des dispositions visant les conséquences pécuniaires de la responsabilité. En principe, il est permis aux intéressés de transiger. Toutefois certains Etats ont cru devoir formuler des règles à ce sujet. La loi de l'Etat de New-York déclare expressément que si le patron et la victime (ou les ayants droit de cette dernière) sont d'accord pour régler une indemnité à l'amiable, ils devront se soumettre à certaines formalités, notamment l'intervention dans la transaction d'un fonctionnaire administratif. De plus, si l'accident a été causé par la *faute lourde* du patron ou par la *violation* d'une mesure de sécurité imposée par la loi, le bénéficiaire peut renoncer à la transaction tant qu'elle n'a pas été exécutée et agir par voie contentieuse.

Les statuts du Massachusetts prévoient un cas différent du précédent : celui du patron qui serait d'accord avec ses ouvriers pour organiser à l'avance un système particulier d'assurance contre les accidents, tel que la création d'une mutualité ou l'affiliation du personnel à une caisse d'assurance-accidents. Les combinaisons de ce caractère ne pourront donner lieu à un arrangement entre les parties intéressées qu'après avoir été approuvées par le Bureau d'Arbitrage et de Conciliation.

Telle est, réduite à ses traits essentiels, la législation sur les accidents du travail actuellement en vigueur aux Etats-Unis (9). La loi de l'Etat de New-York constitue le terme le plus parfait de cette législation en ce qui concerne l'ensemble des entreprises ; il en est de même de la loi du Montana au point de vue de l'industrie minière seule.

Il convient toutefois d'observer que le Minnesota et le Wisconsin ont institué récemment (1909) des Commissions d'Etudes (*Minnesota Employer's Compensation Commission*) chargées d'élaborer une nouvelle législation sur les indemnités pour accidents professionnels. Cette Commission est composée de trois membres : un patron, un ouvrier et un jurisconsulte, désignés par le gouverneur. Il est permis d'espérer que leurs travaux aboutiront au vote d'une loi plus parfaite encore que les deux précédentes.

La comparaison entre les lois américaines sur les accidents professionnels et la législation britannique sur le même sujet n'est pas favorable aux premières. Aucun des Etats de l'Union, sauf le Montana, n'a appliqué dans une mesure quelconque la théorie du risque professionnel. Quelques-uns, tels la Pennsyl-

---

(9) Il convient de signaler, en outre, deux lois, dont l'une concerne les ouvriers du gouvernement local des iles Philippines, et l'autre ceux qui sont employés par le gouvernement fédéral. Ces textes autorisent certains hauts fonctionnaires à accorder, *s'ils le jugent à propos*, des indemnités aux victimes d'accidents du travail, dans certaines conditions.

vanie et le New-York, ont reproduit les dispositions de l'*Employer Liability act* de 1880, ou même se sont prononcés dans un sens plus favorable aux travailleurs que le précédent, mais sans pouvoir prétendre au libéralisme des lois anglaises de 1897-1906. Le surplus ne s'occupent que des employés de chemins de fer, qu'ils soumettent au régime de l'*act* britannique de 1880, ou même se désintéressent entièrement des droits des victimes d'accidents professionnels. Il serait à souhaiter que le législateur américain, qui se montre généralement épris d'équité et de progrès social, comblât cette lacune condamnable du droit ouvrier des Etats-Unis, et donnât satisfaction sur ce point aux légitimes revendications de la Fédération du Travail. Comme le constatait le président de cette association au Congrès de Toronto : « Il conviendrait que les Etats de l'Union se missent d'accord sur le principe de l'*indemnité automatique* (automatic compensation), c'est-à-dire indépendante des circonstances de l'accident. Par l'abolition complète des théories jurisprudentielles surannées (*old fallacies*) de l'acceptation des risques, de la *contributory negligence* et du *fellow-service,* auxquelles serait substitué ce régime nouveau, les Etats-Unis d'Amérique mettraient la législation des accidents professionnels en harmonie avec la prospérité économique du pays, dont ces accidents sont en quelque sorte la rançon » (a).

(a) Législation française. — *La première loi française concernant les accidents du travail est celle du 9 avril 1898. Avant cette époque, un ouvrier victime d'un accident de travail n'avait droit à aucune indemnité à moins qu'il pût faire la preuve que l'accident était survenu par la faute du patron, dans ce cas seulement il avait droit à des dommages-intérêts en vertu de l'article 1382 du Code civil ainsi conçu : « Tout fait quelconque de l'homme qui cause à autrui un dommage oblige celui par la faute duquel il est arrivé à la réparer ». Cette condition faisait que huit fois sur dix l'ouvrier victime d'un accident du travail ne recevait aucune indemnité; la sta-*

tistique en effet a permis d'établir que sur 100 accidents 25 pouvaient être attribués à la faute de l'ouvrier, 8 à la faute combinée du patron et de l'ouvrier, 47 à des cas fortuits ou de force majeure ou à des causes indéterminées et 20 seulement à la faute du patron.

Subordonner en matière d'accident du travail à la preuve de la faute la réparation du dommage causé, c'était, comme le faisait justement remarquer Félix Faure dans sa proposition de loi de 1882, une idée erronée. Dans la plupart des cas, il n'y a, à proprement parler, ni faute du patron, ni faute de l'ouvrier. Tout travail a ses risques, les accidents sont l'inévitable conséquence du travail même. Ainsi se justifie la doctrine du risque professionnel.

Cette doctrine est la base de notre législation en matière d'accidents du travail, et le principe de cette législation est formulé par l'article premier de la loi du 9 avril 1898 en ces termes : « Les accidents survenus par le fait du travail ou à l'occasion du travail... donnent droit au profit de la victime ou de ses représentants à une indemnité à la charge du chef de l'entreprise » ; et, supprimant radicalement en cette matière l'application du droit commun, de l'article 1382 du Code civil, l'article tel qu'il résulte de la loi du 22 mars 1902 ajoute : « Les ouvriers et employés... ne peuvent se prévaloir, à raison des accidents dont ils sont victimes dans leur travail, d'aucunes dispositions autres que celles de la présente loi. »

Domaine d'application de la loi législative française en matière d'accidents du travail.

Aux termes de l'article premier de la loi du 9 avril 1898, il n'y avait de professions assujetties que celles limitativement énumérées dans cet article, à savoir : « ... l'industrie du bâtiment, les usines, manufactures, chantiers ; les entreprises de transport par terre et par eau, de chargement et déchargement ; les magasins publics, mines, minières, carrières et, en outre, dans toute exploitation ou partie d'exploitation dans laquelle sont fabriquées ou mises en œuvre des matières explosives ou dans laquelle il est fait usage d'une machine mue par une force autre que celle des hommes ou des animaux. » La loi du 30 juin 1899 a ajouté aux accidents donnant lieu à l'application de la loi du 9 avril 1898 « les accidents occasionnés par l'emploi de machines agricoles mues par des moteurs inanimés et dont sont victimes, par le fait ou à l'occasion du travail, les personnes, quelles qu'elles soient, occupées à la conduite ou au service de ces moteurs ou machines », mais elle spécifie qu'en dehors de ce cas la loi du 9 avril 1898 n'est pas applicable à l'agriculture; enfin la loi du 12 avril 1900 étend « à toutes les entreprises commerciales » la législation sur les responsabilités des accidents du travail.

Depuis cette dernière loi, il ne reste plus en dehors de la loi du 9 avril 1898 que les professions libérales et les industries agricoles D'ailleurs, la réparation des accidents du travail non assujettis à la loi spéciale reste toujours réglée par le droit commun, art. 1382 du Code civil; encore une loi du 18 juillet 1907 déclare-t-elle que « tout employeur non assujetti à la législation concernant les responsabilités des accidents du travail peut se placer sous le régime de ladite législation pour tous les accidents qui surviendraient à ses ouvriers, employés ou domestiques, par le fait du travail ou à l'occasion du travail. »

Accidents indemnisés.

Ne donnent droit à une indemnité que les accidents et non les maladies professionnelles; encore faut-il que pour donner droit à l'indemnité l'accident soit survenu par le fait ou à l'occasion du travail de la victime alors qu'elle accomplissait un travail commandé ou tacitement autorisé par le patron. Mais tout accident, quel qu'il soit, survenant dans ces conditions, donne droit à l'indemnité, quelle que soit la cause de l'accident, parce que dans ces conditions l'accident est bien le résultat du risque professionnel.

Qui bénéficie des dispositions de la loi?

Tout le personnel de l'entreprise assujettie sans distinction aucune ni d'emploi, ni de sexe, ni de nationalité, ni de salaire, à condition cependant que l'ouvrier ou l'employé qui invoque cette loi relève directement *du chef d'industrie. Les ayants droit de la victime en bénéficient également.*

Qui est responsable?

Le « chef d'entreprise », c'est-à-dire celui qui fait exécuter à ses risques et périls les travaux de sa profession et qui en recueille les bénéfices, mais encore faut-il, pour qu'il y ait chef d'entreprise responsable, que ce chef d'entreprise emploie habituellement un ou plusieurs ouvriers. Un patron qui ordinairement travaillerait seul ne saurait être assujetti à la loi par le fait de la collaboration accidentelle d'un ou de plusieurs aides.

Indemnités dues.

L'indemnité s'établit en raison de deux facteurs, les conséquences de l'accident et le montant du salaire. La loi distingue quatre classes d'accidents; il y a les accidents qui entraînent : 1° une incapacité temporaire; 2° une incapacité permanente mais seulement partielle; 3° une incapacité permanente et absolue; 4° la mort.

Les indemnités auxquelles ont droit les bénéficiaires de la loi sont basées sur le salaire total quand celui-ci ne dépasse pas 2.400 francs; lorsqu'il dépasse ce chiffre, ils n'ont droit pour le surplus qu'au quart des rentes, à moins de conventions contraires élevant le chiffre de la quotité Cela dit : 1° en cas d'incapacité temporaire l'ouvrier ou employé a droit, « si l'incapacité de travail a duré plus de quatre jours, à une indemnité journalière, sans distinction entre les jours ouvrables et les dimanches et jours fériés, égale à la moitié du salaire touché au moment de l'accident »; si l'incapacité de travail a duré plus de dix jours, ce n'est pas à partir du cinquième jour mais du premier que l'indemnité est due;

2° En cas d'incapacité partielle et permanente l'ouvrier ou l'employé a droit à une rente égale à la moitié de la réduction que l'accident aura fait subir au salaire;

3° En cas d'incapacité permanente et absolue, à une rente égale aux deux tiers du salaire annuel;

4° Lorsque l'accident est suivi de mort, ont droit à une pension dont le montant varie suivant les cas et en vertu de l'article 3 de la loi du 9 avril 1898, modifiée par la loi du 31 mars 1905, le conjoint survivant, les enfants, et si la victime n'a ni conjoint ni enfants, ses ascendants ou descendants qui étaient à sa charge.

Les ouvriers étrangers, victimes d'accidents, qui cesseraient de résider sur le territoire français, recevront pour toute indemnité un capital égal à trois fois la rente qui leur avait été allouée, de même leurs ayants droit étrangers dans la même circonstance.

Ces rentes sont incessibles et insaisissables.

CHAPITRE VIII

La protection légale du travail des femmes et des enfants

Le développement de l'industrie manufacturière américaine pendant la seconde moitié du XIXe siècle a eu pour effet, entre autres conséquences, d'augmenter considérablement l'emploi de la main-d'œuvre des femmes et des enfants. Ce phénomène économique, s'il a présenté quelques avantages, n'en a pas moins entraîné des inconvénients très sérieux au point de vue professionnel comme au point de vue social. D'une part, il a entravé l'organisation de l'apprentissage, et conduit à la diminution ou à la stagnation des salaires, dans les industries qui admettent un personnel mixte, alors que le coût de la vie augmentait notablement. De l'autre, il a désorganisé la famille ouvrière, et exposé la femme comme l'enfant, ces deux êtres faibles et inexpérimentés, à toutes sortes de dangers physiques et surtout moraux.

Ces dangers sont plus redoutables au Nouveau-Monde que partout ailleurs. C'est qu'en effet la classe ouvrière est encore peu homogène dans l'Amérique du Nord : elle comprend un grand nombre d'immigrés de tout âge et de toute origine, qui s'adaptent très lentement à leur milieu d'élection, dont la plupart ignorent les habitudes et la langue. D'autre part, l'extrême concentration des grandes industries manufacturières, presque toutes groupées en *trusts*, et l'existence, en face de la Fédération ouvrière (*American Federation of Labor*) d'une association patronale elle aussi très puissante (*National Association of Manufacturers*), rendent la lutte des classes laborieuses contre les employeurs plus difficile aux Etats-Unis qu'elle ne l'est sur l'Ancien Continent. Le seul remède à ces inconvénients est l'affiliation des intéressés aux groupements professionnels. Mais les femmes et surtout les enfants n'adhèrent guère à ces derniers, malgré les efforts déployés à cet effet depuis de longues années par divers syndicats, et notamment par celui de l'industrie textile (1). L'intervention du législateur en faveur des adolescents des deux sexes et des femmes adultes était donc plus nécessaire aux Etats-Unis que dans tout autre milieu économique.

En vertu de la Constitution américaine, la législation du travail des femmes et des enfants ressortit aux autorités régionales, comme le fait l'ensemble du droit civil et administratif. Le Congrès fédéral ne pourrait se substituer en cette matière aux législatures d'Etat que pour prendre, le cas échéant, des mesures de caractère international. La protection accordée aux femmes et aux enfants par les textes actuellement en vigueur s'adressant à tous, sans distinction de race ou d'origine, les Etats particuliers ont pu légiférer en toute indépendance sur cette question.

La réglementation du travail des femmes et des enfants se fonde exclusivement aux Etats-Unis sur une idée de protection : pour le législateur américain, l'ouvrière, quel que soit son âge, ne doit pas être abandonnée à elle-même. Sans doute, trois parlements régionaux, ceux des Etats de Washington, d'Illinois et de Californie, ont inscrit dans leurs statuts le droit des femmes « à exercer toutes les professions autres que les fonctions

(1) L'industrie textile américaine emploie 600.000 ouvriers de tout âge, dont 60 p. 100 de femmes et d'enfants.

publiques électives » (2). Mais si cette mesure implique l'assimilation des deux sexes au point de vue du droit au travail, elle laisse entière la question de l'exercice de ce droit par les femmes. Dans les trois Etats où elle est en vigueur, comme partout ailleurs, ces dernières constituent avec les enfants une catégorie spéciale de travailleurs, les *personnes protégées*.

Les prescriptions légales sur le travail des personnes protégées ont fait leur apparition pour la première fois aux Etats-Unis, en 1864, dans l'Etat de Massachusetts. L'exemple donné par cette législature, que M. Franklin Willoughby a justement appelée « le pionnier de la législation sociale américaine », a été suivi peu à peu par les autres *Commonwealths* et par les trois colonies, mais dans une mesure très inégale. En effet, l'intervention des Parlements locaux en faveur des ouvrières et des jeunes travailleurs n'a pas eu partout la même portée ni le même domaine d'application. Telle législature ne s'est intéressée qu'à la limitation du temps de travail, alors que telle autre a multiplié les prescriptions interdisant le travail de nuit, ordonnant un temps d'arrêt à heure fixe pour les repas, etc. De même, si la majorité des textes sont applicables à l'ensemble des établissements industriels, comme le sont les dispositions des lois ouvrières françaises de 1892 et de 1900, d'autres visent en outre les maisons de commerce ou même toutes les entreprises, à l'exception des travaux agricoles et du service personnel. En revanche, deux assemblées législatives, celles du Maryland et de la Géorgie, ont restreint leur réglementation à l'industrie textile, qui est la principale spécialité du pays. D'autre part, les lois locales présentent les unes par rapport aux autres, sur les mêmes sujets, de nombreuses différences de détail que le temps semble devoir atténuer en opérant une unification graduelle de la législation.

---

(2) « Sauf, toutefois, la carrière militaire », prend soin d'ajouter le Code de l'Illinois.

Parmi les mesures qui constituent la réglementation du travail des personnes protégées, les unes visent à la fois les femmes et les enfants ; elles imposent aux unes et aux autres diverses restrictions motivées soit par la faiblesse physique des intéressés, soit par l'insécurité matérielle ou le danger moral de certaines occupations : telles sont l'interdiction de s'adonner à telle profession ou à telle besogne particulière, et la limitation de la durée ou des conditions du travail. D'autres textes s'adressent seulement aux femmes, comme le fait la loi sur le salaire de la femme mariée, ou aux enfants, telle la loi sur les obligations scolaires des jeunes travailleurs.

L'interdiction d'employer la main-d'œuvre des femmes et des enfants ne concerne qu'un petit nombre de métiers. La principale vise l'industrie minière. Quinze Etats de l'Union, et parmi eux la Pennsylvanie, dont les houillères sont les plus importantes du pays tout entier, excluent les femmes adultes des travaux des mines, tant du fond que du jour, leur permettant seulement le travail de bureau (*clerical work*). Il n'en est pas tout à fait de même au sujet des enfants. D'après la loi pennsylvanienne, qui peut être considérée, en raison du nombre des assujettis, comme constituant le régime du droit commun en matière de législation minière aux Etats-Unis, les travaux du fond sont interdits « aux mâles de moins de seize ans », et ceux du jour « aux mâles de moins de quatorze ans ». Le législateur américain est donc plus sévère que ne l'est la loi française du 2 novembre 1892 : cette dernière, en effet, n'interdit point aux femmes de prendre part aux travaux du jour, et autorise les jeunes garçons à descendre dans la mine dès l'âge de treize ans.

Les autres interdictions complètes sont particulières à tel ou tel Etat de l'Union. Ainsi plusieurs lois défendent aux femmes et aux enfants mineurs de 21 ans de servir à quelque titre que ce soit dans un établissement où se vendent des liqueurs enivrantes (3) ; celle du Michigan va jusqu'à prohiber l'emploi des femmes ou filles âgées de moins de 21 ans et des garçons mineurs de 18 ans dans les distilleries, malteries, brasseries et autres locaux où sont fabriquées, entonnées, mises en bouteille ou simplement emballées des liqueurs spiritueuses. D'autres textes interdisent de confier à des personnes protégées le graissage et le nettoyage des machines en marche (4).

Vingt-six Etats, parmi lesquels le New-York, le Massachusetts, l'Illinois, etc., ont limité la durée journalière ou hebdomadaire du travail des personnes protégées ; le Washington a mis en vigueur une réglementation de même caractère, qu'il restreint toutefois aux femmes seulement, par une anomalie assez singulière. Ces différents textes ont tous été attaqués devant les tribunaux et déclarés constitutionnels (5), sauf dans le Michigan où, à la suite d'une décision contraire de la Cour Supérieure, la législature préféra modifier la Constitution que d'abroger la loi jugée incompatible avec cette dernière. Quatorze autres *Commonwealths,* ainsi que le district de Colombie et la colonie de Porto-Rico, se sont bornés à réglementer la durée du travail des adolescents. Le surplus des Etats, qui sont, il est vrai, d'importance secondaire, se sont complètement désintéressés de la question.

Contrairement aux dispositions des lois françaises, la réglementation de la durée du travail des femmes et des enfants ne s'étend pas aux hommes adultes dans les établissements mixtes. En revanche, divers textes ont édicté des mesures restrictives applicables à l'ensemble du personnel d'une spécialité indus-

(3) Cette interdiction figure dans le Code de onze Etats, dont celui de New-York.

(4) Lois du Missouri et de la Virginie Occidentale. (Dans quatorze autres Etats cette interdiction ne concerne que les enfants).

(5) Le dernier arrêt rendu en cette matière émane de la Cour Suprême des Etats-Unis et concerne une loi de l'Orégon.

trielle déterminée, prenant ainsi une initiative plus hardie (6). Ainsi dans trois Etats du Sud où l'industrie textile est particulièrement florissante, la Géorgie, le Maryland et la Caroline du Sud, il est interdit de faire travailler les ouvriers et ouvrières de tout âge pendant plus de 10 heures par jour et 60 heures par semaine (7). Une loi analogue, en vigueur dans l'Arkansas, formule la même interdiction en ce qui concerne les scieries mécaniques (*Sawing and planing mills*). Enfin, le Nebraska et le Montana ont limité par mesure générale la durée du travail des personnes employées dans les mines et usines, sans distinction d'âge ni de sexe, à 10 heures par période de 24 heures.

La durée maxima du travail des personnes protégées est fixée le plus souvent à 10 heures ; elle n'est jamais supérieure à ce chiffre (8). Les lois spéciales aux enfants abaissent généralement cette limite à neuf heures, voire même à huit, comme l'ont fait plusieurs textes récents (9) ; toutefois il est permis le plus sou-

(6) Un grand nombre de législatures ont limité la durée de la journée de travail dans l'industrie des transports et dans celle des travaux publics. Ces mesures ne rentrent pas dans le cadre de la présente étude, car les femmes ne remplissent jamais dans ces deux branches que des fonctions administratives, et le rôle des enfants y est insignifiant.

(7) Onze heures et soixante-six heures en Géorgie ; la loi de ces trois Etats ne s'applique qu'aux ouvriers prenant une part directe à la production textile, et non au personnel des bureaux, aux chauffeurs et aux charretiers.

(8) Le New-Hampshire, le Wisconsin et le Michigan ont abaissé respectivement cette durée à 9 h. 40, 8 heures et 9 heures. Le Nebraska la fixe à 10 heures pour les femmes et à 8 pour les enfants.

(9) Lois anciennes : Colorado, Illinois, 8 heures ; Porto-Rico, 6 heures. Lois de 1909 : Kansas, Dakota du Nord, Ohio, Oklahoma, 8 heures.

Il est à remarquer que les deux principaux Etats industriels de l'Union, le New-York et la Pennsylvanie, ont adopté une réglementation moins libérale que nombre d'Etats moins importants ; le Code de Pennsylvanie prévoit la limite de 12 heures pour les femmes et celle de 10 heures pour les enfants. La loi de New-York néglige la défense des femmes majeures et édicte, en ce qui concerne les enfants, la limite de 9 ou 10 heures, suivant certaines distinctions.

vent de prolonger la durée du travail quotidien pendant chacun des cinq premiers jours ouvrables de la semaine, à condition d'abroger la durée de la sixième journée de travail (9 *bis*). Le repos dominical étant obligatoire dans tous les Etats de l'Union, la disposition précédente permet de faire bénéficier les classes laborieuses de l'arrangement connu en Europe sous le nom de « semaine anglaise » : cette combinaison consiste à arrêter le travail des usines le samedi à midi ou à deux heures de l'après-dîner au plus tard, pour le reprendre seulement le lundi après le lever du soleil.

Plusieurs Etats, notamment ceux de New-York, New-Jersey Pennsylvanie, ont été plus avant encore dans la voie de l'interventionnisme : ils ont rendu la semaine anglaise obligatoire dans toutes les branches de l'industrie manufacturière et pour l'ensemble de son personnel, sans distinction d'âge ni de sexe. La même règle est applicable dans l'Illinois, le Missouri et la Louisiane, mais elle n'y concerne que les grandes villes.

Quelle que soit la combinaison choisie, la loi interdit de faire travailler les personnes protégées au delà d'un certain nombre d'heures par semaine ; ce maximum hebdomadaire est généralement fixé à soixante heures par les textes applicables aux femmes et aux enfants simultanément, et à cinquante-quatre ou quarante-huit heures par les lois spéciales aux enfants (10).

Sauf en ce qui concerne l'institution obligatoire de la semaine anglaise et les facilités données aux industriels pour l'organiser à titre facultatif dans d'autres Etats, cet ensemble de disposi-

---

(9 *bis*) Voir plus haut, page 31, les dispositions concernant la *semaine anglaise*.

(10) Jusqu'à ces dernières années, le maximum hebdomadaire était toujours égal à six fois le maximum journalier en vigueur dans le même Etat. Diverses lois récentes ont abaissé cette proportion ; ainsi le temps de travail par semaine a été ramené à 56 heures dans le Massachusetts et dans le Rhode Island, et à 58 heures dans deux autres Etats (Maine, Connecticut), la journée restant limitée à 10 heures.

tions diffère peu du régime mis en vigueur par la loi française de 1892.

La limitation de la durée du travail est complétée dans un certain nombre d'Etats par diverses mesures, notamment les deux suivantes : la réglementation du travail de nuit et celle touchant l'interruption du travail pour le repas de midi.

La prohibition du travail de nuit ne s'applique à l'ensemble des personnes protégées que dans sept Etats seulement (11), mais elle est la règle pour les adolescents des deux sexes dans vingt-sept autres Etats (parmi lesquels figurent l'Illinois, le Missouri et le Michigan) et dans le district de Colombie. Toutefois elle ne s'applique en général qu'aux établissements manufacturiers. Les textes concernant les enfants font preuve d'une extrême sévérité. Alors qu'en France l'interdiction vise seulement la partie du jour civil comprise entre neuf heures du soir et cinq heures du matin, aux Etats-Unis elle embrasse toute la période qui s'étend de sept heures du soir à six heures du matin, ou même de six heures du soir à sept heures du matin. La loi française reste donc sur ce point très en deçà de la loi américaine (12).

Plusieurs textes ont prévu en faveur des enfants (13) ou des femmes (14) la faculté d'interrompre le travail durant une demi-heure ou même une heure pour prendre le repas de midi. La loi du New-Jersey va même jusqu'à interdire de faire travailler les

(11) New-Jersey, New-York, Pennsylvanie, Massachusetts (manufactures seulement), Connecticut, Nebraska, et, sous certaines restrictions, Indiana et Missouri.

(12) La loi de Géorgie ne fixe pas d'heure précise, mais interdit le travail des enfants entre le coucher et le lever du soleil.

(13) Ohio, Orégon.

(14) Massachusetts (dans les établissements comportant un personnel de cinq employés au moins), Louisiane : la loi accorde une heure, mais cette durée peut être réduite si les deux tiers au moins du personnel le demandent.

femmes et les enfants entre midi et une heure de l'après-midi. La durée de l'interruption est à défalquer des heures payées, mais le patron ne peut se prévaloir de cet arrêt pour prolonger la journée de travail au delà de l'heure fixée par la loi.

En ce qui concerne la durée journalière ou hebdomadaire du travail, l'interdiction du travail de nuit et l'interruption de midi, l'âge auquel les adolescents sont considérés comme adultes est généralement fixé à seize ans; toutefois, certaines législatures du Sud l'abaissent à quatorze et même douze ans (15).

Telles sont les lois appelées à défendre l'ensemble des personnes protégées contre les dangers communs qu'elles sont appelées à rencontrer dans la vie industrielle. D'autres mesures ont été prises, soit en faveur des femmes, soit au profit des enfants.

La protection particulière accordée aux ouvrières adultes par le législateur américain s'est manifestée jusqu'à ce jour par une décision très importante, et deux autres de caractère secondaire. La première figure dans le Code de tous les Etats et colonies, à l'exception de six, peu importants d'ailleurs : elle reconnaît à la femme mariée la libre disposition de ses gains professionnels, suivant sur ce point l'exemple donné par la loi française. Cette institution est d'ailleurs assez ancienne. D'autres textes, en vigueur dans un grand nombre d'Etats depuis une quinzaine d'années pour la plupart, ordonnent aux employeurs de « mettre à la disposition de leur personnel féminin des sièges convenables, et de les autoriser à en faire usage quand les travaux auxquels il

---

(15) La limitation relative au travail de nuit, généralement plus rigoureuse que les deux précédentes, est ainsi fixée dans les trente-cinq Etats où elle a été prévue : dans deux Etats du Sud, à douze ans ; dans cinq autres, à quatorze ; dans vingt-deux Etats appartenant aux diverses régions du pays, à seize ans ; dans le Michigan, l'Ohio et l'Oklahoma, à seize ans pour les garçons et dix-huit ans pour les filles. La loi de New-York a organisé un système très complexe dont l'exposé serait sans intérêt.

se livre n'exigent pas qu'il reste debout » (16). Ces textes sont à rapprocher de la loi française du 29 septembre 1900, mais la plupart d'entre eux ont une portée beaucoup plus large que cette dernière. En effet, si plusieurs assemblées régionales ont limité l'application de cette mesure aux magasins de vente au détail, la grande majorité des Etats en accordent le bénéfice « aux femmes employées dans les établissements manufacturiers ou commerciaux et dans les entreprises faisant usage de moteurs mécaniques » (17) ; même trois d'entre eux (18) déclarent la loi applicable à toutes les femmes ou filles employées ». Le texte édicté sur le même sujet par la législature de Floride ne vise que les magasins de vente au détail (*stores*) et les bureaux, mais il concerne l'ensemble du personnel de ces établissements, sans distinction d'âge ni de sexe. D'autre part, trois législatures (Michigan, Oklahoma, Dakota du Sud) ont récemment (1909) interdit d'employer les femmes ou filles à des travaux comportant l'obligation de se tenir continuellement debout.

Il convient de rapprocher de cette obligation imposée aux employeurs une exigence analogue, formulée par les législateurs d'un grand nombre d'Etats, en vertu de laquelle différentes installations de caractère hygiénique (lavabos et water-closets) doivent être aménagées à l'usage exclusif des femmes et filles dans les établissements qui emploient un nombre déterminé de ces personnes (19).

---

(16) La loi de quelques Etats (New-York, Maryland, Minnesota) est rédigée différemment. Elle porte « que les ouvrières devront être autorisées à s'asseoir dans la mesure où cette faculté est nécessaire à leur santé » et confie au jury le pouvoir de décider de cette question en dernier ressort, au cas de poursuites dirigées contre le patron.

(17) Il en est ainsi dans vingt et un Etats, dont le Massachusetts, l'Ohio et la Pennsylvanie.

(18) Indiana, Louisiane et Orégon.

(19) Des lois de ce caractère sont en vigueur en Pennsylvanie, en Ohio, dans le New-York et dans dix-neuf autres Etats.

En revanche, il y a lieu de regretter l'absence complète dans le droit ouvrier américain d'une réglementation du travail des femmes enceintes, nourrices ou relevant d'accouchement. Certains pays d'Europe, hostiles en principe à l'intervention législative dans la vie économique, se sont départis de cette règle dans le cas présent, et ont limité par diverses restrictions très sages l'activité professionnelle de la femme qui vient de subir l'épreuve de la maternité (20). Il est vrai que l'effet utile de ces décisions législatives est très controversé.

Réserve faite de cette omission, il convient de reconnaître que le législateur américain a su compléter par un petit nombre de textes particuliers aux femmes la réglementation tutélaire qu'il a élaborée en faveur des personnes protégées en général.

La protection légale des adolescents se présente sous un aspect très différent. L'enfant n'a pas seulement besoin d'être défendu contre l'exploitation patronale; l'égoïsme, la cupidité, l'imprévoyance des parents sont des dangers plus redoutables encore pour lui. Il fallait penser non seulement au présent, mais encore à l'avenir éloigné de l'enfant. A cet effet, il convenait, d'une part d'empêcher que ce dernier ne fût contraint de s'adonner aux travaux industriels — et particulièrement à telle ou telle besogne — à un âge où sa santé, sa moralité et son instruction générale pussent souffrir de cette vocation prématurée; de l'autre, de chercher dans la mesure du possible à lui faciliter l'acquisition des connaissances professionnelles nécessaires par l'organisation du contrat d'apprentissage. L'attention du législateur américain s'est portée tout spécialement sur le premier de ces deux problèmes; tous les Etats et autres subdivisions du territoire fédéral ont, à la seule exception des Iles Philippines, édicté à ce sujet des prescriptions généralement assez détaillées.

La loi américaine ne reconnaît pas à l'adolescent le droit de

(20) Lois espagnoles des 31 mars 1900 et 8 janvier 1907, etc.

disposer librement de son temps et de ses forces en les louant moyennant salaire, et n'autorise pas davantage les parents ou représentants légaux à contracter au nom de l'enfant un engagement analogue. Bien au contraire, elle interdit aux jeunes travailleurs qui n'ont pas atteint une première limite d'âge l'accès de toute profession rétribuée, sauf certains cas exceptionnels ; en deçà d'une seconde limite, plus élevée de deux à quatre ans que la première, l'enfant doit satisfaire à certaines conditions pour obtenir l'autorisation de travailler moyennant salaire. Enfin, quelques Etats ont établi une troisième limite d'âge supérieure aux deux précédentes ou tout au moins à la première et en deçà de laquelle les adolescents ne peuvent aborder certaines professions. Ce dernier trait de la réglementation ouvrière américaine est de date récente.

La prohibition d'employer les tout jeunes enfants à des travaux rétribués existe actuellement dans quarante-trois Etats et dans le district de Colombie, elle vise presque partout l'ensemble des établissements industriels et commerciaux (21) ; cette mesure est prise exclusivement dans l'intérêt du développement physique de l'enfant : aussi, quand l'adolescent est précoce, la loi permet-elle au juge d'autoriser des dérogations à cette règle.

L'âge auquel l'enfant est censé avoir atteint un développement physique suffisant pour pouvoir aborder la vie active est fixé, suivant les Etats, tantôt à douze et tantôt à quatorze ans. Le dernier chiffre est celui des lois en vigueur dans les grands Etats industriels de l'Est et du Centre: Massachusetts, Pennsylvanie, New-York, Illinois. Même quelques législatures se sont arrêtées à un chiffre plus élevé : quinze ou seize ans. La loi

---

(21) Les lois de la Pennsylvanie et du Delaware interdisent l'emploi des jeunes travailleurs « à toutes les occupations autres que le service personnel et l'agriculture ». Celles de New-York, du Colorado et de l'Iowa ne s'appliquent par contre qu'aux établissements manufacturiers.

américaine se montre donc, en règle générale, plus rigoureuse que la loi française : cette dernière autorise, en effet, le travail des enfants dès l'âge de douze ou de treize ans, suivant qu'ils sont ou non pourvus du certificat d'études primaires.

L'adolescent âgé de douze ou de quatorze ans révolus est admis en principe à prendre part aux travaux salariés. Mais cette autorisation est conditionnelle : le législateur n'a pas voulu que l'instruction générale de l'enfant pût souffrir de sa vocation prématurée au travail industriel ou commercial. Aussi, tant que le jeune garçon et la jeune fille n'ont pas atteint l'âge auquel cesse l'obligation scolaire, ils sont exposés à se voir interdire l'accès du magasin ou de l'usine s'ils ne fournissent pas certaines justifications. Cette seconde limite d'âge existe dans tous les Etats qui ont institué la première, sauf le Missouri, l'Iowa et le New-Jersey; en revanche, elle a été seule établie dans l'Arizona. Elle est presque universellement fixée à seize ans.

Les garanties d'ordre scolaire exigées des mineurs de seize ans par la loi américaine ont une étendue variable suivant les Etats, mais aucune ne peut rivaliser au point de vue de la force probante avec le certificat d'études primaires prévu par la législation française. D'une manière générale, les textes américains imposent à l'enfant, préalablement à tout embauchage, la production d'une attestation délivrée par les autorités scolaires, et certifiant « qu'il est capable de lire à vue et d'écrire lisiblement des phrases simples rédigées en langue anglaise » (*To read by sight and write legibly simple sentences in the English language*). La loi du Wisconsin se montre moins exigeante: si l'enfant compte moins de trois ans de séjour aux Etats-Unis, elle lui demande seulement de savoir lire et écrire *sa langue maternelle* (22).

---

(22) En revanche, certains Etats veulent que l'enfant possède des connaissances plus étendues, comme par exemple l'arithmétique élémen-

D'autres Etats, après avoir rejeté le système de l'examen de capacité, n'ont point osé aller jusqu'à décréter l'obligation de l'assiduité scolaire complète. Ils ont préféré avoir recours à une solution de fortune. Cette solution consiste à exiger que les enfants fréquentent l'école pendant un certain nombre de jours consécutifs chaque année. Elle a prévalu dans le New-York et dans un certain nombre d'Etats du Sud-Est; le minimum de scolarité varie de deux à quatre mois, suivant les textes (23).

Quelques Etats, après avoir posé en principe la règle de l'assiduité scolaire, admettent néanmoins la possibilité pour les assujettis de substituer l'assistance aux cours du soir à la fréquentation des classes du jour (24) ; cette faculté permet aux adolescents de mener de front le travail manuel et l'instruction générale.

La seconde limite d'âge étant imposée pour des motifs d'ordre purement pédagogique, la loi laisse d'ordinaire toute liberté aux parents d'utiliser comme bon leur semble les loisirs que les vacances scolaires laissent aux enfants. Toutefois, les Statuts du Vermont édictent certaines restrictions à cet égard, et la loi de l'Indiana, plus sévère encore, interdit absolument de faire travailler les enfants illettrés pour une rétribution, tant qu'ils n'ont pas atteint l'âge de seize ans.

La loi du New-Hampshire, par une inspiration regrettable, affranchit de toute obligation scolaire les jeunes gens « qui sont reconnus à la suite d'une examen médical hors d'état de mener de front le travail intellectuel et le travail manuel ». C'est, semble-t-il, le contraire qu'il eût fallu décider.

---

taire « jusques et y compris la règle de trois », ou même (Idaho) « la grammaire, l'orthographe et les éléments de géographie ».

(23) Caroline du Nord, 4 mois; Alabama, 2 mois; Arkansas, 12 semaines, dont 6 au moins consécutives; Delaware, 140 jours.

(24) Californie, Illinois, Nebraska. La Californie exige dans ce cas une fréquentation des cours du soir pendant une durée double du temps requis pour l'assiduité scolaire ordinaire.

Les enfants de douze ou quatorze ans, dès lors qu'ils sont en règle avec la loi scolaire, et les adolescents âgés de plus de seize ans, quel que soit leur degré d'instruction, étaient jusqu'à ces dernières années admis sans restriction à exercer n'importe quelle profession et à se livrer à n'importe quel travail. Il n'en est plus tout à fait de même aujourd'hui, sept législatures ayant mis en vigueur depuis deux ou trois ans des textes interdisant l'emploi dans certaines professions des adolescents mineurs de seize ou même de dix-huit ans. Ces Etats sont les suivants : New-York, Kentucky, Oklahoma, Ohio, Dakota du Nord, Michigan, Washington et Pennsylvanie. Les quatre premiers ont prévu la limite de seize ans, qui concerne les professions dangereuses pour la moralité ou la sécurité physique (*Life and limb*) des adolescents; la loi du New-York spécifie ces dernières, qui comprennent la manœuvre de certains appareils mécaniques, comme les scies circulaires, les laminoirs, les marteaux-pilons, etc., le nettoyage et le graissage des machines de toute espèce, même quand ces dernières ne sont pas en marche, et certaines opérations de la fabrication des allumettes chimiques. La liste des travaux interdits est à peu près la même dans le Washington, mais la limite d'âge est remplacée dans la loi de cet Etat par une restriction d'un caractère particulier : les travaux immoraux ou dangereux sont interdits aux enfants des deux sexes « âgés, ou *paraissant âgés*, de moins de dix-huit ans ». La limite d'âge est dans le Michigan de dix-huit ans pour les garçons et de vingt et un ans pour les filles. En Pennsylvanie, les travaux prévus par la loi sont groupés en deux catégories : la première, qui comprend principalement la fabrication des couleurs, vernis et allumettes chimiques, est ouverte aux adolescents de seize ans; la seconde, qui consiste exclusivement en manœuvres de machines dangereuses, comporte la limite d'âge de dix-huit ans.

La loi française du 2 novembre 1892, suivant l'exemple de la législation anglaise, interdit d'embaucher dans un établissement industriel les jeunes enfants de douze à treize ans qui ne sont pas porteurs d'un certificat médical constatant leur aptitude physique au travail qu'ils sont appelés à fournir. Une prescription analogue s'applique dans plusieurs Etats de l'Union (25) aux adolescents âgés de moins de seize ans. D'autres textes, sans exiger la production préalable d'un certificat, autorisent l'inspecteur à faire soumettre les jeunes travailleurs dont l'aptitude physique lui semble douteuse à un examen médical éliminatoire (26).

Les dispositions relatives à la limite d'âge, aux obligations scolaires et à l'aptitude physique des adolescents sont complétées par diverses mesures destinées à en assurer l'observation. La plupart des textes font défense formelle aux employeurs d'embaucher un mineur de seize ans si ce dernier n'est pas muni d'un certificat d'âge et de scolarité (*Age and schooling certificate*) ; cette pièce, qui doit être conforme au modèle annexé à la loi, constate que l'enfant a l'âge légal, et qu'il sait lire et écrire l'anglais ou, suivant le cas, qu'il a bien fréquenté l'école pendant le temps voulu durant l'année précédente. Le certificat doit être signé de parents et du surintendant des écoles. Il doit contenir le signalement détaillé de l'enfant, de manière à prévenir le trafic des pièces justificatives. L'âge de l'enfant doit être établi par un certificat de baptême ou un passeport, l'acte de naissance proprement dit n'existant pas aux Etats-Unis, si ce n'est dans certaines grandes villes ; à défaut des deux pièces précédentes, il devra y être suppléé par une déclaration solennelle (*affidavit*) émanant des représentant légaux de l'enfant. Dans les Etats qui exigent un certificat d'aptitude physique, l'attestation d'âge et de scolarité est remplacée par un *billet d'embauchage* (employment ticket) qui fournit simultanément les trois justifications demandées par la

(25) Maryland, New-York, Massachusetts.
(26) Missouri, Minnesota, Ohio, New-Jersey.

loi. Les autorités ne peuvent prêter leur concours à la confection de cette pièce que si les représentants légaux de l'enfant présentent une promesse d'embauchage signée de l'employeur, et contenant la description physique de l'enfant.

Les règles précédentes visent seulement le travail salarié : elles ne s'appliquent pas par suite à l'apprentissage. Cette institution est l'objet d'une série de prescriptions spéciales, dont la plupart sont de date relativement ancienne.

L'apprentissage est peu répandu aux Etats-Unis, comme d'ailleurs dans tous les pays dont le développement industriel a été très rapide. On l'y rencontre cependant, soit dans les petites localités, soit dans certaines professions, qui, ne se prêtant guère à la concentration industrielle, conservent encore l'ancienne organisation de l'atelier familial.

La mise en apprentissage des enfants (*binding, indenture*) doit être autorisée par le père, et à son défaut par la mère, le tuteur ou le juge du comté, dans cet ordre. D'autres garanties ont été prévues. Certains Etats requièrent sous peine de nullité le consentement écrit de la mère, si le père est vivant ; dans le cas contraire, celui du magistrat. D'autres, plus nombreux, interdisent de mettre l'enfant en apprentissage contre son gré, passé l'âge de 12 à 14 ans, ou même exigent qu'il intervienne au contrat et qu'il le signe, faute de quoi l'engagement sera réputé de nul effet.

En règle générale, un apprenti peut être tenu en service jusqu'à sa majorité (*Full age*), soit vingt et un ans pour les garçons et dix-huit ans pour les filles, si ces dernières ne se marient pas avant cet âge. Toutefois cette limite est notablement abaissée dans plusieurs Etats (27). Aucun minimum d'âge n'a été prévu

(27) Illinois, seize ans pour les deux sexes : Kansas, dix-huit pour les garçons, seize ans pour les filles ; par contre, le Tennessee étend aux filles de naissance illégitime la limite de vingt et un ans applicable aux

pour la mise en apprentissage, sauf en Californie, où elle est fixée à quatorze ans.

Le législateur américain énumère en détail les obligations du maître envers l'apprenti. Celles qui concernent l'instruction professionnelle ne donnent généralement pas lieu à contestation, aussi la loi n'insiste-t-elle pas sur ce point. Elle se montre plus explicite sur la question de l'instruction générale, que le maître serait enclin à négliger. Aussi les textes exigent-ils que le patron laisse l'apprenti se rendre à l'école, ou bien lui apprenne lui-même « à lire, écrire et compter, y compris l'enseignement de la règle de trois ». Si le maître ne veut pas ou ne peut pas enseigner ce rudiment à l'enfant, il devra se soumettre aux prescriptions concernant l'assiduité scolaire, qui sont très variables d'un Etat à l'autre. Telle législature exige que l'apprenti d'âge scolaire fréquente la classe pendant un certain nombre de semaines chaque année (28). D'autres édictent des prescriptions dont il est plus difficile d'assurer l'observation : ainsi la loi de l'Arkansas ordonne « que le maître envoie l'apprenti à l'école pendant le quart au moins du temps consacré au travail professionnel, à partir de sa septième année révolue; la loi du Delaware exige simplement que l'apprenti reçoive « une éducation raisonnable ».

Les textes se bornent aux généralités en ce qui concerne les prestations que le maître devra accorder à l'apprenti pendant la durée du contrat : « une nourriture saine et abondante, des vêtements convenables, le blanchissage, le logement et les soins médicaux ». En revanche, ils règlent minutieusement celles qui devront être fournies à l'adolescent lors de l'expiration du terme d'apprentissage. Presque tous enjoignent au maître de pourvoir

---

garçons. La loi de Pennsylvanie interdit de mettre en apprentissage *chez un agriculteur* les jeunes gens âgés de dix-huit ans révolus.

(28) Colorado, trois mois par an jusqu'à 14 ans; Nouveau-Mexique, trois mois par an depuis l'âge de 9 ans; Utah, cinq mois par an de 8 à 14 ans.

son ex-élève d'un ou deux habillements complets, et vont même jusqu'à fixer la valeur minima de ces vêtements (29). Ils lui imposent en outre souvent l'obligation de verser une somme d'argent assez importante (30). Enfin la plupart des lois ordonnent au patron de joindre à ces dons en nature ou en numéraire un présent assez inattendu : un exemplaire neuf de la Bible. Cette dernière prestation est seule obligatoire dans quelques Etats, notamment celui de New-York (31).

La durée de la journée d'apprenti n'est limitée que dans l'Etat d'Indiana, où elle ne peut excéder dix heures.

Les lois du Wisconsin et du New-York défendent au maître d'introduire dans le contrat d'apprentissage une clause portant interdiction pour l'élève d'exercer ultérieurement sa profession dans le quartier ou dans la localité où se trouve l'entreprise patronale. D'autres textes tendent à réprimer un abus très répandu. Cet abus consiste à mettre l'enfant en apprentissage en vue d'obtenir du maître une rétribution dont l'intéressé est le seul à ne point profiter. Les textes en question ordonnent que la rémunération promise soit payée personnellement à l'apprenti, tout au moins durant la dernière année (32).

Il est interdit sous des peines sévères de débaucher des apprentis, ou d'aider, d'assister et de recueillir les apprentis fugitifs (*runaway*). Ces faits constituent le délit d'*interference,* puni d'amende et d'emprisonnement de longue durée. Quant au fugitif lui-même, la loi permet au patron de le faire détenir par mesure administrative pendant vingt jours au plus.

---

(29) En Californie, le maître doit pourvoir son ex-apprenti de deux habillements valant au total 60 dollars.

(30) Tennessee, 20 dollars; Californie, 50 dollars; Géorgie, une somme fixée de gré à gré, et, en cas de désaccord, par le juge, avec maximum de 100 dollars.

(31) La loi du Kentucky affranchit le maître de toute prestation, s'il a enseigné à l'apprenti la lecture et l'écriture.

(32) Californie, Virginie, Virginie Occidentale.

Toutes les infractions aux dispositions sur le travail des personnes protégées entraînent des peines rigoureuses : des amendes souvent très considérables, et parfois même l'emprisonnement (33).

La réglementation du travail des femmes et des enfants aux Etats-Unis, envisagée dans son ensemble, est plus favorable aux classes ouvrières que ne l'est celle de la plupart des pays d'Europe. Sans doute elle présente plusieurs lacunes regrettables : l'absence de dispositions limitant les conditions du travail des femmes récemment accouchées, et celle d'une règle uniforme applicable à l'ensemble du personnel des établissements mixtes en sont les principales. D'autre part, certaines imperfections de la législation ambiante ont leur répercussion sur l'application des lois ouvrières ; en particulier l'inexistence à peu près complète de l'état-civil au sens français du mot rend très difficile le contrôle de l'âge des adolescents. Mais ces omissions, tout regrettables qu'elles soient, n'empêchent point la législation américaine sur le travail des personnes protégées de produire des résultats très satisfaisants, de l'aveu même de M. Samuel Gompers, président de l'*American Federation of Labor,* peu disposé cependant à l'indulgence envers les parlementaires de son pays (34). La plupart des nations de l'Europe Continentale, et en particulier la France, auraient grand avantage à s'inspirer de certaines mesures dont cette réglementation leur a donné l'exemple (a).

(33) La loi pennsylvanienne prévoit en cette matière les peines suivantes : 25 à 500 dollars d'amende et dix à soixante jours d'emprisonnement, quelle que soit la nature de l'infraction commise.

(34) Congrès de Toronto : Rapport du président Gompers.

(a) LÉGISLATION FRANÇAISE. — *Le travail des femmes et des enfants des deux sexes dans l'industrie est l'objet d'une réglementation assez étroite, qui résulte de deux lois fondamentales* (*L. du 2 novembre 1892,*

L. du 30 mars 1900), de divers textes législatifs secondaires et de décrets ou arrêtés ministériels.

Les travaux soumis à ce régime sont ceux qui s'exécutent dans les usines, manufactures, mines, minières, carrières, chantiers, ateliers et leurs dépendances, à l'exclusion toutefois des ateliers de famille. Par suite la loi ne vise pas les travaux agricoles, le commerce, les professions libérales et les services personnels des domestiques. Sont considérés comme ateliers de famille les établissements où travaillent, à l'exclusion de toute autre personne, les enfants, descendants ou pupilles de l'employeur, sous l'autorité de ce dernier.

A — DISPOSITIONS COMMUNES A TOUTES LES PERSONNES PROTÉGÉES.

I. — AGE D'ADMISSION. — La loi *fixe en principe à* treize ans *la limite d'âge maxima des enfants employés dans les établissements industriels. Toutefois les enfants âgés de* douze ans *peuvent être admis s'ils produisent le certificat d'études primaires et un certificat d'aptitude physique délivré par un médecin.*

II. — DURÉE DU TRAVAIL. — *Les mineurs de* dix-huit ans *et les femmes ne peuvent être employés plus de* dix heures *par jour, encore leur travail doit-il être coupé par un ou plusieurs repos d'une durée cumulée* d'une heure au minimum. *Cette règle souffre plusieurs exceptions. En effet la loi confère aux inspecteurs divisionnaires du travail le droit de lever temporairement ces prescriptions pour certaines industries (D. du 15 juillet 1893); en outre, elle autorise les patrons à faire travailler leurs ouvriers, sans distinction d'âge ni de sexe, pendant* douze heures *par vingt-quatre heures, à des époques déterminées de l'année, dans les établissements autorisés à faire veiller leur personnel.*

III. — INTERDICTION DU TRAVAIL DE NUIT. — *Il est interdit en principe de faire travailler les mineurs* de dix-huit ans *et les femmes pendant la nuit, c'est-à-dire* de neuf heures du soir à cinq heures du matin. *Cependant quelques industries sont autorisées à employer durant la nuit les femmes majeures de dix-huit ans à divers travaux (pliage des journaux, brochure des imprimés), à condition que la durée totale du travail de ces femmes n'excède pas* sept heures *par vingt-quatre heures. En second lieu, dans les usines à feu continu, les femmes majeures et les garçons de 13 (12) à 18 ans peuvent être employés la nuit aux travaux indispensables, à condition de bénéficier d'un jour de repos par semaine. La loi arrête d'une manière très précise la liste des usines à feu continu (distilleries de bette-*

raves, fabriques et raffineries de sucre, fabriques d'objets en fer et en fonte émaillée, huileries, papeteries, usines métallurgiques, verreries). La durée du travail de nuit dans ces établissements ne peut jamais *excéder dix heures de travail effectif. Enfin, la veillée est autorisée dans les industries dites* saisonnières, *et les chefs d'entreprise peuvent, sur permission individuelle de l'inspecteur divisionnaire du travail, déroger à la règle au cas de chômage accidentel.*

IV. — INTERDICTION DES TRAVAUX DANGEREUX, IMMORAUX OU INSALUBRES (*voir ci-dessus pp. 75 et 76*).

V. — REPOS HEBDOMADAIRE. — *La loi de 1892 interdisait d'employer les personnes protégées plus de* six jours *par semaine, ni les jours de fête reconnus par la loi. Cette dernière prescription reste seule en vigueur depuis la loi du 13 juillet 1906 sur le repos hebdomadaire.*

B. — TEXTES PARTICULIERS AUX FEMMES.

I. — INTERDICTION DE CERTAINS TRAVAUX (*voir ci-dessus pp. 75 et 76*).

II. — DISPOSITION SPÉCIALE (*voir ci-dessus page 76*).

C. — TEXTES PARTICULIERS AUX ENFANTS.

I. — INTERDICTION DE CERTAINS TRAVAUX (*voir ci-dessus pp. 75 et 76*).

II. — LIVRET. — *D'après la loi de 1892-1900, les chefs d'industrie ou patrons sont obligés de tenir un livret pour chaque mineur de 18 ans employé dans leur établissement. Ce livret, délivré gratuitement par le maire, doit porter la date de l'entrée de l'enfant et celle de sa sortie. Le patron ou chef d'industrie doit en outre tenir un registre sur lequel ces indications sont répétées, de façon à permettre le contrôle de l'inspecteur du travail.*

III. — LÉGISLATION DE L'APPRENTISSAGE. — *Cette matière est réglée par la loi du 22 février 1851.*

Le contrat d'apprentissage peut être fait par écrit (et dans ce cas il est soumis à la formalité de l'enregistrement) ou verbalement. L'acte d'apprentissage doit contenir les noms, prénoms, âges, profession et domicile du maître, de l'apprenti et du représentant légal de ce dernier (père, mère, ascendant ou tuteur); il doit, en outre, mentionner la date, la durée et les conditions du contrat (nourriture, logement, salaire); ces conditions sont laissées entièrement à la discrétion des parties en cause. Toutefois la loi confère au juge le droit de réduire la durée du contrat si elle dépasse la limite consacrée par les usages locaux.

La loi de 1851 ne fixe pas l'âge d'admission des apprentis, mais cette lacune a été comblée depuis par les lois de 1882 sur l'instruction primaire obligatoire et de 1892 sur le travail des enfants dans les établissements industriels: les règles générales formulées par ces deux lois s'appliquent à l'apprentissage comme aux autres contrats de travail.

En revanche, la loi ne permet qu'aux personnes majeures *de recevoir des apprentis, et stipule que les filles mineures ne peuvent être mises en apprentissage chez un maître célibataire, mais seulement chez un* homme marié.

Le maître doit se conduire envers l'apprenti en bon père de famille, *et lui enseigner la profesion qui fait l'objet du contrat* progressivement et complètement. *De son côté, l'apprenti doit à son maître* fidélité, obéissance *et* respect.

Les deux premiers mois de l'apprentissage ne représentent, suivant la loi, qu'un temps d'essai. Durant cette période préparatoire le contrat peut être annulé, sauf clause contraire y insérée, à la volonté d'un seul, sans dommages-intérêts pour l'autre partie. *Passé le délai de deux mois, le contrat n'est résiliable sans indemnité que dans certains cas dûment spécifiés par la loi. La résiliation a lieu de* plein droit *au cas de décès ou de condamnation à plus de trois mois de prison d'une des parties; de même quand il s'agit de la mise en apprentissage d'une fille mineure chez un homme marié, si la femme du maître vient à mourir. Elle peut être prononcée par le juge dans quelques autres cas, dont les principaux sont la condamnation de l'une des parties à plus d'un mois de prison, le mariage de l'apprentie et le manquement aux stipulations contractuelles.*

Le tribunal compétent en cas de contestation relative au contrat d'apprentissage est le conseil des prud'hommes et à défaut le juge de paix. Les contraventions sont justifiables du tribunal de simple police.

L'apprentissage a presque disparu avec l'avènement de la grande industrie, en sorte que la loi de 1851 est tombée en desuétude, sauf en ce qui concerne les enfants trouvés ou abandonnés et les orphelins pauvres élevés dans les hospices, que l'administration est tenue, en vertu d'un décret de 1811, de mettre en apprentissage dès l'âge de 12 ans.

CHAPITRE IX

Législation sur l'immigration et l'emploi de la main-d'œuvre étrangère

---

La politique économique des Etats-Unis a toujours consisté à protéger l'activité nationale sous toutes ses formes. L'exécution de ce programme s'est bornée tout d'abord à défendre la production manufacturière et agricole du pays contre l'importation étrangère. A cet effet, le Congrès américain a augmenté plusieurs fois le taux des tarifs de douane. Le plus récent de ces derniers, celui de 1909, institue pour un grand nombre d'articles un traitement équivalant à la prohibition pure et simple, et frappe la plupart des autres produits de taxes très élevées.

Cette première manifestation de l'esprit protectionniste américain est demeurée longtemps la seule, les circonstances n'en demandant pas davantage. Mais vers la fin du siècle dernier, les représentants de l'opinion publique et en particulier ceux des classes laborieuses ont imposé aux dirigeants du pays diverses mesures dont le caractère commun est de défendre contre les ouvriers du dehors le travail national lui-même, et non plus seulement ses produits.

C'est pour donner satisfaction à ces exigences nouvelles du peuple américain que le Congrès Fédéral et différentes législatures d'Etat ont édicté durant les vingt-cinq dernières années un assez grand nombre de textes qui restreignent la liberté d'immigration ou la liberté d'embauchage. Parmi ces lois, les unes se proposent de faciliter la fusion des races, en écartant du monde ouvrier les travailleurs de race jaune, considérés comme formant un élément non assimilable. Les autres visent à la défense du milieu social ou de la main-d'œuvre indigène contre certaines catégories d'immigrants sans distinction de race.

Le régime concernant les « personnes d'origine mongolienne », bien que visant en principe tous les immigrants de race jaune, a été en fait appliqué aux Chinois seulement jusqu'en 1907. Il n'en est plus tout à fait de même aujourd'hui, des mesures analogues ayant été prises contre les Japonais.

La législation dirigée contre l'immigration chinoise n'est pas une institution spéciale aux Etats-Unis : elle existe également au Canada et dans l'Afrique du Sud où, comme dans la République américaine, l'ouvrier de race jaune est en butte à l'animosité des travailleurs et petits commerçants. Il ne se passe pas d'années sans que la presse de ces trois pays ne signale plusieurs actes collectifs de violence dont les Chinois sont l'objet de la part de la population blanche. La contagion de l'exemple a même fini par gagner l'Europe, comme le prouvent les regrettables incidents survenus vers la fin de 1911 à Cardiff ; ce dernier port est, en effet, comme Londres et Liverpool, le siège d'une petite colonie chinoise.

L'hostilité des blancs, indigènes ou immigrés, contre les jaunes s'explique facilement. L'ouvrier chinois, étant très sobre, peut se contenter d'un salaire inférieur à celui de l'Européen d'origine, et trouve même moyen d'économiser sur ses gains de quoi subvenir aux besoins de ses parents restés en Chine, et se constituer un petit pécule. D'autre part, il est rare qu'il s'établisse à demeure dans son pays d'élection, ou qu'il y amène sa femme et ses enfants. Dès qu'il a pu amasser une somme suffisante, il s'en retourne chez lui. Enfin il est très travailleur de nature et ne se met jamais en grève. Il n'en fallait pas tant pour exaspérer l'opinion publique américaine, qui est aujourd'hui unanime, du haut au bas de l'échelle sociale, à détester les Chinois. Les ouvriers blancs reprochent à ces derniers de se contenter de salaires très bas, et de se refuser à prendre part aux luttes contre le patronat. Le petit commerce se plaint qu'ils n'amènent pas leur famille avec eux, et qu'ils vivent très chichement. De leur côté, les économistes montrent que les Célestes ne restituent pas au milieu où ils se sont introduits, sous forme de consommations ou de placements, le salaire qu'ils en tirent, mais qu'ils le privent tout au contraire d'une partie de ses ressources en envoyant leurs économies en Chine. Ces économies ne sont pas à dédaigner, car les envois de fonds des ouvriers chinois au pays natal, de 1854 à 1898, auraient dépassé, disent les statisticiens, 180 millions de dollars — près d'un *milliard de francs*.

Il n'y a donc pas lieu de s'étonner si, obéissant à la pression populaire, les pouvoirs publics ont, même à une époque où l'offre de main-d'œuvre ne répondait pas encore à la demande, pris vis-à-vis des immigrants ou même des résidents de race jaune des mesures exorbitantes du droit commun international.

L'immigration chinoise aux Etats-Unis remonte à une époque relativement ancienne : elle est contemporaine de la mise en valeur du versant de l'Océan Pacifique. Ce mouvement, d'abord insignifiant, prit, à partir de 1854, une allure assez rapide : on estime à 70.000 le nombre des Chinois qui pénétrèrent dans le pays au cours des vingt-cinq années suivantes. Ils se fixèrent principalement en Californie, et, mais plus tard, dans les deux Etats voisins de l'Orégon et de Washington. On en rencontre cependant plusieurs milliers dans les autres régions du pays, où ils ont su monopoliser l'exercice d'un petit métier : le blanchissage à la main.

Les Chinois furent tout d'abord bien accueillis en Californie : on leur confia les travaux les plus pénibles, ceux dont le personnel se recrutait difficilement parmi les Européens, comme le percement des routes et le desséchement des marais. Mais, quelques années après la guerre de Sécession, certains incidents fâcheux ayant mis aux prises la population blanche et les ouvriers de race jaune, le Tsung-li-Yamen demanda au gouvernement américain de reconnaître, par une convention internationale, le droit pour les sujets de chacun des deux pays de pénétrer librement sur le territoire de l'autre. Le gouvernement fédéral se prêta très volontiers à ce désir de la Chine. Telle fut l'origine de l'arrangement du 28 juillet 1868, dit *traité de Burlingame,* du nom de son négociateur américain.

De nouvelles difficultés s'élevèrent quelques années plus tard. En 1878, la municipalité de San-Francisco, ayant à faire exécuter des travaux, eut recours à la main-d'œuvre chinoise, comme étant beaucoup plus économique. Cette décision suscita une véritable insurrection, fomentée par le parti socialiste, et dont la répression fut longue et difficile. Un autre incident, d'un caractère très différent, survint peu de temps après : un commerçant Chinois établi depuis très longtemps aux Etats-Unis s'avisa de demander la naturalisation; le cas ne s'était jamais présenté. Il se heurta à un refus formel des tribunaux, et ne fut pas plus heureux dans le recours qu'il introduisit à la Cour suprême contre la décision rendue en première instance. Le motif invoqué dans le jugement était « que les lois sur la naturalisation ne mentionnaient pas expressément les personnes de race jaune, mais seulement les étrangers en *général* et les *personnes de race noire,* comme pouvant obtenir la qualité de citoyen américain.

Ces deux événements n'étaient que les préliminaires d'une campagne menée contre la main-d'œuvre et l'immigration chinoises. A la suite de ce mouvement, différentes assemblées régionales américaines votèrent des lois prohibant l'emploi des Chinois dans certaines entreprises d'utilité générale, telle l'irrigation (loi du Montana) et la construction des chemins de fer (loi du

Nevada), deux débouchés intéressants vers lesquels s'étaient précisément portés les ouvriers de race jaune, attirés par les salaires élevés offerts par les entrepreneurs. Vers la même époque, deux textes votés par le Parlement californien vinrent formuler diverses restrictions de même caractère que les précédentes. L'un vint défendre « d'employer les Chinois à des travaux exécutés pour le compte de l'Etat, des comtés ou des municipalités, si ce n'est en punition d'un crime ». L'autre interdit « aux fonctionnaires et agents des institutions soumises à la tutelle (*control*) administrative d'acheter des fournitures produites en totalité ou en partie par le travail de personnes de race mongolienne ».

Les Etats de la côte du Pacifique, et notamment la Californie, auraient voulu proscrire l'immigration chinoise elle-même, et expulser de leur territoire les résidents de race jaune. Mais la Constitution des Etats-Unis ne le leur permettait pas, de semblables mesures présentant un caractère international. Les Etats de l'Ouest s'adressèrent donc au gouvernement fédéral en vue d'obtenir une législation dirigée contre les Chinois. Le pouvoir exécutif, avant de proposer au congrès une loi de ce caractère, chercha à faire reconnaître par le Céleste Empire le principe d'une réglementation de l'immigration chinoise. Il y parvint à la suite de négociations laborieuses. Le traité Burlingame fut déchiré d'un commun accord, et remplacé par un nouvel arrangement. Ce dernier, signé le 17 novembre 1880, reconnaissait aux Etats-Unis le droit de limiter, régler ou suspendre le droit des ouvriers chinois (*chinese laborers*) à immigrer sur leur territoire, lorsque dans l'opinion de ce pays la venue de ces ouvriers ou leur établissement sur le territoire américain serait de nature à porter atteinte aux intérêts nationaux; toutefois le gouvernement des Etats-Unis ne pourrait prohiber définitivement l'immigration des ouvriers chinois.

Aussitôt le traité conclu, le Congrès américain s'empressa

d'élaborer une législation restrictive de l'immigration chinoise. Moins de deux ans après la date de l'accord avec la Chine, il vota, malgré le veto suspensif du président Arthur, l'*act* du 16 mai 1882. Ce texte s'écartait notablement des bases de la convention sino-américaine. Non seulement il interdisait pour une période de dix années l'entrée du territoire national aux personnes « de race mongolienne », mais encore il ordonnait l'expulsion à bref délai de toutes celles qui s'y trouvaient à cette époque.

Cette dernière mesure violait trop ouvertement les règles du droit des gens pour que le gouvernement chinois ne fût pas fondé à élever une protestation, ce qu'il ne tarda pas à faire. Le Congrès américain se rendit compte qu'il avait été trop loin, et la disposition en question fut rapportée : néanmoins, par un *act* du 5 juillet 1884, il interdit aux personnes de race jaune entrées aux Etats-Unis postérieurement à la date du traité (et non seulement à celle de la loi qui l'avait suivi) de continuer à y résider ou séjourner. Le gouvernement chinois protesta à nouveau contre cette interprétation du traité de 1880, mais consentit à négocier. Son représentant à Washington signa même le traité du 12 mars 1888 aux termes duquel, en échange de la reconnaissance par la Chine de l'*act* de 1884, le gouvernement fédéral s'engageait à accorder des congés d'absence d'un an aux Chinois domiciliés sur son territoire qui en feraient la demande. Toutefois le gouvernement chinois refusa de ratifier cet acte diplomatique.

A la suite de ce refus, le Congrès américain vota successivement deux lois qui aggravaient notablement le régime institué en 1882-1884. La première (1) étendit l'application de ce dernier « aux Chinois de naissance qui n'avaient pas conservé leur nationalité primitive », disposition qui visait les sujets anglais

---

(1) Loi du 13 septembre 1888.

ou portugais de Hong-Kong et de Macao. Elle précisa d'autre part les catégories de personnes de race jaune admises à pénétrer aux Etats-Unis, à condition d'être munies d'un permis spécial délivré par leur gouvernement et visé au départ par un agent diplomatique ou consulaire américain : les fonctionnaires, les professeurs, les étudiants, les commerçants et les touristes.

La seconde (2) prorogea pour dix années celle de 1882, et, à cette occasion, imposa aux Chinois autorisés à demeurer aux Etats-Unis l'obligation de se munir d'un certificat de résidence dans un délai de six mois. Cette pièce devait contenir entre autres indications un signalement très détaillé du titulaire; elle avait pour objet de prévenir la fraude par substitution de personnes. Le gouvernement chinois déféra la loi de 1892 à la Cour Suprême des Etats-Unis, comme imposant à ses sujets une obligation contraire aux stipulations du traité non dénoncé de 1880. Le pourvoi fut rejeté à égalité de voix par cette haute juridiction après une longue délibération.

Entre temps, des troubles graves s'étaient produits sur différents points du territoire américain : le parti socialiste avait fomenté à deux reprises, en 1887 et en 1888, des émeutes contre les Chinois; un grand nombre de ces derniers avaient été victimes de la colère populaire. Des réclamations ayant été formulées à cette occasion par le gouvernement chinois, le Congrès américain dut voter les crédits nécessaires pour indemniser les victimes ou leurs familles.

Les représentants de l'Etat de Californie, se faisant les porte-paroles de l'opinion publique, avaient cherché en 1882 et en 1892, sans y parvenir, à obtenir du Congrès le vote d'un texte interdisant à titre définitif l'immigration chinoise. Quand la question du second renouvellement de la loi de 1882 vint à se poser, ils reprirent leur ancienne proposition. Le gouvernement chinois

(2) Loi du 5 mai 1892.

ayant jugé inutile, après le rejet de son recours à la Cour Suprême, d'exercer de vaines représailles contre les quelques centaines d'Américains résidant en Chine, le Parlement fédéral se laissa convaincre sans peine, et consolida par l'*act* de 1902, l'œuvre législative des vingt années précédentes.

Aux termes du texte nouveau, modifié en 1904, sur des points de détail, l'entrée du territoire américain est définitivement interdite aux personnes de race chinoise, quelle que soit leur nationalité, à l'exception toutefois, comme par le passé, des fonctionnaires, professeurs, étudiants et touristes.

Toute infraction à la législation sur l'immigration chinoise entraîne l'application de peines d'une extrême sévérité : la déportation pour l'immigrant entré en fraude, l'amende et l'emprisonnement pour ses complices. Sont qualifiés complices « toutes les personnes ayant provoqué ou favorisé l'entrée des immigrants sur le territoire américain ». Si cette entrée a lieu par voie de terre, les peines consistent en une amende de 1.000 dollars et un emprisonnement d'une année pour chaque infraction constatée. Si au contraire les Chinois sont amenés par mer, le capitaine du navire (à son défaut, l'armateur ou le consignataire) est passible d'une peine de cinq cents à mille dollars et d'un emprisonnement d'un à cinq ans, sans préjudice de la confiscation du bâtiment.

Jusqu'à ces dernières années, l'immigration japonaise était soumise au régime du droit commun. Il n'est plus ainsi depuis l'*act* du 20 février 1907. L'opinion publique américaine s'était émue sans raison sérieuse d'ailleurs du nombre des immigrants japonais, le gouvernement fédéral, suivant en cela l'exemple donné par le Canada, négocia avec le Japon en vue d'obtenir un arrangement international interdisant l'immigration des ouvriers japonais aux Etats-Unis. Le gouvernement de Tokio n'avait pas grand mérite à accéder à cette proposition ; le nombre de ses sujets qui se rendaient aux Etats-Unis — 30.000 en 1907 —

était peu de chose en comparaison de celui des Japonais qui immigraient au Chili, au Pérou ou dans l'Equateur, où ils étaient très bien accueillis, la main-d'œuvre indigène, constituée par les Indiens Cholos, paresseux et peu intelligents, ne fournissant que des journaliers médiocres.

Aussi les deux pays ne tardèrent-ils pas à conclure une convention aux termes de laquelle les Japonais ne seraient plus admis aux Etats-Unis sans un certificat délivré par leur gouvernement. Cette pièce ne pouvait être accordée qu'aux catégories de personnes suivantes : *non-laborers* (personnes ne se livrant pas à un travail industriel à gages) ; *settled agriculturists* (petits propriétaires exploitant un domaine aux Etats-Unis; ouvriers d'industrie domiciliés antérieurement aux Etats-Unis, ou allant rejoindre dans leur pays leur famille [parents, femme, enfants]).

A la suite de la mise en vigueur de cette convention, le contingent annuel de l'immigration japonaise aux Etats-Unis a considérablement diminué : en trois ans il s'est abaissé dans la proportion de dix à un.

Dans quelle mesure la législation draconienne dirigée contre les immigrants de race jaune est-elle efficace ?

En ce qui concerne les Japonais, elle est appliquée depuis trop peu de temps pour que l'expérience puisse être concluante. Quant aux Chinois, ces derniers parviennent à tromper la vigilance et le zèle des autorités américaines. Le nombre des Célestes arrêtés en 1910 pour tentative d'entrée en fraude a été de 713. Celui des immigrants de même race autorisés à rentrer au pays durant la même année s'est élevé à 1.770. Combien parmi ces derniers avaient réellement le droit de pénétrer dans le pays; combien d'autres immigrants chinois ont débarqué ou passé la frontière furtivement? Nul ne peut le savoir. Le nombre des fraudeurs n'en est pas moins considérable, ainsi que les autorités américaines sont les premières à le reconnaître. L'inspecteur chargé du rapport annuel sur l'application de la loi de 1902 avoue dans son rapport de 1909 « que la moitié des Chinois résidant actuellement aux Etats-Unis y sont entrés par surprise ou par supercherie ».

La fraude se présente sous deux aspects distincts : la fausse déclaration d'état-civil et la contrebande. La première est facilitée par diverses décisions de la Cour Suprême des Etats-Unis. Cette haute juridiction a reconnu (*affaire Wong-Kim*) aux Chinois nés en Amérique la qualité de citoyen américain, et a déclaré (*affaire Gue-Lim*) qu'un Chinois régulièrement domicilié aux Etats-Unis avait le droit d'y faire venir sa femme et ses enfants. Ces deux décisions paraissaient à l'époque où elles ont été rendues n'avoir qu'une portée restreinte, le Chinois n'amenant presque jamais sa femme dans son pays d'élection, et y faisant rarement venir sa famille. Mais la volonté fermement arrêtée de s'établir aux Etats-Unis a primé chez les Célestes tout autre sentiment et ils ont fait brèche à la tradition en vue de tirer parti des facilités que leur offrait la jurisprudence pour tourner la loi. Des milliers de Chinois, établis aux Etats-Unis avant le 17 novembre 1880, ont procédé de la manière suivante : ils sont allés se marier en Chine, ou ont prétendu l'avoir fait auparavant, et ont réclamé pour leurs femmes et enfants mineurs le droit d'entrer aux Etats-Unis, en invoquant l'arrêt *Gue-Lim*. Ce dernier avait pour objet de permettre aux Chinois de vivre en famille et de surveiller l'éducation de leurs enfants. On en a profité pour faire venir aux Etats-Unis de soi-disant mineurs dont l'éducation était depuis longtemps terminée, leur âge réel s'échelonnant entre 25 et 35 ans. Ces « enfants », aussitôt débarqués, partaient travailler dans une localité éloignée comme blanchisseurs ou garçons de restaurant, sans séjourner même une nuit sous le toit « paternel », tandis que les « épouses légitimes » prenaient sans tarder le chemin des maisons les plus mal famées des grandes villes. Quant aux enfants nés dans le pays, l'arrêt *Wong-Kim* a permis aux parents chinois de revendiquer pour eux la nationalité américaine sans contestation possible. Aujourd'hui, ceux de ces enfants qui sont retournés en Chine, ou plus simplement les imposteurs qui endossent leur personnalité, à la faveur de signalements insuffisamment précis, se présentent aux Etats-Unis et réclament le droit d'y pénétrer avec leur famille, sans qu'on puisse s'y opposer.

Mais les fraudes perpétrées sous le couvert de la loi sont loin d'être les plus nombreuses. La solidarité entre Chinois est telle qu'un immigrant de cette race qui compte aux Etats-Unis un parent, un ami, ou simplement un concitoyen, peut se fier à lui : son protecteur mettra tout en œuvre pour le faire entrer dans le pays.

A défaut d'une aide désintéressée, l'immigrant chinois fera appel à un concours payé. Depuis longtemps déjà de prétendues entreprises commerciales ont été fondées au Canada, au Mexique, dans les Antilles et à Hong-Kong, en vue d'introduire clandestinement des ouvriers de race jaune aux Etats-Unis. Le prix demandé par ces agences est en moyenne de 600 dollars, somme que le Chinois assez heureux pour tromper la vigilance des douaniers américains doit rembourser par mensualités avec des intérêts usuraires.

Le rapport du Service d'Immigration pour 1909 reproduit le texte d'un document communiqué par le consul général des Etats-Unis à Hong-Kong. Cette pièce établit sans conteste que l'entrée en fraude des Chinois sur le territoire américain est devenu un trafic courant. Un commerçant chinois de Hong-Kong poursuivait devant les tribunaux le paiement du solde d'une créance. Cette créance résultait d'un contrat aux termes duquel la personne qui jouait dans le procès le rôle de défendeur s'engageait à transporter aux Etats-Unis un « objet de valeur » (*valuable thing*) moyennant le paiement d'une somme de 1.050 dollars. Le juge anglais acquit au cours des débats la certitude que l'*objet de valeur* en question n'était autre qu'un coolie chinois, et déclara la convention nulle, comme ayant une cause immorale.

Le gouvernement fédéral connaît les agences ou les particuliers qui se chargent de faire pénétrer en fraude des Chinois aux Etats-Unis, mais il est désarmé contre leurs agissements, tant est grande l'ingéniosité des moyens employés par eux. Tantôt les Chinois sont embarqués comme chauffeurs supplémentaires à bord des navires qui se rendent des Antilles aux Etats-Unis, et dissimulés dans les soutes à charbon pendant les formalités douanières de l'arrivée. Tantôt ils viennent par terre, du Canada ou du Mexique, cachés dans les wagons réfrigérants ou dans les glacières des wagons-restaurants — deux endroits où les douaniers n'entrent pas volontiers, — pour être débarqués à la première station après la frontière américaine. Bref, dans la lutte entre l'administration et les immigrants chinois, le dernier mot est toujours à ces derniers, quelle que soit la rigueur des lois, car « un Chinois est prêt à endurer n'importe quelle incommodité et n'importe quel tourment, ou à payer jusqu'à 1.000 dollars, s'il peut à ce prix conquérir le privilège, inappréciable pour lui, de vivre et de travailler aux Etats-Unis » (3).

La législation sur l'immigration chinoise est jugée sévèrement par ceux-là mêmes qui sont chargés de l'appliquer. Le Commissaire général de l'Immigration déclare « que cette législation est d'une dureté injustifiée (*unduly harsh*) sur des points où la rigueur ne peut être que nuisible ». M. North, commissaire à San-Francisco, est plus explicite encore : il s'exprime ainsi sur le compte de la loi de 1902 :

« La loi d'exclusion contre les Chinois, telle qu'elle est en vigueur, est aussi incomplète, inefficace et déraisonnable qu'il est permis de l'imaginer... Il n'y a aucune raison valable pour ne pas amnistier en masse tous les Chinois — les détenus exceptés

(3) Rapport du Commissaire général de l'immigration pour l'exercice 1909.

— qui se trouvent actuellement aux Etats-Unis, en leur imposant une nouvelle immatriculation. A partir de ce moment, tous ceux qui seraient inscrits sur les registres pourraient librement repartir en Chine et revenir, sur justification de leur identité. Cette mesure n'affaiblirait nullement la portée de la loi, et en revanche présenterait des avantages considérables : elle rendrait son application moins onéreuse et mettrait fin à des difficultés sans nombre. Par contre la loi devrait être modifiée de manière à exiger que la preuve de la naissance aux Etats-Unis d'une personne de race jaune soit faite par témoins *citoyens américains*. Des milliers de Chinois ont été déclarés sujets des Etats-Unis durant les quinze dernières années parce que deux de leurs compatriotes avaient affirmé que les requérants étaient nés dans le pays. Je suis persuadé que 90 p. 100 des décisions rendues en cette matière s'appuient sur de faux témoignages (*manufactured evidence*). Les conséquences de ces parjures officieux sont irréparables. C'est qu'en effet, quand un Chinois est poursuivi et acquitté à la suite de la déposition de deux compatriotes comme natif des Etats-Unis, l'arrêt du tribunal donne la consécration légale à sa présence aux Etats-Unis, et servira en outre de base à l'admission dans le pays de ses descendants jusqu'à la génération la plus reculée. Ce qui a été fait ne peut être défait, mais des mesures énergiques pourraient prévenir de nouveaux abus. »

Il n'y a rien à ajouter au réquisitoire dressé par les autorités elles-mêmes, si ce n'est pour constater l'impuissance des lois de proscription ; ces mesures sont inefficaces par elles-mêmes, ou du moins ne peuvent produire que des résultats momentanés, toutes les fois qu'un groupe bien défini d'intéressés ne vient pas collaborer avec les agents de la puissance publique pour en assurer l'application. La législation anti-chinoise, quoique appelée de ses vœux par le peuple américain, peut être violée sans que les travailleurs organisés en souffrent, les Chinois ne se livrant pas en général à des professions où fleurit l'organisation syndicale. Dès lors les associations ouvrières s'en sont à peu près désintéressées. Par contre, l'introduction en contrebande d'un ou plusieurs ouvriers chinois est une opération hasardeuse, mais lucrative, pour ses organisateurs et leurs complices, d'autant plus que les immigrants paient toujours d'avance un acompte important, et qu'ils sont disposés à faire des sacrifices pécuniaires auxquels un Européen ne pourrait matériellement pas consentir. Ces considérations expliquent l'insuccès presque complet des lois dirigées contre l'immigration céleste aux Etats-Unis.

A la différence de ces dernières, la législation sur l'admission des étrangers de race blanche aux Etats-Unis ne se fonde pas sur une idée d'hostilité envers les assujettis. En d'autres termes, son objet n'est pas de tarir ou même de restreindre le débit de telle ou telle source d'immigration, mais seulement d'éliminer, sans égard à leur origine, certains éléments dont la présence serait nuisible à la classe ouvrière ou à l'ensemble de la population du pays.

Les législatures d'Etats ne pouvaient intervenir en pareille matière sous peine d'empiéter sur les attributions du Congrès Fédéral. Toutefois certaines d'entre elles ont institué au profit des citoyens américains certains privilèges dont les étrangers sont rigoureusement exclus, créant ainsi des primes indirectes à la naturalisation. C'est ainsi que plusieurs Etats défendent d'employer des étrangers aux travaux publics, sauf toutefois les condamnés. Cette interdiction n'a pas été formulée dans la législation fédérale, mais elle figure dans la Constitution ou dans le Code des Etats suivants : Californie, Wyoming, Idaho, Indiana, auxquels il convient d'ajouter les îles Hawaï (4). D'autres législatures, comme celles des Etats de New-York, Massachusetts et

(4) Outre cette interdiction générale, une loi californienne de 1906 interdit de recourir pour les travaux du port de San-Francisco « à la main-d'œuvre et aux entrepreneurs étrangers ».

New-Mexico, de même les îles Philippines (5), après avoir formellement exclu les étrangers des travaux publics, reconnaissent aux ouvriers résidant *de bonne foi* sur leur territoire un privilège en matière d'embauchage, par rapport aux autres citoyens américains (6).

Les restrictions imposées par le gouvernement fédéral à l'immigration étrangère en général n'ont fait leur apparition qu'en 1885, soit près de vingt ans après la signature du traité Burlingame, prélude de la législation anti-chinoise. Elles ont été provoquées par une augmentation considérable du mouvement d'immigration. Ce courant, assez restreint de 1820 à 1850 (7), avait pris une certaine ampleur au cours des trente années suivantes, malgré une interruption occasionnée par la guerre de Sécession (8). La période comprise entre 1850 et 1880 a été celle pendant laquelle l'industrie manufacturière américaine s'est concentrée dans les grands établissements, et a considérablement développé sa production, jusqu'alors insignifiante. Comme les industriels des Etats-Unis ne disposaient pas à cette époque d'un personnel suffisant pour réaliser ce double programme, ils accueillirent avec empressement les ouvriers étrangers, quels qu'ils fussent et d'où qu'ils vinssent, allant jusqu'à embaucher par contrat des travailleurs d'élite dans leur pays même.

---

(5) La loi philippine de 1906 exige que le personnel du chemin de fer de Manille soit recruté exclusivement parmi les *nationaux résidents*.

(6) Ces lois sont en harmonie avec celles de la Californie et du Dakota du Nord, concernant les fournitures nécessaires aux services publics : dans le premier Etat, tous les objets, produits et denrées nécessaires aux administrations publiques, devront être acquis de préférence des résidents ; dans le second, les autorités de divers ordres sont tenues, à égalité de prix, de consommer de préférence le charbon provenant des mines de la région.

(7) Mouvement de l'immigration de 1820 à 1830 : 170.000 ; de 1831 à 1840 : 160.000 ; de 1841 à 1850 : 1.700.000.

(8) 1851 à 1860 : 2.600.000 ; 1861 à 1870 : 2.300.000 ; 1871 à 1880 : 2.800.000.

L'évolution de l'industrie américaine est entièrement terminée en 1880. A partir de ce moment, en raison de nombreuses et importantes découvertes, l'amélioration des procédés de fabrication et l'emploi de machines très perfectionnées lui permettent de produire davantage sans augmenter le nombre de ses collaborateurs. Tandis que la demande de main-d'œuvre étrangère diminue ainsi, l'offre augmente très rapidement. De 1881 à 1890, le nombre des immigrants atteint 5.250.000, chiffre double de celui des dix années précédentes. Cet accroissement s'obtient malheureusement au détriment de la qualité du contingent. Alors qu'auparavant les principaux courants de l'immigration européenne aux Etats-Unis partaient de la Grande-Bretagne, des pays scandinaves et de l'Empire allemand, les arrivages de cette période et des deux décades suivantes comprennent une proportion considérable d'Italiens, de Slaves et d'Israélites polonais ou russes, c'est-à-dire d'éléments ethniques de second ordre. En outre, alors que les immigrants d'autrefois représentaient tous, ou peu s'en faut, une source d'enrichissement pour leur pays d'adoption, on a vu durant les trente dernières années se mêler de plus en plus aux convois des recrues inutilisables (infirmes, faibles d'esprit, aliénés), ou même dangereuses pour l'hygiène et la moralité publiques (contagieux, criminels, prostituées).

Les autorités américaines s'étaient montrées de tout temps très tolérantes vis-à-vis des immigrants; d'après les conclusions de l'enquête ordonnée par le Parlement britannique en 1887, la proportion des personnes exclues par les autorités américaines pendant la période 1880-1886 n'a pas excédé *trois pour mille*. Mais cette attitude conciliante devait graduellement faire place, par l'ordre du législateur, à une extrême sévérité.

Toutefois ce n'est pas par l'exclusion des non-valeurs économiques et sociales que débuta la nouvelle réglementation de l'immigration. Les Unions ouvrières, qui venaient de se grouper pour former la *Fédération Américaine du Travail,* se plaignirent des conséquences qu'entraînait pour le monde du travail la pratique déjà ancienne du *contract labor,* c'est-à-dire de l'embauchage à l'étranger d'ouvriers spécialisés. Ce système, au dire des ouvriers, aurait occasionné dans certaines professions une diminution notable du taux des salaires. Ces plaintes étaient fondées dans une certaine mesure. Une enquête ordonnée par la Chambre des Représentants et confiée à une commission spéciale fit ressortir, entre autres constatations, que la rémunération moyenne des ouvriers verriers avait diminué de 25 p. 100 en dix ans, et que cet avilissement du prix de la main-d'œuvre était imputable au *contract labor.* Les associations ouvrières ne manquèrent pas de tirer parti des conclusions de la commission, et adressèrent des pétitions au Congrès en vue d'obtenir l'interdiction du contrat d'embauchage à l'étranger. « L'ouvrier qui vient librement du dehors, disait le secrétaire d'un de ces groupements, ne tarde pas à reconnaître les dangers de l'isolement, et à associer ses efforts à ceux des autres travailleurs : il n'abaisse pas le niveau des prétentions de l'ouvrier américain. Il n'en est pas de même de l'ouvrier engagé par contrat, qui est dégradé avant de partir, parce qu'il a vendu sa liberté à des entrepreneurs qui ont spéculé sur sa misère et son ignorance (9). »

Le Parlement américain, reconnaissant le bien-fondé de ces plaintes, entreprit de donner satisfaction aux associations ouvrières par le vote de l'*act* du 26 février 1885. Cette loi vint interdire « à toute personne ou compagnie d'organiser ou d'encourager l'immigration aux Etats-Unis sous promesse de travail ou d'emploi ». Les contrats de ce caractère, passés avec des ouvriers étrangers, étaient déclarés nuls, « à moins qu'il ne fût pas possible de trouver en quantité suffisante aux Etats-Unis la main-d'œuvre spéciale nécessaire à l'exercice d'une profession

(9) LEVASSEUR, *L'Ouvrier américain.*

déterminée ». Les sanctions prévues en cas d'infraction à ces textes étaient particulièrement rigoureuses : s'il s'agissait d'un capitaine de navire ayant débarqué des personnes qu'il savait être des *contract laborers,* les peines encourues étaient de cinq cents dollars d'amende et soixante jours d'emprisonnement; dans les autres cas, les délinquants s'exposaient à une amende de mille dollars.

Les mesures de sélection suivirent de près l'interdiction contre les *contract laborers.* Les premiers frappés furent les *paupers,* c'est-à-dire les immigrants sans argent. Un *act* du 23 février 1887 prohiba l'entrée aux Etats-Unis des personnes qui ne pourraient justifier de la possession d'une somme minimum de 20 dollars; ce viatique obligatoire fut successivement porté par la suite à 30 et à 50 dollars.

Quelque temps après, une loi du 3 mars 1891 vint interdire l'accès du territoire américain à plusieurs autres catégories d'immigrants : les infirmes, les contagieux, les criminels, les personnes de mauvaises mœurs, les polygames et les anarchistes, qui désormais partagèrent avec les indigents et les *contract laborers* l'appellation commune de non-désirables (*undesirable*).

Le Congrès fédéral, en vue d'assurer autant que possible le respect de ces prescriptions, vota deux ans plus tard l'*act* du 3 mars 1893. Cette loi, restée encore en vigueur aujourd'hui sous sa forme primitive, assujettit toutes les personnes pénétrant sur le territoire américain à un interrogatoire verbal en règle. Celles qui arrivent par mer sont en outre tenues de répondre sous la foi du serment à un questionnaire très détaillé dont certaines demandes présentent un caractère nettement inquisitorial. En cas de refus de satisfaire à cette obligation, le voyageur est immédiatement expulsé; s'il fait une fausse déclaration, il s'expose à être puni des peines attachées au crime de parjure. D'autre part les compagnies de navigation sont taxées en raison de deux dollars par passager débarquant aux Etats-Unis. Cette capitation, qui a pour objet de couvrir les dépenses du service de surveillance, a été étendue par la loi du 3 mars 1903 aux voyageurs venus des pays limitrophes par voie de terre, et aux passagers provenant des Antilles; toutefois les indigènes de ces pays et les personnes qui ne font que traverser les Etats-Unis en sont exempts.

Le courant d'immigration, qui avait sensiblement décru pendant les dix dernières années du XIXe siècle, reprit une ampleur nouvelle à partir de 1901, de telle sorte que le contingent global des cinq premières années du présent siècle fut plus considérable que celui de la décade précédente (10). En 1905, le nombre total des nouveaux venus excéda le chiffre de 1 million, pour s'élever deux ans plus tard à 1.285.000. Pendant la même période, le nombre des *non-désirables,* tout en demeurant assez faible au point de vue absolu, n'en a pas moins triplé, fait qui atteste la vigilance des autorités américaines (11). Les associations ouvrières ont néanmoins formulé des plaintes très vives contre l'insuffisance de la législation sur l'immigration. Elles demandèrent à la fois de nouvelles restrictions et le renforcement de dispositions relatives au *contract labor :* répression plus énergique des contraventions et interdiction de l'embauchage à l'étranger des simples manœuvres (*unskilled labor*). Cette campagne aboutit à une refonte complète du régime légal de l'immigration en général. Tel est le caractère de l'*Immigration act* du 20 février 1907.

L'*act* de 1907 interdit l'accès du territoire fédéral à deux catégories de personnes : d'une part, les non-valeurs sociales ou morales : tuberculeux, contagieux, aliénés, infirmes, mendiants de profession, femmes de mauvaise vie, criminels, et « tous autres immigrants qui seront reconnus par le médecin inspecteur dans

(10) 1891-1900 : 3.700.000 immigrants ; 1901-1905 : 3.850.000.
(11) Nombre des *undesirables* en 1901 : 3.516 ; en 1905 : 11.879.

un état physique ou moral susceptible d'influer dans un sens défavorable sur leur aptitude à gagner leur vie » (12) ; d'autre part, les *contract laborers*. Ces derniers sont ainsi définis : « Les ouvriers étrangers qui ont été amenés à quitter leur pays pour se rendre aux Etats-Unis par des offres ou promesses de travail, ou à la suite d'arrangements écrits, imprimés ou verbaux, implicites ou explicites, qu'il s'agisse ou non d'un genre de travail exigeant des connaissances professionnelles (*skilled and unskilled labor*) ; en outre, tous ceux dont les frais de voyage ont été payés par une ou plusieurs autres personnes n'appartenant pas à leur famille.

Le fait pour une Société ou association, soit de personnes, soit de capitaux, de payer d'avance le prix du voyage du *contract laborer* ou d'encourager d'une manière quelconque son immigration aux Etats-Unis est qualifié *délit*. Il est interdit pareillement de répandre à l'étranger des prospectus ou annonces promettant du travail aux Etats-Unis. Les Compagnies de navigation peuvent « émettre des lettres, circulaires ou réclames indiquant la date des services, le prix du passage et les autres conditions du contrat de transport », mais il leur est fait défense d'encourager l'immigration d'une manière directe ou indirecte.

Cette réglementation n'est pas déclarée applicable aux ouvriers exerçant une profession déterminée, quand il n'est pas possible d'en trouver en nombre suffisant aux Etats-Unis, ni aux artistes, aux personnes exerçant une profession libérale reconnue (*recognized learned profession*) et aux domestiques attachés au service personnel.

Les infractions à la loi sont punies de peines sévères.

---

(12) Cette dernière prescription a été interprétée d'une manière très arbitraire par le corps médical ; ainsi, les médecins officiels considèrent comme tombant sous le coup de la loi les immigrants atteints de goître, de varices ou de lupus.

Les personnes convaincues d'avoir encouragé sous une forme quelconque l'immigration d'un *contract laborer* sont passibles d'une amende de mille dollars. Des peines plus sévères encore sont prévues contre le conducteur de voiture et le capitaine de navire qui tentent de faire pénétrer aux Etats-Unis des étrangers *non susceptibles d'être admis* : outre l'amende précitée, ces deux catégories de délinquants s'exposent à un emprisonnement de deux ans. Sur ce point, l'*act* de 1907 aggrave considérablement les dispositions de celui de 1885. Le capitaine de navire et le voiturier qui font débarquer ou conduisent au delà de la frontière un immigrant atteint d'une maladie contagieuse ou répugnante est passible de 100 dollars d'amende s'il est reconnu après coup qu'un examen médical aurait permis de découvrir cette affection (13).

Aucune sanction n'est prononcée contre l'immigrant entré en fraude aux Etats-Unis : la loi se borne à ordonner son rapatriement immédiat aux frais des personnes qui l'ont aidé ou engagé à venir.

Les poursuites sont engagées par le *district attorney*, et à défaut par toute personne, y compris l'immigrant lui-même ; ce dernier peut avoir intérêt à prendre cette initiative, par exemple s'il a été attiré par de fausses promesses et désire quitter les Etats-Unis, d'autant plus que dans le cas où le procès n'a pas lieu à la requête du représentant de l'autorité, la condamnation à l'amende est remplacée par l'allocation de dommages et intérêts à la partie civile.

---

(13) Une loi du 26 mars 1910 est venue par la suite aggraver les pénalités prévues au cas d'introduction de femmes de mauvaise vie. Ce texte qualifie de crime (*felony*) et punit d'une amende de 5.000 dollars ainsi que d'un emprisonnement de dix ans « quiconque fait pénétrer ou tente de faire pénétrer aux Etats-Unis des immigrants qui se livrent habituellement à la prostitution ou sont destinés à s'y livrer dans le pays. Elle ordonne en outre l'expulsion de ces immigrants s'ils sont découverts après coup, *quelle qu'ait été la durée de leur résidence.*

L'*act* de 1907 a été appliqué rigoureusement. Toutefois sa mise en vigueur ayant coïncidé avec le début d'une crise industrielle aux Etats-Unis, l'immigration a diminué pendant les deux années suivantes sous l'influence combinée de ce phénomène et de la loi elle-même. Par suite la nouvelle législation n'a pu produire son plein effet qu'en 1910, année durant laquelle le mouvement des arrivages a repris son ancienne ampleur. Néanmoins dès 1908, alors que l'immigration diminuait de 40 p. 100 par rapport à l'année précédente, le pourcentage des exclus augmentait d'un tiers, et le nombre des contrevenants à la loi, découverts et expulsés dans le délai de trois ans après leur arrivée, passait du simple au double. Quand la situation économique redevient normale, les exclus et les expulsés se font successivement beaucoup plus nombreux encore, et la proportion des premiers à l'ensemble des immigrants s'accroît plus rapidement qu'auparavant. La loi nouvelle paraît donc avoir été efficace au double point de vue préventif et répressif.

La répartition des *undesirables* d'après les motifs de leur exclusion est assez variable d'une année à l'autre. D'une manière générale, les *paupers* viennent au premier rang, puis les malades, les *contract laborers* et les immoraux; les autres catégories d'exclus ne représentent guère plus de 10 p. 100 du total.

La découverte de la plupart des *undesirables* est en général une tâche assez facile : un simple examen médical, quelques constatations de fait et un petit nombre de questions habilement posées permettent d'éliminer en connaissance de cause les malades, les indigents, les faibles d'esprit, etc. Toutefois la reconnaissance des *contract laborers* est presque impossible, à moins que les intéressés n'ignorent la loi et ne se trahissent eux-mêmes. En revanche, les fraudes de cette nature sont souvent dévoilées après coup, grâce au zèle des inspecteurs de l'immigration dont huit sont spécialement chargés de la recherche des *contract laborers*, et à la vigilance des associations professionnelles; ces dernières apportent à la poursuite des ouvriers embauchés à l'étranger un acharnement incroyable. Plusieurs faits, cités par les rapport officiels, sont particulièrement probants. La *Compagnie des Manufactures de tapis de Firtheliffe* (Etat de New-York) a été convaincue, en juillet 1908, d'avoir embauché à l'étranger 53 ouvriers; ces derniers ont été immédiatement expulsés et la société s'est vue poursuivie. Quelques mois plus tard, la *John Benn and sons Company* a été l'objet d'une plainte; cette dernière a été retirée à la suite d'une transaction, aux termes de laquelle la société a payé *20.000 dollars d'amende* et les frais de retour des intrus expulsés. En novembre 1909, une importante entreprise de travaux publics, la *Grant Brothers Construction Company,* de Los Angeles (Californie), engagea par contrat 45 ouvriers mexicains pour exécuter des terrassements sur le réseau *Southern Pacific.* Les Mexicains ont été découverts et expulsés, puis aussitôt des poursuites sont intervenues, et la société, malgré le concours des meilleurs avocats de la région, s'est vu condamner à *45 amendes de 1.000 dollars,* c'est-à-dire le maximum de la peine.

En revanche, le gouvernement américain, désireux d'encourager l'introduction aux Etats-Unis de l'industrie dentellière, a autorisé deux entreprises nouvelles de Philadelphie à embaucher par contrat 29 ouvriers tullistes de Calais et de Nottingham.

La disposition de la loi visant le délit d'introduction frauduleuse d'immigrants *undesirables* est parfois mise en échec, une décision judiciaire assez récente ouvrant la porte aux abus. La Cour Suprême des Etats-Unis a déclaré dans l'affaire Taylor que le personnel étranger des navires pouvait librement se rendre à terre pour les besoins du service, comme les autres marins ou employés. Les agents des Compagnies de navigation dans les ports d'embarquement en ont profité pour faire embaucher par les commissaires de bord ou les maîtres d'hôtel des garçons ou filles de service supplémentaires qui, une fois le navire rendu dans un port américain, se rendaient à terre « pour les besoins du service » et ne revenaient jamais à bord.

L'obligation de rapatrier à leurs frais les immigrants non admis étant très onéreuse, les Compagnies de navigation commencent aujourd'hui à exiger des immigrants dont l'admission paraît douteuse la consignation préalable des frais de retour. Le Rapport de 1910 cite le cas d'une femme Rosler, de Zurich, qui dut consigner entre les mains de l'agent du *Norddeutscher Lloyd* la somme de 275 fr. 65, représentant le prix d'un billet de 3e classe de New-York à Brême pour elle et son enfant. Tous deux ayant été admis, cette somme fut remboursée à l'arrivée.

La loi de 1907 a été vivement critiquée au point de vue de l'insuffisance des garanties reconnues aux immigrants soupçonnés de l'avoir violée ; ces garanties sont inférieures à celles dont jouissent les immigrants Chinois et les criminels de droit commun. En thèse générale, une arrestation ne peut être ordonnée que sur une plainte faite sous la foi du serment (*sworn complaint*) et en vertu d'un mandat (*warrant*) émis par un magistrat. De même la preuve de la culpabilité d'un prévenu incombe à l'accusateur, conformément à la vieille règle du droit romain. D'autre part tout inculpé, sauf le cas de meurtre, peut demander sa mise en liberté sous caution, faveur qui ne peut être refusée dès lors qu'il se présente un répondant solvable. En outre, le taux de la caution ne doit être fixé que l'intéressé entendu. Ce régime libéral n'est pas applicable aux personnes accusées d'infraction à la loi de 1907. Un immigrant établi aux Etats-Unis depuis moins de trois ans peut être arrêté sur simple dénonciation, cette dernière émanât-elle d'une personne peu recommandable. Le mandat d'arrestation sera signé, non par un magistrat, mais par le ministre du Commerce et du Travail. A partir de son arrestation, l'étranger est présumé coupable : il est traduit devant le *Board of Special Enquiry,* et sera condamné à l'expulsion s'il ne parvient pas à démontrer qu'il n'a pas enfreint la loi. Cette procédure renverse les rôles, en faisant incomber à l'inculpé le fardeau de la preuve. D'autre part, si l'immigrant suspect est autorisé à offrir caution, il n'est pas consulté sur le montant de la garantie pécuniaire que l'on exigera de lui. En fait, la somme demandée est toujours élevée, parfois même exorbitante. Si cependant l'immigrant parvient à trouver un répondant, il est exposé à demeurer quelque temps encore en prison; c'est qu'en effet le chef du service local de l'immigration n'a pas qualité pour accepter ou refuser la caution : il est obligé d'en référer à Washington, d'où un délai qui peut atteindre huit jours.

Contre la décision du *Board of Special Enquiry,* les condamnés n'ont d'autre ressource qu'un recours contentieux au Ministre.

L'Association Nationale des Manufacturiers Américains s'est émue de ces abus, et a émis à ce sujet les vœux suivants :

1° Que les mandats d'arrestation soient désormais émis par un magistrat, et ne puissent intervenir qu'après le dépôt d'une plainte en règle, sous la foi du serment;

2° Que le montant des cautions soit fixé par le juge, l'inculpé entendu;

3° Que les personnes accusées d'infraction à la loi sur l'immigration soient uniformément traduites devant un juge ou un commissaire de l'Immigration, qu'elles soient de race blanche ou de race jaune, avec droit d'appel à la Cour de District Fédérale, et recours en revision devant une Cour de Circuit, comme en matière criminelle.

Si les agents du Service d'Immigration ont été les premiers à protester contre les sévérités inutiles de la législation anti-chinoise et à dénoncer son inefficacité, leur attitude vis-à-vis de la loi de 1907 a été beaucoup moins défavorable, voire même optimiste. Fermant les yeux sur les abus criants auxquels cette mesure donne lieu, ils se bornent à demander que certaines de ses dispositions soient renforcées. A cette fin, ils ont préparé un projet de loi qui a été déposé sur le bureau de la Chambre des Représentants en octobre 1909. Ce projet a été rejeté par la Commission de Législation, mais tout porte à croire qu'il sera bientôt repris et adopté après avoir subi certaines modifications. Les principales innovations qu'il consacre sont les suivantes :

Tout étranger se rendant aux Etats-Unis, à l'exception des sujets de pays limitrophes, des touristes et des voyageurs en transit, devra payer une capitation de 4 dollars;

Les personnes quittant les Etats-Unis, qu'elles soient de nationalité américaine ou étrangère, devront répondre à un questionnaire spécial;

Les compagnies de navigation ne pourront plus exiger la consignation des frais de retour;

Les capitaines de navire devront prendre « des précautions raisonnables » pour empêcher les matelots ou employés étrangers de quitter définitivement le navire sans avoir subi l'interrogation réglementaire et avoir été autorisé par les agents du Service de l'Immigration à s'établir aux Etats-Unis. En particulier, les capitaines ne devront pas laisser régler le compte des matelots ou employés tant que ces formalités n'auront pas été remplies.

D'autre part la liste des *undesirables* s'enrichit d'une nouvelle catégorie, celle des « immigrants mâles de 16 à 50 ans d'âge venus pour exercer un métier manuel et dont l'aptitude physique, dûment vérifiée par trois médecins, est jugée inférieure à la limite fixée pour l'admission des recrues dans la marine américaine. »

Plusieurs autres dispositions visent l'immigration chinoise. Désormais les certificats d'admission devront être rédigés en langue anglaise, et porter la photographie du titulaire. Tout Chinois désirant quitter momentanément les Etats-Unis devra présenter à la sortie son certificat d'admission ou d'immatriculation, et recevra en échange un permis de retour, qui lui sera retiré lors de sa rentrée, après constatation de son identité, et remplacé par le certificat contre lequel il avait été échangé. D'autre part les femmes légitimes et enfants mineurs resteront bien soumis en principe au même régime que leur mari ou père; mais si ce dernier ne les accompagne pas, ils ne seront autorisés à venir le rejoindre que si deux témoins *n'appartenant pas à la race chinoise* déclarent que le père ou mari en question appartenait depuis deux ans au moins à l'une des catégories de personnes soustraites par la loi au régime de droit commun : professeurs, étudiants, etc. Les enfants mineurs admis dans ces conditions, une fois parvenus à leur majorité, devront faire choix d'une profession donnant à ses titulaires le droit de pénétrer librement aux Etats-Unis, sous peine d'expulsion à bref délai. Enfin les pénalités prévues au cas d'infraction à la loi sont notablement renforcées.

Toutes ces mesures, quelque rigoureuses qu'elles soient, n'ont pas pour objet de restreindre l'immigration, mais seulement de la sélectionner. Elles semblent pour la plupart assez heureuses, bien que l'application de certaines d'entre elles paraissent devoir présenter de sérieuses difficultés. Les associations ouvrières, dont les tendances sont hostiles au mouvement d'immigration lui-même, en ont proposé d'autres plus radicales, notamment un examen éliminatoire d'instruction (*literacy test*). Un vœu conçu en ce sens a été adopté à l'unanimité par la Fédération Américaine du Travail au congrès de Denver (1908). Ce vœu ne fait que revenir sur un *bill* voté par le congrès fédéral en 1897, mais frappé de veto par le président Cleveland, qui adressa à ce sujet aux Chambres un message longuement motivé devant lequel elles s'inclinèrent.

Le *literacy test* a contre lui le patronat, représenté par la puissante Association nationale des Manufacturiers américains, qui l'a formellement condamné dans sa convention de 1909, et les fonctionnaires du service d'immigration. Ces derniers font observer que la mesure proposée serait peu pratique : il faudrait une véritable armée d'examinateurs pour interroger les 3.000 imı grants qui débarquent chaque jour aux Etats-Unis. De pl comme il suffisait, pour satisfaire aux exigences de la loi, savoir lire et écrire *dans sa langue maternelle,* le service d'Imı gration serait obligé de choisir des examinateurs polyglot Enfin, la mesure proposée n'aurait pas nécessairement pour e de relever le niveau social des immigrants. Les deux premiè objections sont fondées, et on pourrait les renforcer d'argume d'ordre budgétaire. La dernière est plus contestable. S'il y a qı que injustice à refuser l'accès d'un pays à un homme robı mais illettré, il faut reconnaître qu'en fait l'élimination résult d'un examen d'instruction atteindrait précisément les éléments second ordre. La proportion des illettrés au contingent global immigrants âgés de plus de 14 ans est connue : elle s'est te pendant les dix dernières années aux environs de 30 p. 100. cette moyenne générale est faite de chiffres extrêmes : alors la proportion particulière aux contingents anglais et scandin est de *un pour mille* seulement, elle s'élève à *sept pour cent* c les Italiens du Nord, à *quarante pour cent* chez les Polonais *cinquante-deux pour cent* chez les Italiens du Sud et les thènes.

La réglementation de l'immigration aux Etats-Unis, quoi étendue et renforcée en 1907, n'a pas encore à beaucoup atteint sa forme définitive. La législation anti-chinoise, deve aujourd'hui anti-mongolienne, est sur le point de subir une ı velle évolution dont elle sortira anti-asiatique. En cette mati les faits ont devancé la lettre. Ainsi, quelques dizaines d'Hin s'étant présentés en 1910 dans certains ports du Pacifique tous été renvoyés sous divers prétextes, et à défaut d'a comme « admettant la polygamie ». Quant aux mesures p contre les immigrants de race blanche, elles ne représentent en qu'un commencement. Le gouvernement américain sera fa ment amené dans un avenir plus ou moins éloigné à céder exigences de la classe ouvrière, et à substituer une politique de restriction à celle de la simple sélection. Peut-être même un jour viendra-t-il où les Etats-Unis interdiront pratiquement, sinon en droit, l'entrée de leur territoire aux ouvriers appartenant à certaines races européennes, par exemple en exigeant de tout immigrant n'appartenant pas aux professions libérales *qu'il parle et écrive couramment l'anglais.* L'Europe septentrionale a dû abandonner depuis plus d'un demi-siècle l'espoir d'écouler aux Etats-Unis l'excédent de sa production manufacturière. Il est possible qu'à son tour l'Europe orientale et méridionale doive renoncer avant un demi-siècle au déversement continu de l'excédent de sa population ouvrière sur la grande République américaine (a).

(a) LÉGISLATION FRANÇAISE. — *Le problème de la restriction de l'immigration en France, sans présenter la même importance qu'aux Etats-Unis, a préoccupé de longue date l'opinion publique. A plusieurs reprises déjà la Chambre des Députés a voté des résolutions invitant le Gouvernement à protéger le travail national contre la concurrence étrangère. Ces mises en demeure successives sont jusqu'à ce jour restées sans effet.*

La législation actuellement en vigueur est la suivante. En vertu du principe de la liberté du commerce et de l'industrie, qui résulte d'une loi de 1791, les étrangers sont libres de louer leurs services en France comme ouvriers ou employés. La liberté d'embauchage des sujets étrangers en France n'est soumise qu'aux trois restrictions suivantes :

I. — DÉCLARATION DE RÉSIDENCE (*Décret du 2 octobre 1888*). — *Tout étranger qui veut établir sa résidence en France est tenu de faire à la mairie de la commune où il entend résider une déclaration mentionnant ses nom et prénoms, lieu de naissance, nationalité, âge, profession et moyens d'existence.*

II. — IMMATRICULATION DES ÉTRANGERS (*Loi du 8 août 1893*). — *Les étrangers qui se proposent d'exercer en France* une profession, un commerce ou une industrie, *en qualité de* patrons *ou de* salariés, *doivent faire une déclaration* spéciale *à la mairie de leur nouvelle résidence, dans les huit jours de leur arrivée. Cette déclaration est faite sur un registre spécial, dont un extrait est délivré à l'intéressé, elle doit être visée au cas de changement de résidence, à la mairie du lieu, dans les deux jours de l'arrivée. Des peines correctionnelles sont prévues contre les étrangers en défaut; en outre, des peines de simple police sont édictées contre l'employeur qui embauche sciemment un étranger non immatriculé.*

III. — Conditions du travail dans les adjudications de travaux publics. — *Les décrets du 10 août 1899 sur les conditions du travail dans les adjudications de travaux publics pour le compte de l'Etat, des départements et des communes contiennent entre autres stipulations une clause impliquant limitation du nombre des ouvriers étrangers susceptibles d'être employés par l'adjudicataire. La proportion de ces ouvriers à l'ensemble est fixée par l'administration*

CHAPITRE X

Réglementation du travail dans certaines industries spéciales (Mines, Chemins de Fer, Travaux publics)

Le législateur américain a soumis à des prescriptions particulières les conditions du travail dans certaines exploitations non susceptibles d'être rangées dans la catégorie des établissements manufacturiers ou commerciaux, mais qui n'en jouent pas moins un rôle considérable dans la vie économique du pays : les sociétés minières, les compagnies de chemins de fer et les entreprises de travaux publics. Cette intervention de l'autorité législative dans le domaine de l'initiative individuelle est motivée non seulement par l'importance absolue du chiffre du personnel et par la fréquence des accidents graves dans les trois industries précitées, mais encore par le fait que ces dernières ne peuvent fonctionner sans le concours de la puissance publique. En effet, les concessions ou autorisations, les adjudications ou marchés de travaux et les permissions de voirie dépendent exclusivement de l'autorité administrative ou du pouvoir législatif, suivant les cas. Si la puissance publique a le droit incontestable de poser certaines règles concernant les conditions du travail dans les industries ordinaires, elle est à plus forte raison fondée à soumettre l'octroi d'une faveur ou d'un droit privatif à des modalités particulières.

La réglementation du travail dans les mines est relativement ancienne aux Etats-Unis : elle a fait son apparition pour la première fois en 1875 dans l'Etat de Pennsylvanie. L'exemple donné par ce *Commonwealth,* qui est le principal centre de la production houillère américaine, a été successivement imité par trente autres, parmi lesquels figurent tous les Etats où l'exploitation des mines de charbon ou d'anthracite présente quelque importance. Certaines des lois édictées à ce sujet, notamment celles du Colorado et de l'Idaho, s'étendent aux autres catégories de mines.

La loi pennsylvanienne de 1875 a été refondue et complétée à plusieurs reprises au cours des vingt dernières années (1). Par suite de ces remaniements, effectués au fur et à mesure de l'évolution des idées dans le pays tout entier, elle a pu demeurer à toute époque le texte fondamental en la matière. De sorte que pour étudier la protection légale de l'ouvrier mineur américain, il suffit de se reporter à la législation de Pennsylvanie, les lois des autres Etats sur le même sujet étant calquées sur elle ; toutefois elles sont moins complètes d'ordinaire, réserve faite de quelques innovations de détail (2).

L'*act* de 1875-1905 ne prescrit rien relativement à la durée du travail : il était inutile en fait d'intervenir à ce sujet, la journée de huit heures étant officieusement en vigueur dans les mines de Pennsylvanie depuis de longues années déjà. Divers Etats où la pratique courante était moins favorable à la classe ouvrière ont édicté la limite de huit heures par des décisions récentes (1901 à 1909). Cette réglementation, à l'inverse de la coutume pennsylvanienne, ne concerne généralement qu'une partie du personnel : ainsi les lois de huit Etats (3) ne visent que les ouvriers du

(1) En 1893, 1899, 1901 et 1905.

(2) Le Congrès fédéral a voté en 1890 une loi concernant les conditions d'exploitation des mines de charbon dans les territoires non organisés. Depuis, tous les territoires ont été organisés, sauf l'Alaska. Cet ancien texte ne s'applique donc plus qu'à cette dernière région, qui ne compte d'ailleurs actuellement aucun gisement houiller en exploitation.

(3) Ces Etats sont les suivants : Californie, Idaho, Missouri, Utah,

fond. La portée des textes en question, toute limitée qu'elle est, n'en est pas moins plus étendue que celle de la loi française du 29 décembre 1909; cette dernière restreint l'application de la limite de huit heures aux seuls *piqueurs*. Deux des huit lois précitées, en vigueur dans l'Utah et le Washington, édictent en cas d'infraction à leurs dispositions des peines applicables non seulement au patron, mais encore à l'ouvrier lui-même.

Dans l'Arizona et le Montana, la limite de huit heures ne concerne que les mécaniciens chargés de la manœuvre des bennes (4).

La journée de travail est censée commencer au moment de l'entrée dans les mines des derniers ouvriers descendants et se terminer à la sortie des derniers ouvriers remontants.

Le mode de calcul des salaires, généralement basés pour les mineurs proprement dits ou *piqueurs* sur la production individuelle, ayant donné lieu à divers abus, la loi a formulé à cet égard certaines prescriptions. Dans les houillères où les piqueurs sont payés au poids ou à la mesure, le charbon porté à leur crédit devra être pesé ou mesuré avant tout criblage : il est seulement permis de défalquer les corps étrangers. Un autre passage de la loi, exprimant à nouveau la même idée sous une forme un peu différente, ordonne que les piqueurs soient crédités de la totalité du charbon *marchand* (merchantable) qu'ils ont extrait, quelle que soit la grandeur des morceaux. Pour plus de sûreté, le même texte autorise les mineurs à exiger de l'exploitant l'institution de la *pesée contradictoire*. Il prévoit la nomination au scrutin secret et à la majorité absolue des intéressés, d'un basculeur (*checkweighman*) ou jaugeur (*check-measurer*). Cet agent, rétribué par

---

Wyoming et Nevada. La loi de ce dernier Etat a été déférée aux tribunaux comme contraire à la Constitution, mais ce recours a été rejeté.

(4) La loi du Washington prévoit une limitation différente (dix heures) pour les mécaniciens et autres agents chargés de la manœuvre des bennes.

ses compagnons de travail, est qualifié pour assister aux opéra tions de pesage ou jaugeage : le propriétaire de la mine ou se représentants ne peuvent troubler l'exercice de ses fonctions san s'exposer à des peines correctionnelles. Le basculeur ou jaugeu tiendra un registre spécial, sur lequel il créditera chaque piqueu des quantités de houille extraite par lui. En cas de désaccord sur venant entre le préposé de l'exploitant et le représentant des ou vriers sur le poids ou la jauge d'un chargement, il en sera référ à l'inspecteur des mines qui arbitrera sans appel le différend. Le frais de déplacement et honoraires de ce fonctionnaire seron mis à la charge de la partie qui aura été reconnue dans son tort

Ces diverses mesures ont été récemment déclarées inconstitu tionnelles par la Cour supérieure de Pennsylvanie, comme por tant atteinte à la liberté commerciale, mais un pourvoi suspensi a été formé contre cette décision à la Cour suprême des Etats Unis. Il n'a pas encore été statué sur ce pourvoi.

On retrouve des dispositions analogues dans une loi récemmen votée par la législature de l'Oklahoma. Le code de ce dernie Etat punit même la fraude en matière de pesage de charbon plu sévèrement que l'escroquerie de droit commun.

Les dispositions concernant l'hygiène et la sécurité des mineur — les plus anciennes parmi les textes concernant les condition du travail dans les industries extractives — sont très nombreuse et présentent un caractère trop technique pour qu'il soit possibl de les énumérer toutes. Il suffira donc d'énoncer les principale d'entre elles.

Tout d'abord, si l'exercice de la profession d'ouvrier mineu est libre d'une manière générale, certains textes exigent du pe sonnel supérieur, voire même des agents subalternes, des justi cations de compétence professionnelle, dans l'intérêt exclusif d la sécurité de tous les travailleurs de la mine.

Dix Etats ont soumis à des examens professionnels les pe sonnes investies de la direction immédiate des équipes de fon (*mine bosses*). La loi-type, en cette matière, est celle de la Pennsylvanie, qui assujettit à cette obligation les contremaîtres ou porions.

Les candidats à ces emplois devront être âgés de vingt-trois ans au moins, avoir, depuis l'âge de quinze ans, travaillé au fond pendant cinq ans au minimum, dans l'une des mines de houille de l'Etat de Pennsylvanie et justifier de leur bonne conduite, capacité et sobriété. S'ils désirent exercer leurs fonctions dans une mine grisouteuse, ils devront justifier que trois des cinq années de stage ont été passées dans une mine de cette catégorie. Toutes ces conditions étant remplies, ils subiront un examen devant une commission nommée par la Cour de justice du district, et composée : 1° d'un inspecteur des mines ; 2° d'un chef d'exploitation ; 3° d'un mineur breveté. Les candidats admis à l'examen reçoivent un certificat d'aptitude ; les certificats dits de première classe autorisent le titulaire à exercer ses fonctions indifféremment dans une mine ordinaire ou dans une mine grisouteuse (*mine foreman* ou *fire boss*), tandis que ceux de la seconde classe ne lui permettent que d'être porion à la veine (*mine foreman*).

Les lois des neuf autres Etats ne diffèrent de la précédente que par des détails sans importance.

Quant aux agents subalternes, on rencontre à leur sujet les dispositions suivantes. L'Illinois, l'Iowa, l'Indiana et le Missouri (ces deux derniers depuis quelques années seulement) soumettent à un examen technique d'entrée en fonctions les *hoisting engineers*, ou mécaniciens chargés de la manœuvre des bennes guidées. La loi de Pennsylvanie formule une obligation analogue en ce qui concerne les piqueurs, c'est-à-dire les mineurs proprement dits, à l'exclusion des aides, et de tous ceux qui se bornent soit à convoyer ou manipuler la houille, soit à effectuer des travaux de soutènement ou d'entretien (boiseurs, etc.). Cette loi exige que les candidats piqueurs soient pourvus d'un certificat de capacité décerné par le « *miners examining board* » composé de neuf mineurs ayant cinq ans d'expérience pratique; en outre ils devront établir par témoins qu'ils ont travaillé pendant deux années consécutives dans l'une des mines du district en qualité d'aide, de boiseur ou de herscheur, et auront à subir une interrogation orale portant sur douze questions se rapportant à l'exercice de la profession de piqueur.

Les textes visant l'hygiène et la sécurité de l'exploitation minière, abstraction faite de la compétence du personnel, sont beaucoup plus répandus que les précédents. La loi pennsylvanienne prescrit à ce sujet les mesures suivantes.

L'exploitant d'une mine sera tenu de faire dresser un plan de cette dernière, à l'échelle de 1/1200e; chaque fosse, coupe, veine, etc., devra figurer sur ce plan. Ce dernier sera établi en deux exemplaires, dont l'un demeurera chez l'inspecteur, et un autre sera conservé à la mine. Il sera procédé à la revision du plan tous les six mois, à moins qu'aucune modification n'ait été apportée à l'ensemble des travaux au cours de cette période.

Un espace libre dont la largeur sera fixée par l'inspecteur des mines devra être laissé entre deux exploitations contiguës, de manière à ce que si l'une d'elles venait à être abandonnée et envahie par les eaux, l'autre ne soit pas exposée au danger d'inondation par infiltration.

Dans les mines où sont employés plus de vingt ouvriers, l'exploitation proprement dite d'une veine ne peut commencer tant que cette dernière n'est pas mise en communication avec la surface par deux ouvertures au moins, séparées l'une et l'autre par une épaisseur pleine dont la largeur doit atteindre un minimum déterminé (5). Chaque puits doit comporter des galeries d'entrée et de sortie « sûres et distinctes », utilisables à tout

(5) 60 pieds (18 m.50 environ) au fond et 150 pieds (46 m. environ) à la surface.

moment, de manière à ce que les ouvriers puissent entrer ou sortir de la mine à pied sans danger pour le cas où les moyens mécaniques de remonte et de descente seraient mis hors de service. En outre, des tubes acoustiques devront être établis, de manière à permettre la communication par la parole entre le fond et le jour.

La manœuvre des bennes ne devra être confiée qu'à des personnes âgées de 21 ans au moins, présentant des garanties sérieuses de compétence et de tempérance.

Il est défendu de remonter ou de descendre plus de dix personnes à la fois dans une même benne, sauf dans les mines très profondes et dans celles où la pente des galeries d'accès est très rapide (6). Dans ces deux cas, moyennant autorisation écrite de l'inspecteur, qui aura préalablement procédé à l'essai des machines, les bennes pourront recevoir jusqu'à 30 ouvriers à la fois.

La ventilation du sous-sol devra être assurée par des moyens artificiels si le nombre des ouvriers travaillant dans une même fosse excède 10; dans ce cas, il devra être établi un ventilateur spécial par groupe de soixante-cinq personnes au plus.

La loi prévoit l'établissement de postes de secours, pourvus de médicaments, de couvertures, de linge à pansements, de brancards et civières, dans des conditions un peu différentes, suivant qu'il s'agit de mines de houille ou de mines d'anthracite.

D'autres prescriptions visent l'usage des explosifs, les dangers d'incendie au fond et à la surface, etc. En outre, des mesures particulières sont prises en ce qui concerne les mines grisouteuses (7).

---

(6) Mines de plus de 1.000 pieds de profondeur ou desservies par des galeries d'accès dont la pente excède 15 p. 100.

(7) D'après la jurisprudence pennsylvanienne, une mine est réputée grisouteuse « dès l'instant que l'une de ses veines est connue comme donnant naissance à des gaz explosifs ». Ces mines sont assujetties, entre autres dispositions particulières, à une limitation de la vitesse du courant

La réglementation de l'hygiène du travail dans les mines est moins complète que celle de la sécurité du travail dans ces entreprises. On ne rencontre à ce sujet dans la loi pennsylvanienne qu'un texte ordonnant l'établissement de lavabos-vestiaires sur la demande écrite de vingt ouvriers. Ces installations devront être établies dant un bâtiment distinct des salles de machines ou de générateurs; elles seront convenablement chauffées, éclairées, et pourvues d'eau chaude et d'eau froide. La loi ne prescrit rien relativement à l'établissement de cabinets d'aisance au fond des mines, l'initiative privée ayant depuis longtemps donné satisfaction sur ce point aux réclamations des hygiénistes.

Cet ensemble de dispositions présente une analogie presque complète avec la réglementation de l'hygiène et de la sécurité du travail dans les mines élaborées par le législateur français, ou les autorités administratives auxquelles il a délégué ses pouvoirs. Toutefois on ne trouve pas en Pennsylvanie une institution analogue à celle des délégués à la sécurité des ouvriers mineurs. La loi pennsylvanienne se contente de prescrire la visite complète des fosses par le personnel supérieur. Dans les mines ordinaires, cette visite doit avoir lieu tous les deux jours, et pendant les heures de travail; dans les mines grisouteuses, elle doit être quotidienne, et ne peut commencer plus de trois heures avant la descente.

Les contraventions à la législation pennsylvanienne du travail dans les mines sont punies d'amendes élevées; en cas de non-paiement, le délinquant est exposé à la contrainte par corps pendant une durée qui varie de 30 jours à un mois.

La réglementation sur l'hygiène et la sécurité des ouvriers mineurs prévue par les autres Etats, généralement calquée sur celle de la Pennsylvanie, est le plus souvent moins complète.

---

d'air créé par la ventilation (138 m. par minute). En outre, l'emploi de lampes de sûreté cadenassées y est obligatoire.

En revanche, il convient de signaler certaines prescriptions non prévues lors de la dernière revision (1905) du Code minier pennsylvanien, et introduites à une date ultérieure dans les lois des autres *Commonwealths*. Ainsi la loi de l'Idaho interdit aux mécaniciens chargés de la manœuvre des bennes de parler en service, si ce n'est après avoir cessé leur manœuvre et quitté la plate-forme (8). Elle défend en outre de faire marcher les bennes transportant des personnes à une vitesse excédant 600 pieds (180 mètres) à la minute. La loi de l'Ohio règle le droit des ouvriers du fond à la descente et à la remonte en benne (9). Celle du Kansas exige d'autre part que l'emploi des explosifs fasse l'objet d'une *entente spéciale* entre l'employeur et les ouvriers, consignée par écrit, et soumise à l'approbation de l'inspecteur.

De même que la réglementation du travail manufacturier est complétée par la création d'un corps d'agents spéciaux chargés de veiller à son application, ainsi, dans la plupart des Etats miniers, l'observation des prescriptions visant les conditions du travail des ouvriers mineurs est assurée par une institution analogue à la précédente, le service de l'inspection des mines. Cette organisation a été prévue dans 23 Etats, notamment la Pennsylvanie, le New-York, le Colorado et le Michigan. Elle présente dans certains Etats un caractère accessoire, qui en fait la dépendance d'une autre institution, combinaison qui entrave en partie son fonctionnement. Ainsi, dans le Washington, les fonctions d'inspecteur sont remplies par le chef du service géologique;

(8) Cette même loi interdit d'employer aux travaux du fond, *en quelque qualité que ce soit*, toute personne notoirement connue comme intempérante.

(9) En vertu de ce texte, dès que six ouvriers mineurs se présentent à l'entrée ou au fond de la mine, demandant à être descendus ou remontés en benne, ils doivent recevoir satisfaction. Toutefois, la remonte ou la descente du personnel ne doit jamais, aux heures de travail, utiliser plus d'un voyage sur deux consécutifs.

dans le New-York et la Caroline du Nord, elles sont confiées au Commissaire du Travail. Partout ailleurs, les inspecteurs des mines sont des agents spécialisés dans leurs attributions, et nommés, soit par le gouverneur, seul ou assisté du Sénat, soit par un autre agent supérieur. Dans le Kansas, le secrétaire de l'Association des mineurs fait fonction d'inspecteur des mines, de même que le secrétaire de l'Association des ouvriers de Manufactures fait fonction d'inspecteur du travail : l'Association des mineurs étant élue au suffrage universel par les ouvriers, l'inspecteur des mines de cet Etat est donc un délégué mineur dans le sens de la loi française de 1890, mais élu au scrutin à deux degrés. En Pennsylvanie et dans l'Oklahoma, les inspecteurs des mines sont élus, non par les intéressés, mais par l'ensemble des électeurs de chaque district minier.

Quel que soit leur mode de désignation, les inspecteurs des mines sont tenus de fournir certaines justifications de capacité avant de pouvoir briguer leurs fonctions. Réserve faite des dispositions relatives à l'élection des agents, la législation pennsylvanienne sur l'organisation de l'inspection minière peut être considérée comme la loi-type en cette matière.

D'après l'*act* de 1901-1905, la région minière de l'Etat de Pennsylvanie est divisée en sept districts, dont chacun comporte un personnel de 1 à 6 inspecteurs. Le juge de la Cour de comté désigné à cet effet nommera à certaines époques une commission d'examen (*Board of Examiners*) composée de cinq membres dont trois ouvriers diplômés et deux ingénieurs ; l'élément ouvrier a donc la prédominance dans ce comité technique. Pour être admis à subir l'examen d'inspecteur, il faut justifier de trente ans d'âge, de cinq ans de pratique minière, et d'une connaissance approfondie des conditions d'exploitation des mines grisouteuses. Les candidats ayant subi avec succès l'examen d'aptitude sont seuls qualifiés pour se présenter aux élections, qui ont lieu tous les deux ans.

Les principales attributions des inspecteurs des mines sont les suivantes. Ils sont tenus de visiter complètement chacune des exploitations comprises dans leur circonscription au moins une fois par trimestre. Ils doivent prendre toutes les mesures nécessaires pour garantir la sécurité du personnel, en faisant au besoin des injonctions à l'exploitant, et s'assurer que la ventilation du sous-sol est suffisante. A l'issue de chaque tournée, ils adressent au chef de service des mines un rapport circonstancié, dont une copie sera affichée à l'entrée de chaque fosse. Enfin, au cas d'accident, dont ils seront prévenus par l'exploitation, ils se rendent d'urgence sur les lieux et adressent un rapport spécial aux autorités compétentes.

Dans les Etats où les inspecteurs sont à la nomination d'un fonctionnaire supérieur, la loi s'en remet exclusivement à ce dernier du soin de surveiller leurs subordonnés. Il n'en pouvait être de même en Pennsylvanie, les agents du contrôle des mines étant désignés par le suffrage universel. Aussi, en vue de donner un contrepoids à la délégation dont les inspecteurs sont investis par le corps électoral, la loi pennsylvanienne accorde-t-elle à ce dernier le droit de poursuivre ses élus en destitution. Sur plainte motivée signée de 50 ouvriers ou de 15 patrons « de bonne réputation et résidents du district », le juge de la Cour de Comté compétente devra citer l'inspecteur incriminé à la barre du tribunal. Ce magistrat pourra, après enquête et interrogatoire, prononcer la peine de la destitution, sauf appel de l'intéressé.

Ce régime est très différent du système français, qui consiste à confier l'inspection des mines à des ingénieurs sortis d'une grande école technique, secondés par des agents de carrière. Il n'en est pas moins satisfaisant, les inspecteurs américains, qu'ils soient désignés par un supérieur hiérarchique ou nommés à l'élection, étaient toujours tenus de fournir de sérieuses justifications de compétence professionnelle.

Les dispositions concernant les heures de travail du personnel des compagnies de chemins de fer émanaient exclusivement jusqu'à ces dernières années des législatures d'Etat. Toutefois, depuis la mise en vigueur de la loi fédérale de 1906, les textes édictés par les Etats particuliers ne s'appliquent plus qu'aux lignes d'intérêt régional.

L'*act* du Congrès voté en 1906-1907 est applicable aux entreprises de transport en commun internationales ou desservant plusieurs Etats. Les agents de ces entreprises ne peuvent être employés, même s'ils y consentent, pendant plus de seize heures par vingt-quatre heures : dès qu'ils ont fourni en une ou plusieurs fois ce nombre d'heures, ils doivent être relevés et admis à prendre dix heures consécutives de repos, ou huit seulement, selon qu'ils ont travaillé sans interruption ou avec des interruptions. Les dispositions qui précèdent visent tous les employés des services actifs (*all employees engaged in the transportation of passengers or property*). Toutefois, des règles plus strictes encore sont applicables aux agents appelés à signaler les trains et à donner le départ : ces derniers ne peuvent travailler plus de neuf heures par vingt-quatre heures, sauf le cas d'absolue nécessité. Toute infraction à ces prescriptions est punissable d'une amende de 500 dollars.

Les textes concernant les lignes d'intérêt régional reproduisent pour la plupart la limitation à seize heures du travail quotidien des agents des services actifs.

La plupart des textes relatifs à la sécurité et à l'hygiène dans les entreprises de chemins de fer sont conçus à la fois dans l'intérêt des voyageurs et des agents. Telles sont les dispositions ordonnant l'éclairage des bifurcations, l'établissement de garde-fous sur les ponts, déterminant la hauteur des voûtes de ponts ou tunnels, prescrivant l'éclairage des wagons et locomotives, et fixant le minimum du personnel devant être attaché à chaque convoi de voyageurs ou de marchandises. Cette réglementation s'est notablement développée au cours des dix dernières années.

Elle figure d'une manière plus ou moins complète dans les Codes de trente-trois Etats et dans la législation fédérale. Il n'y a pas lieu de s'y arrêter, les mesures concernant exclusivement les *railroadmen* (cheminots) rentrant seules dans le cadre de la présente mesure.

Les dispositions visant l'hygiène dans les chemins de fer sont peu nombreuses, cette industrie ne s'exerçant pas dans des locaux étroits. Quatre Etats, l'Arkansas, le Kansas, l'Oklahoma et le Texas, ces deux derniers par des lois récentes, ont ordonné de couvrir les voies des ateliers de chemins de fer sur lesquelles est garé le matériel destiné à être réparé, « de manière à ce que les ouvriers soient protégés contre les intempéries (10). D'autre part deux lois récentes (1909) du Minnesota et du Washington exigent que les fourgons de queue de vigie (*caboose cars*) soient pourvus de cabinets d'aisances.

Les prescriptions concernant la sécurité du personnel sont très variées, à l'inverse des précédentes. Un *act* du 2 mars 1893, émanant du Congrès fédéral, impose aux entreprises de transport en commun par voie ferrée (*common carriers by railroads*) desservant plusieurs Etats (*engaged in interstate commerce*) certains dispositifs de sécurité (*safety appliances*) destinés à protéger les agents contre les accidents. Cette loi déclare obligatoire l'adoption du système automatique des wagons, dans un délai de cinq ans (11). De même elle enjoint de munir les wagons, au plus tard le 1er janvier 1895, de poignées de fer (*grabirons*) aux deux extrémités et sur les côtés, de manière à faciliter la manutention de ces véhicules.

Une loi fédérale beaucoup plus récente (1907), intervenue à

---

(10) La loi du Texas n'est applicable qu'aux ateliers employant plus de quatre agents d'un grade inférieur à celui d'inspecteur.

(11) Cette question a fait l'objet d'un projet de loi déposé à la Chambre des Députés, qui a voté une résolution favorable le 1er février 1910.

la suite de nombreux accidents, a prescrit aux compagnies assı rant des services internationaux ou interprovinciaux de mun les locomotives de cendriers (*ash-pans*) susceptibles d'être vid(et nettoyés sans que les agents chargés de ce travail soient obl gés de se glisser sous les machines.

Ces différentes mesures ont été déclarées applicables au Distri(de Colombie. En outre, plusieurs Etats les ont fait figurer dan leur Code, soit qu'ils aient donné l'exemple au Congrès, soit qu'il aient suivi ce dernier. Ainsi la loi sur les *ash pans* a été repro duite presque textuellement dans deux *acts* votés en 1909 pa les législatures du Texas et de l'Indiana; celle sur l'attelag automatique des wagons a été introduite, à des époques diverses dans les statuts des Etats suivants : Iowa, Illinois, Michiga Indiana, et l'emploi des poignées de sûreté est aujourd'hui obli gatoire dans l'Indiana, le Minnesota, etc.

Diverses législatures ont édicté des mesures de sécurité no prévues par les lois fédérales. Ainsi dans l'Indiana, le Minnesot l'Iowa et le Washington, des textes récents (1909) ordonnent qu les machines effectuant des manœuvres aux gares de triage e aux abords des dépôts soient munies, à l'avant et à l'arrière, d marchepieds (*footboards*) d'une largeur déterminée. D'autres *act* exigent que les pointes de cœurs (*frogs*) soient pleines, afin qu les agents ne soient pas exposés à s'y prendre les pieds (12) Dans le Maine, il est également prescrit de boucher l'espac compris entre les rails et les contre-rails, sauf sur les ponts.

Des textes plus récents (1909) sont venus étendre aux Etats de New-York, de Minnesota, du Michigan, de l'Ohio, du Washington et de l'Illinois les dispositions d'une ancienne loi du Montana concernant les fourgons de queue de vigie (*caboose*

(12) Minnesota, Colorado, Kentucky, Massachusetts, Michigan. La loi du premier Etat prévoit une peine de 500 à 2.000 dollars en cas d'infraction.

cars). Ces fourgons doivent être munis d'une plate-forme de 75 centimètres de large à l'avant et à l'arrière, présenter une longueur minima de 8 mètres, plates-formes non comprises, et être montés sur boggies. Les plates-formes sont obligatoirement munies de mains courantes, de marches et de rampes, de manière à permettre aux agents de monter et de descendre sans danger.

En vue de permettre au personnel de formuler ses plaintes contre les Compagnies en défaut sans crainte de représailles, un *act* voté en 1906 par la législature du Massachusetts permet aux agents de signaler au Commissaire des chemins de fer, par écrit, les voies, machines, wagons et installations dont l'état défectueux compromettrait la sécurité des employés. Les dénonciations devront être signées, et il sera défendu sous des peines sévères de révéler le nom de leur auteur.

L'organisation d'un service d'inspection des voies ferrées spécialement chargé de veiller à la sécurité du personnel a été prévue dans six Etats : Massachusetts, Michigan, Nebraska, Ohio, Illinois et Washington. La loi du Massachusetts confère aux Commissaires des chemins de fer le pouvoir de nommer des inspecteurs chargés d'examiner les plates-formes des voies, les traverses, rails, aiguilles, machines, wagons et installations de toute nature, y compris les bâtiments des stations. Les dispositions des textes du Nebraska et du Michigan, quoique conçues en termes moins précis, sont à peu près identiques.

Le service de l'inspection de la sécurité des agents est constitué sur des bases très différentes dans les trois derniers Etats. Leurs lois, qui ne diffèrent les unes des autres que sur des points de détail, confient, comme les précédentes, la nomination des inspecteurs aux Commissaires des Chemins de fer, mais en outre elles posent des conditions à cette désignation. Les inspecteurs ne devront être intéressés ni directement ni indirectement à la gestion des Compagnies de chemins de fer : il leur est même défendu de posséder des obligations de ces entreprises. Ils seront tenus de justifier de sept années de services *actifs* dans l'une d'elles. Ils devront en outre souscrire une obligation cautionnée d'une somme considérable (10.000 ou 15.000 dollars), bien qu'ils n'aient aucun maniement de fonds à effectuer.

Les inspecteurs doivent vérifier l'état des attelages automatiques, des freins, des poignées de sûreté, et adresser des rapports à ce sujet au Commissaire des chemins de fer ; ils signaleront les numéros des véhicules qui laissent à désirer, et indiqueront la ligne sur laquelle ils ont rencontré ces véhicules.

La législature de l'Indiana a pris des mesures destinées à mettre les agents au courant de la réglementation des voies ferrées : elle ordonne aux Compagnies, par une loi de 1907, d'organiser des conférences sur la législation des voies ferrées, à l'usage du personnel. Ces conférences seront semestrielles pour les agents comptant moins de dix-huit mois de services et annuelles pour les autres.

Plusieurs Etats se sont occupés d'une catégorie d'entreprises de transport qui présente bien des points d'analogie avec les voies ferrées : les tramways. Des lois en vigueur dans le New-Jersey et la Californie interdisent d'employer les agents du service actif de ces entreprises pendant plus de douze heures par vingt-quatre heures, si ce n'est de leur plein gré, et moyennant le paiement d'une somme de trente cents (1 fr. 50) par heure supplémentaire (13). La loi du Massachusetts limite à dix heures la durée quotidienne du travail de cette catégorie d'employés, sauf paiement des heures en excédent. Celle de la Louisiane, plus radicale, n'admet de dérogation à la règle des dix heures qu'au cas de « circonstances critiques » (*Emergency*), c'est-à-dire de force majeure.

---

(13) La loi du New-Jersey comprend dans les douze heures le temps accordé aux agents pour prendre leurs repas, c'est-à-dire une demi-heure au minimum pour chacun de ces derniers.

Les textes concernant l'hygiène et la sécurité du personnel actif des tramways sont très rares; les agents se trouvant en contact avec le public, une réglementation spéciale aux premiers eût été inutile. Le seul point sur lequel la situation du personnel pouvait exiger des mesures spéciales est le droit du conducteur à être pourvu d'un siège. On rencontre des textes de ce caractère dans trois Etats. L'un d'eux, celui du New-Jersey, est très ancien : il ordonne de disposer sur les voitures de tramways à traction animale un siège pour l'usage du cocher. Toutefois la Compagnie pourra, par un règlement de service, restreindre « d'une manière raisonnable » le droit du conducteur à faire usage de ce siège dans les montées et les descentes. Les deux autres lois sont très récentes : elles datent de 1909, et concernent les tramways à traction électrique. Ces *acts*, en vigueur dans le Connecticut et l'Orégon, prescrivent de réserver un siège au wattman; celui du dernier Etat réglemente même le droit de l'agent à faire usage de ce siège, en exigeant « que la Compagnie autorise le *wattman* à s'asseoir pendant une partie de chaque voyage égale au moins à la moitié ».

La réglementation américaine des conditions du travail dans l'industrie des transports se présente en fait sinon en droit, sous un aspect très voisin de celui qu'elle revêt en France.

La durée de la journée d'ouvrier dans l'industrie des travaux publics a été limitée par un grand nombre de textes. Une loi fédérale du 1er août 1892 fixe à huit heures le nombre maximum d'heures de travail que pourront effectuer chaque jour les ouvriers au service des entrepreneurs et tâcherons employés par les administrations fédérales; les mêmes règles s'appliquent au personnel ouvrier des mêmes administrations. Il ne peut être dérogé à ces prescriptions que dans les cas d'extrême urgence (*extraordinary emergency*). Toute contravention est passible d'une amende de 1.000 dollars et d'un emprisonnement de six mois. La Cour Suprême a reconnu la constitutionnalité de cet *act*, et déclaré qu'en vertu de ses termes les tribunaux ne pouvaient faire droit à une demande en paiement d'heures de travail supplémentaires, sauf le cas d'extrême urgence. Deux autres lois fédérales, l'une de 1901, l'autre de 1905, ont reproduit les mêmes prescriptions en ce qui concerne, d'une part les travaux d'irrigation, d'autre part ceux du canal de Panama.

La journée de huit heures est également rendue obligatoire dans l'industrie des travaux publics par les lois de 21 Etats, dont le Massachusetts, le New-Jersey, l'Illinois et le Wisconsin. La plupart de ces textes sont calqués sur l'*act* de 1892. La loi de l'Etat de New-York ayant été déclarée inconstitutionnelle par la Cour Supérieure de cet Etat, en 1905, la Constitution new-yorkaise fut amendée par une disposition permettant au *Commonwealth* de « faire des règlements concernant la durée journalière et les conditions du travail dans l'industrie des travaux publics, et une nouvelle loi fut votée la même année. Ce texte exige l'insertion dans les contrats de travaux publics d'une clause imposant la journée de huit heures; l'exemple donné par la législature du New-York a été suivi depuis par plusieurs Etats, comme le Wisconsin, l'Oklahoma et l'Orégon. Les deux derniers étendent l'application de la limite de huit heures à certaines catégories de fonctionnaires publics (14).

Plusieurs Etats ont édicté en cette matière des dispositions qui dérogent au droit commun. Ainsi la loi de l'Orégon permet d'écarter dans un comté quelconque, par un vote conforme de la majorité des électeurs, l'application de la loi des huit heures, sauf en ce qui concerne les entreprises faites pour le compte de l'Etat. Celle des îles Hawaï prévoit la journée de huit heures pour les cinq premiers jours ouvrables de la semaine, et la journée de cinq heures le samedi.

(14) Les lois du Maryland et du Delaware visent seulement la principale ville de chacun de ces deux Etats: Baltimore et Wilmington.

Le Massachusetts n'est point compris dans la liste des 21 Etats dont il a été question précédemment. Les statuts de ce *Commonwealth* fixent en principe la journée de neuf heures dans l'industrie des travaux publics, et pour le personnel ouvrier des administrations; toutefois, ils obligent le gouverneur, sur pétition signée d'un certain nombre d'électeurs (100 dans les *cités*, 25 dans les villes), à organiser un referendum sur l'abaissement de cette limite à huit heures dans la localité où résident les pétitionnaires.

L'Indiana ne défend pas, à proprement parler, de faire travailler les ouvriers des travaux publics et le personnel technique des administrations plus de huit heures par jour. La loi de cet Etat se borne à exiger la rétribution des heures supplémentaires effectuées par ces agents.

Les pénalités prévues par les diverses législatures au cas d'infraction à la règle de la journée de huit heures sont en général très sévères. Le Colorado prévoit une amende de 100 à 500 dollars et un emprisonnement de 100 jours. L'Indiana fixe le taux de l'amende à 500 dollars, et — disposition spéciale à l'industrie des travaux publics — permet à l'autorité administrative de déclarer, si elle le juge à propos, la déchéance de l'adjudicataire ou l'annulation du marché de gré à gré.

Parmi les lois qui limitent la durée de la journée de travail des ouvriers employés dans l'industrie des travaux publics, trois, celles du Maryland, du Nebraska et du Kansas, contiennent une stipulation relative au salaire du personnel. Ces textes ordonnent de payer aux ouvriers des entreprises précitées « un salaire au moins égal au taux courant du pays », disposition qui a pour objet d'empêcher les concessionnaires de recruter hors de l'Etat une main-d'œuvre à bon marché. La loi de l'Orégon vise le cas où un danger sérieux contraint les entrepreneurs de faire travailler leur personnel un nombre d'heures supérieur à huit, et ordonne que les heures supplémentaires soient payées une fois et demie le prix de l'heure de travail normal.

Une loi récente de l'Etat de New-York (1909) concerne les ouvriers travaillant dans des caissons ou autres appareils étanches alimentés d'air comprimé. Cette décision législative établit diverses limites variant avec l'importance de la pression, et, quand cette dernière est élevée, prescrit de couper les heures de travail par des repos d'une durée déterminée. La pression ne doit en aucun cas excéder 50 livres par pouce carré, soit environ 3 kil. 630 grammes par centimètre carré.

Considérées dans leur ensemble, les prescriptions de la loi française sur les conditions du travail dans les trois grandes industries en cause paraissent plus favorables à la classe ouvrière que celles de la législation américaine. Outre les observations précédemment faites à ce sujet, il convient de retenir les suivantes. En ce qui concerne l'industrie minière, la coexistence, dans notre pays du contrôle officiel des ingénieurs et de celui des délégués ouvriers sur les conditions du travail présente des avantages considérables; il est regrettable que la législation américaine n'ait pas suivi l'exemple donné sur ce point par notre loi de 1890. Quant aux entreprises de transport par voie ferrée, le jour où l'Etat aura rendu obligatoire le système de l'attelage automatique des wagons et l'emploi des cendriers du modèle américain (*ash pan*), la France n'aura plus rien à envier aux Etats-Unis au point de vue des dispositions prises pour diminuer le nombre des accidents causés par le matériel. Il est juste d'ailleurs de noter que dès à présent, d'après les statistiques annuelles, la proportion des agents des voies ferrées tués en service à l'ensemble du personnel est plus élevée aux Etats-Unis qu'elle ne l'est en France (a).

(a) LÉGISLATION FRANÇAISE. — A. INDUSTRIE MINIÈRE : 1. Durée du travail. *La loi du 25 juin 1905 a abaissé par paliers successifs, échelonnés de deux en deux ans, la durée du travail de certains ouvriers des mines : les* piqueurs, *c'est-à-dire ceux qui sont employés à l'abatage du minerai.. La journée a dû être réduite à neuf heures à dater du 1er janvier 1906, puis à huit heures et demie le 1er janvier 1908 et enfin à huit heures le 1er janvier 1910. Les heures se comptent depuis l'entrée dans le puits des derniers ouvriers descendant jusqu'à l'arrivée au jour des derniers ouvriers remontant. La loi prévoit deux ordres de dérogation; les unes permanentes, mais révocables, sont autorisées par le ministre des Travaux Publics au profit des Compagnies auxquelles l'application rigoureuse de ces prescriptions occasionnerait un préjudice suffisamment grave pour compromettre leur exploitation; les autres, purement temporaires (leur durée ne peut excéder deux mois) sont accordées par l'ingénieur en chef, à la suite d'accidents ou pour des motifs de sécurité.*

Le législateur, après avoir d'abord délibérément refusé sa protection aux autres auxiliaires de la production minière : boiseurs, charpentiers, herscheurs, etc., semble depuis revenu à de meilleures dispositions envers eux. La Chambre des députés a en effet voté le 5 juillet 1907 une disposition tendant à étendre à tous les ouvriers du fond le régime de la loi de 1903.

II. Hygiène du travail et sécurité (*Loi du 21 avril 1810; Décret du 3 janvier 1813; Loi du 27 juillet 1880; Loi du 8 juillet 1890, Loi du 9 mai 1905; Loi du 23 juillet 1907; Loi du 12 mars 1910*). *Les prescriptions formulées par ces divers textes sont à peu près identiques à celles de la législation de Pennsylvanie, en sorte qu'il y aurait double emploi à les énoncer ici en détail. La seule différence de quelque importance entre les deux régimes législatifs concerne l'institution des délégués à la sécurité des ouvriers mineurs, créée par la loi du 8 juillet 1890. Ces délégués sont élus par les ouvriers eux-mêmes. Leur mission consistait à l'origine : 1° à examiner les conditions de sécurité du personnel; 2° en cas d'accident, à en rechercher les causes. Depuis, les lois de 1907 et de 1910 ont étendu leurs attributions en les chargeant de contrôler l'observation des mesures d'hygiène dans les mines.*

Les délégués mineurs doivent visiter deux fois par mois tous les puits, galeries et appareils transportant les matériaux ou les ouvriers dans les limites de leur circonscription. En outre, dès qu'ils sont avisés qu'un accident s'est produit dans leur ressort, ils sont tenus de se rendre sur les lieux aussitôt.

Les observations des délégués mineurs doivent être consignées sur un registre spécial tenu constamment à la disposition des ouvriers.

III. Garanties de compétence. *Le Décret du 3 janvier 1813 exige que les maîtres mineurs* (porions) *justifient de trois années consécutives de travaux comme mineur, charpentier, boiseur ou mécanicien.*

IV. Contrôle. *Les lois sur les mines ont créé, avant même l'institution des délégués mineurs, un corps de fonctionnaires chargés de l'inspection des mines. Ce corps se compose d'ingénieurs sortis d'une école spéciale, l'Ecole des Mines, secondés par des agents de carrière, les contrôleurs des mines. Il est chargé de la surveillance des exploitations minières au double point de vue technique et social (hygiène, sécurité, temps de travail, etc.).*

B. — CHEMINS DE FER. — Durée du travail. — *Deux décrets de 1901 et 1902 limitent la journée des mécaniciens au chiffre moyen de dix heures, avec repos journalier minimum de dix heures et celle des agents des trains, des gares, de la surveillance de la voie et de l'entretien à douze heures; ils ne concernent pas les autres agents dont la journée de travail est toutefois, en fait, notablement inférieure au chiffre de seize heures pris comme limite supérieure par la législation américaine.*

Hygiène et sécurité. *Sauf celles concernant les mains courantes, l'emploi de l'*ash pan, *l'attelage automatique, appareil qui a d'ailleurs fait l'objet d'une proposition de loi récente, et quelques autres, la plupart de celles qui figurent dans les lois américaines ont été imposées en France, non par le législateur, mais par le contrôle technique, sans l'autorisation duquel aucune commande de matériel ne peut être faite.*

C. — TRAVAUX PUBLICS. — *Les seuls textes visant spécialement les conditions du travail dans l'industrie des travaux publics sont les trois décrets du 10 août 1899, visant les adjudications faites pour le compte de l'Etat, des départements et des communes. Ces textes édictent notamment les règles suivantes : 1° obligation du repos hebdomadaire; 2° limitation du nombre des ouvriers étrangers à un certain pourcentage du chiffre total; 3° interdiction du marchandage; 4° limitation de la durée du travail journalier à la durée normale de travail en usage pour chaque catégorie dans la localité ou la région où le travail est exécuté; 5° obligation de payer aux ouvriers un salaire normal égal pour chaque profession (et dans chaque profession pour chaque catégorie d'ouvriers) au taux couramment appliqué dans ladite localité ou région. Ces différentes prescriptions, impératives en ce qui concerne les travaux exécutés pour le compte de l'Etat, sont seulement facultatives pour les départements et communes.*

CHAPITRE XI

La protection de la main-d'œuvre libre contre la main-d'œuvre pénitentiaire aux Etats-Unis

Aux Etats-Unis comme dans les autres pays, la concurrence faite à l'industrie privée par la main-d'œuvre pénitentiaire a suscité des plaintes très vives. Le législateur américain s'est préoccupé de donner satisfaction à ces dernières; il a eu recours à cet effet à diverses mesures : les principales sont la restriction de l'emploi des détenus au dehors, la limitation des catégories d'articles que les autorités pénitentiaires peuvent faire fabriquer par leurs pensionnaires, et la réglementation des conditions de vente de ces articles.

L'organisation du travail dans les prisons américaines dépend, comme la législation pénale elle-même, des Etats particuliers. Les systèmes adoptés par les différentes législatures peuvent se ramener à trois : la mise à la disposition des particuliers, moyennant rétribution (*lease system*), l'adjudication de l'entreprise du travail dans les prisons (*contract system*) et la régie. Ce dernier régime comporte trois combinaisons distinctes au point de vue de l'écoulement des produits, savoir : l'adjudication en bloc, à un prix unique pour tous les articles (*piece-price system*), la vente ordinaire (*public account system*), et l'utilisation exclusive des produits par les services publics (*State-use system*). Certains Etats s'en tiennent à tel ou tel de ces systèmes, mais la plupart se sont montrés plus éclectiques, et admettent simultanément plusieurs d'entre eux.

Le régime du louage des détenus à l'industrie privée (*lease system*) est formellement interdit par le Code pénal de douze Etats, notamment l'Ohio, l'Illinois, l'Iowa et le New-York. En revanche, il est admis par d'autres Etats, dont le Texas et les deux Carolines, ainsi que par les îles Hawaï, mais avec certaines restrictions, dont les principales visent le nombre des détenus susceptibles d'être confiés à une même personne et la nature des travaux qui peuvent leur être imposés. Ainsi la loi du Kentucky n'autorise le « lease system » que pour l'entreprise des travaux publics, d'autre part, celle du Missouri ne le déclare applicable qu'aux condamnés à des peines de courte durée, qui comme tels sont maintenus dans les prisons de comté. Le grand avantage du « lease system » est de dispenser complètement l'administration de la surveillance et de l'entretien des détenus. Mais n'est-ce pas là précisément manquer à la mission sociale qui incombe aux pouvoirs publics? Et en outre, ce procédé ne favorise-t-il pas au premier chef la concurrence de la main-d'œuvre pénitentiaire à la main-d'œuvre libre ? Ce sont ces considérations qui ont motivé l'interdiction du louage au dehors dans un assez grand nombre d'Etats.

Le système de l'adjudication à un particulier du travail dans les prisons est formellement exclu par la loi dans treize Etats, tels le Massachusetts, l'Ohio, la Pennsylvanie et le New-York, et interdit en règle générale dans l'Etat de Géorgie. Ces *Commonwealths* ont déclaré obligatoire le système de la régie. Dans les autres Etats, l'adjudication est autorisée, mais parfois sa durée est limitée, comme au Missouri (10 ans), au Kentucky (4 ans), en Géorgie et au Wisconsin.

Le travail en régie est partout autorisé; certains Etats ont restreint à l'exécution des travaux publics la tâche susceptible d'être imposée par le régisseur aux détenus.

En dehors de ce cas particulier, la nature des occupations auxquelles les « convicts » peuvent être employés, quel que soit le mode d'organisation des travaux, est généralement déterminée, soit directement, soit *a contrario*. La loi du Wyoming est celle dont le texte est le plus général. Elle porte « qu'il sera interdit d'employer des prisonniers à des travaux susceptibles de concurrencer l'industrie libre ». Le Code pénal des Etats de Géorgie, du Colorado, du Tennessee et de l'Utah prescrivent « d'organiser le travail des condamnés de manière à entrer le moins possible en concurrence avec le travail libre ». Les lois votées par les Assemblées de ces divers Etats en conformité de ces dispositions ordonnent d'occuper les détenus aux travaux suivants, qui paraissent assez bien choisis : fabrication des objets destinés aux services publics, confection des sacs de jute ou de chanvre, des cordages, de la ficelle, et cassage des cailloux pour les grandes routes. La loi du Washington interdit d'employer les « convicts » à toute autre tâche que la fabrication des briques et des tissus de jute. Celle du Nevada, sans formuler aucune exclusion, prescrit de faire travailler les détenus « principalement » à la confection des chaussures, prescription très critiquable, parce qu'elle vise une industrie privée très intéressante.

Diverses législatures, au lieu de déterminer les travaux auxquels il sera permis d'employer les prisonniers, ont préféré se borner à formuler des interdictions, s'en rapportant pour le surplus à la sagesse et à l'initiative des autorités compétentes. Ainsi les lois de Pennsylvanie et de l'Illinois prohibent l'exercice dans les prisons de métiers exigeant l'emploi de la force mécanique. D'autres textes interdisent la fabrication de telles ou telles catégories d'objets, variables selon les Etats : les gravures (Massachusetts), les boutons de nacre et les tines de beurre (Iowa), les estagnons de fer-blanc, les poêles de fonte, les pièces moulées de fer et d'acier (Maryland), les articles appelés à être introduits dans la bouche des personnes et le tabac sous toutes ses formes

(Connecticut). Dans le Michigan, il est interdit d'enseigner ou de faire exercer par un détenu un métier mécanique, à l'exception de ceux qui ont pour objet « la production d'articles qui proviennent en majeure partie d'autres Etats ou pays ». C'est là un trait assez curieux de protectionnisme régional. Enfin une loi récente de l'Oklahoma (1907) défend d'employer les *convicts* aux travaux des mines.

La durée du travail des détenus est généralement limitée par la loi, et fixée au maximum à dix heures : tel est en particulier le cas dans le Massachusetts (1). Le travail du dimanche est interdit partout. Ces conditions se rapprochent singulièrement de celles que la pratique ou la loi ont imposées à l'industrie privée.

La valeur de la journée de travail d'un détenu n'est pas déterminée par la loi, excepté quand il s'agit de personnes condamnées et soumises à l'obligation de travailler jusqu'au jour où la valeur de leur travail aura compensé le montant de la peine pécuniaire prononcée contre elles (*working out fines*) (2). Cependant la loi du Kansas fixe cette valeur à 75 cents (3 fr. 75), et celle de Géorgie le fait implicitement, en interdisant de louer les services d'un « convict » à l'industrie privée à un prix moindre de 175 dollars l'an (environ 2 fr. 90 par jour ouvrable). Partout ailleurs l'évaluation du prix du travail pénitentiaire est confiée aux autorités compétentes.

Dans la plupart des Etats, le prisonnier n'est pas appelé à recevoir, lors de sa libération, une quote-part du prix de son travail, mais seulement une allocation fixe de 5 ou 10 dollars, et certaines prestations en argent (frais de voyage) ou en nature

---

(1) Kansas, Ohio, Arkansas, 9 heures; Illinois, Indiana, 8 heures; Missouri, 10 heures l'été, 8 heures l'hiver; Floride, maximum 10 heures, minimum 8.

(2) Il ne faut pas confondre ce cas avec celui où le juge prononce une peine à option, au choix du condamné : soit l'amende, soit l'emprisonnement.

(habillement complet neuf). Quelques lois locales ont cependant prévu et organisé au profit des détenus un pécule constitué au moyen de retenues effectuées sur le prix de son travail. Le taux de ces retenues varie suivant les Etats, de 5 p. 100 à 25 p. 100 (3). Dans le Texas, on porte au compte du détenu 25 cents par jour s'il est loué au dehors, et 50 cents s'il est employé aux travaux publics.

Les conditions d'écoulement des produits de la main-d'œuvre pénale sont l'objet d'une réglementation qui, sous une forme très variable, existe dans le plus grand nombre des Etats. Tout d'abord, une loi fédérale de 1901 interdit l'importation sur le territoire américain des produits mis en œuvre exclusivement ou partiellement par des détenus. Cet exemple a été suivi par les législatures du Colorado et de la Californie, qui ont prohibé la mise en vente sur leur territoire de marchandises provenant des prisons situées dans d'autres Etats de l'Union. La Californie interdit en outre la vente des objets ou marchandises fabriqués dans ses propres prisons (sauf les sacs de jute et de chanvre pour les grains), et ordonne que ces produits soient exclusivement affectés à l'usage des établissements publics.

D'autres Etats, sans prohiber la vente aux particuliers des produits de la main-d'œuvre pénitentiaire, la soumettent à certaines conditions. Ainsi la loi du Nouveau-Mexique exige qu'elle ait lieu aux enchères publiques. Celles du Colorado, de l'Indiana et du New-York assujettissent les vendeurs au détail de marchandises et objets fabriqués dans les prisons à une autorisation spéciale et au versement d'un cautionnement. D'autres textes, ceux du Massachusetts et de la Caroline du Nord veulent que la vente de ces produits se fasse « au prix du marché » ; une autre loi,

(3) Illinois 10 p. 100 ; Kansas et Missouri 5 p. 100 ; Ohio 20 p. 100 ; New-Hampshire 25 p. 100 ; Utah 10 p. 100. Si le détenu est marié, 25 p. 100 sont versés au conjoint.

en vigueur dans le Michigan, fait défense aux services publics d'en acheter au-dessous de ce prix.

Un assez grand nombre de législatures se sont contentées d'ordonner que les produits de la main-d'œuvre pénitentiaire ne soient pas mis en vente s'ils ne portent pas en toutes lettres l'indication de leur provenance : tel est le cas dans la Pennsylvanie, le New-York, le New-Jersey, etc.

Les associations ouvrières mènent actuellement une campagne très vive en faveur de la suppression du « prison labor contract system ». La résolution suivante a été déposée au Congrès de Toronto (1909) de la Fédération américaine du Travail, et votée à l'unanimité :

MOTION N° 152 DE L'UNION DES CONFECTIONNEURS (*Garment Makers*)

« Etant donné que la main-d'œuvre pénitentiaire, en raison de l'emploi de machines perfectionnées, et de la vente des heures de travail des détenus à des prix extraordinairement bas (*at stupendously low figures*), sans parler de la gratuité du logement, du chauffage et de l'éclairage, permet aux adjudicataires (*contractors*) de vendre les produits du travail à si bon marché que ces produits concurrencent d'une manière acharnée et tout à fait injuste (*in the unfair manner*) la main-d'œuvre libre.

« Etant donné que, tout en ne nous opposant pas à ce que les personnes assez malheureuses pour se voir incarcérées soient occupées d'une manière permanente à un travail déterminé, nous estimons que ce travail devrait être choisi de manière à ne pas concurrencer la main-d'œuvre libre. Au lieu d'employer un outillage perfectionné et de laisser les adjudicataires s'enrichir, on devrait n'autoriser dans les prisons que des travaux purement manuels, restreindre la production, et se borner à éviter de laisser les détenus dans l'oisiveté.

« Etant donné que l'Union des Confectionneurs des Etats-

Unis d'Amérique et ses milliers de membres ont considérablement souffert de la production de chemises, manteaux, pantalons, etc., fabriqués dans les établissements pénitentiaires.

« Par ces motifs,

« Il est résolu que le présent congrès de la Fédération américaine du Travail donne pour instructions à ses délégués de mander aux Unions locales d'avoir à s'opposer plus que jamais au système de la mise en adjudication du travail dans les prisons, et à s'efforcer d'obtenir la mise en vigueur, dans les différents Etats, de lois contraignant les adjudicataires à apposer sur les produits une étiquette ou marque les désignant comme fabriqués dans les prisons (*Prison-made*). »

Les mesures actuellement en vigueur aux Etats-Unis — sans parler de celles que propose la Fédération américaine du Travail — paraissent de nature à atténuer dans une proportion assez considérable la concurrence de la main-d'œuvre des prisons à l'égard de l'industrie privée. Il est permis de croire qu'en cette matière comme en beaucoup d'autres, le législateur français pourrait s'inspirer utilement de certaines décisions prises par le Congrès fédéral et les législatures d'Etats (a).

(a) Législation française. — *Il n'existe pas en France de texte législatif réglementant l'emploi de la main-d'œuvre pénitentiaire et protégeant le travailleur libre contre la concurrence de cette main-d'œuvre. La question a fait l'objet de nombreuses propositions dont aucune toutefois n'a pu aboutir jusqu'à présent.* (*Voir notamment sur ce sujet les discours de MM. Georges Berry* (Journal officiel, *21 novembre 1896, p. 1661*), *Doumergue* (Journal officiel, *2 février 1899*), *Vaillant et Baudin* (Journal officiel, *2 février 1899, p. 269 et 273*), *etc.*

CHAPITRE XII

Organisation et Réglementation des Bureaux de placement

La question de l'intervention législative dans l'organisation et le fonctionnement des bureaux de placement (*employment agencies*) présente aux Etats-Unis une importance plus grande qu'en France, non seulement parce que la demande de main-d'œuvre y est plus considérable, mais encore en raison du mouvement d'immigration qui se porte vers la grande république américaine; les étrangers, dont le plus grand nombre ne sont pas de race britannique, étant plus exposés que les habitants du pays à devenir la proie d'intermédiaires peu scrupuleux, il convenait que les pouvoirs publics intervinssent en leur faveur et posassent certaines règles destinées à protéger l'offre de main-d'œuvre contre les exploiteurs. C'est ce qu'ont fait la plupart des grands Etats industriels, notamment la Pennsylvanie, le New-York, l'Illinois, le Massachusetts, etc.

Les différentes catégories d'intermédiaires entre l'offre et la demande de travail peuvent se ramener à trois : les bureaux publics et gratuits, les bureaux privés et payants, et les institutions charitables. Le législateur américain ne s'est occupé que des deux premières, la troisième ne nécessitant pas l'intervention des pouvoirs publics.

Aucun Etat n'a inscrit dans ses statuts l'interdiction de créer des bureaux de placement privés et payants. Si certains d'entre eux ont ordonné l'organisation sur leur territoire d'un ou de plusieurs bureaux publics et gratuits, tous admettent, explicitement ou implicitement, le droit de l'initiative privée à fonder et entretenir des établissements appelés à concurrencer les institutions officielles ayant le même objet.

L'organisation de bureaux de placement publics et gratuits est ordonnée dans treize Etats, mais elle n'a été prévue d'une manière précise et réalisée que dans sept d'entre eux, qui sont les suivants : Massachusetts, Colorado, Minnesota, Missouri, Illinois, Connecticut, Kansas. Les lois édictées à ce sujet sont de date assez récente : les plus anciennes remontent à une dizaine d'années. Celle du Massachusetts peut être considérée comme le modèle du genre. Elle ordonne la création d'un certain nombre de bureaux de placement, ayant à leur tête des surintendants; les fonctions de ces agents supérieurs consistent à enregistrer les offres et demandes d'emploi, et à faire insérer dans les principaux journaux des annonces attirant l'attention du public sur le mouvement de la main-d'œuvre dans les différentes professions.

Le surintendant ne pourra demander ni accepter une rétribution des patrons ou des ouvriers sous peine d'amende et d'emprisonnement. Au cas où une personne se présentant pour obtenir un emploi refuserait de répondre aux questions de l'agent, touchant son âge, sa nationalité ou le nom de son précédent patron, le surintendant n'en devra pas moins prendre note de la demande et faire les démarches nécessaires pour lui donner satisfaction.

Chaque bureau public devra comporter un local spécial réservé aux femmes.

La loi du Massachusetts se sépare des autres textes de même nature en ce qu'elle réserve les bons offices des bureaux publics et gratuits *aux citoyens du Massachusetts* ayant dûment justifié de leur qualité par un certificat de résidence délivré par les autorités municipales. Cette manifestation de protectionnisme local a pour objet d'écarter du marché du travail la population flottante.

Les lois du Missouri et du Minnesota, — qui sont identiques — la seconde, promulguée en 1907, est la transcription pure et simple de la première, notablement plus ancienne — prévoient, afin d'éviter des abus, que si le bureau trouve un emploi à un demandeur, ce dernier doit rendre réponse dans un délai de dix jours, faute de quoi le Commissaire du travail pourra prononcer contre lui l'exclusion des bureaux de placement publics pendant un temps déterminé.

La loi du Colorado, étendant les attributions du surintendant, enjoint à ce dernier de se mettre personnellement en rapport avec les principaux industriels et commerçants, au lieu de se borner à attendre dans son bureau que la clientèle vienne à lui.

Les Etats qui se sont occupés des bureaux de placement privés et payants sont au nombre de vingt-deux. Toutefois, quelques-uns d'entre eux, notamment le Montana, le Kentucky, le New-Hampshire et les Iles Hawaï se bornent à les assujettir à un droit de patente annuelle ou à une taxe unique. La grande majorité ne se sont pas contentés de ces dispositions d'ordre purement fiscal, mais ont cherché à réglementer, d'une manière plus ou moins complète, l'exercice de la profession d'intermédiaire rétribué entre l'offre et la demande de travail.

Parmi les mesures édictées à cet effet, il convient de citer les suivantes : intervention des autorités locales dans la gestion des bureaux de placement privés; obligation pour le tenancier de donner caution; limitation du montant des honoraires qu'il peut réclamer de ses clients et mise en jeu de sa responsabilité par certains faits.

La loi californienne définit ainsi le domaine d'application de ses dispositions : « Les obligations ci-après déterminées s'appliquent à toute personne ou association qui, en vue d'en tirer un bénéfice, fournit directement ou indirectement à des tiers des indications pouvant leur permettre de trouver du travail, ou prend note sur un registre des noms des personnes qui demandent un emploi. » Presque toutes les autres lois reproduisent ce texte. La législature du New-Jersey a tenu à préciser davantage, et a introduit dans sa loi de 1907 sur les « Private employment agencies » un article déclarant cette loi applicable aux « agences théâtrales et aux bureaux de nourrices ou gardes-malades (*nurses*) ».

L'ouverture d'un bureau privé est subordonnée à l'agrément des autorités locales, seules compétentes pour délivrer au propriétaire l'autorisation (*licence*) nécessaire, et qui sont investies à cet égard d'un pouvoir discrétionnaire (1). Cette *licence* est tantôt annuelle et tantôt d'une durée indéterminée, mais c'est là une question de pure forme, car la *licence* est dans tous les cas révocable, à la discrétion de l'autorité concédante. L'octroi d'une *licence* donne lieu au paiement d'une taxe perçue une fois pour toutes ou d'une patente annuelle d'une quotité élevée (2).

Le législateur américain s'est en second lieu préoccupé de restreindre autant que possible les abus des exploitants en matière de commissions ou honoraires. La loi de Californie interdit aux tenanciers de bureaux de placement, sous des peines sévères, d'exiger ou même d'accepter des clients le paiement d'une provision. Ailleurs, notamment dans le district de Colombie et en Illinois, il ne peut être versé d'avance qu'une somme minime : un ou deux dollars; encore ce dépôt doit-il être remboursé dans un délai déterminé, si à l'expiration de cette période le client n'a pas eu, soit l'emploi cherché, soit au moins une bonne occasion (*a fair opportunity*) d'en trouver une (3). Quant à la commission

---

(1) Cette autorité est : soit le maire, soit le conseil municipal, soit les commissaires de Comté ; en Pennsylvanie, le Directeur de la Sûreté publique.

(2) Maine 20 dollars par an ; Illinois 25 à 50 dollars.

(3) La provision ne peut dépasser 1 dollar d'après la loi du District de Colombie et la moitié de cette somme doit être remboursée au client

définitive, exigible dès que le demandeur a obtenu une place, elle est limitée par plusieurs textes. D'après le Code du Colorado, elle ne doit jamais excéder 5 p. 100 du salaire de l'employé pendant un mois (4), y compris la valeur représentative de la nourriture et du logement, si ces prestations sont à la charge du patron. Au New-Jersey, le taux est de 5 p. 100 quand il s'agit d'ouvriers ou d'employés à poste fixe, et de 10 p. 100 pour les agents engagés temporairement, les ouvriers agricoles et les domestiques.

Les propriétaires des bureaux de placement ne craignent pas au besoin de persuader à des clients naïfs qu'ils trouveront du travail dans un endroit déterminé, et généralement très éloigné. Ils se font payer très cher ce renseignement dont le malheureux ouvrier ou employé ne tarde pas à apprendre, à ses dépens, l'inexactitude. La plupart des grands Etats industriels et quelques autres législatures ont cherché à prévenir cet abus et, fait assez rare, les mesures prises à cet égard apparaissent comme efficaces.

La loi de Californie, déjà citée, interdit aux agents « de tenter d'engager une personne à quitter le lieu où elle se trouve actuellement pour se rendre dans une autre en vue d'y chercher du travail, si les faits allégués pour l'y décider n'ont pas été auparavant *raisonnablement contrôlés* ». Si plus tard lesdits faits sont reconnus controuvés (*short of truth*), l'agent devra rembourser à son client toutes les dépenses de caractère indispensable que celui-ci a faites « pour se rendre au lieu où il a dû aller et y séjourner le temps nécessaire ». Tous les moyens d'action employés par l'agent, paroles, brochures, insertions dans les journaux, tombent sous le coup de la loi, pourvu qu'il y ait eu entrevue entre

si une bonne occasion n'a pas été signalée à ce dernier dans un délai de 4 jours. En Illinois, les 2 dollars (maximum légal) versés par le client sont remboursables au bout de 30 jours.

(4) 3 p. 100 seulement s'il s'agit d'une femme.

lui et le demandeur. Ce texte est le plus explicite de tous, mais les autres peuvent s'y ramener.

La responsabilité des tenanciers des bureaux de placement n'est pas purement nominale. Les abus précités, comme d'ailleurs tout manquement aux prescriptions législatives et administratives concernant les bureaux privés, sont punis de peines qui peuvent s'élever jusqu'à 200 dollars d'amende, deux mois d'emprisonnement et, comme pénalité accessoire, le retrait définitif de la *licence*. Quant aux revendications des clients, elles sont garanties par l'obligation, imposée aux tenanciers par la plupart des textes, de souscrire, lors de leur demande d'autorisation, une obligation d'un montant généralement élevé, garantie par deux répondants notoirement solvables et agréés par l'administration. Le montant de ce cautionnement est de 5.000 dollars dans l'Idaho, de 1.000 dans le district de Colombie, de 500 dans l'Illinois, etc.

Les versements de provisions ou d'honoraires doivent toujours donner lieu à la délivrance d'un reçu.

La loi interdit aux tenanciers de partager les commissions ou honoraires avec les patrons, les contremaîtres, et autres agents d'entreprise ayant le pouvoir d'embaucher ou de congédier le personnel.

Cette réglementation paraît bien conçue ; elle n'a pas suffi cependant à prévenir les abus. Les associations ouvrières ont formulé de longue date des plaintes très vives contre les bureaux de placement privés. Une motion hostile à l'organisation actuelle de ces institutions a été votée en 1909 au Congrès de Toronto ; à cette occasion le délégué de la « Central Federation of Greater New-York and Vicinity » s'est exprimé en ces termes : « De la manière dont les bureaux de placement payants sont gérés, ils constituent une menace pour l'ouvrier américain, et un auxiliaire tout dévoué pour les briseurs de grèves (*Strike-Breakers*) » Ce reproche paraît fondé dans une certaine mesure, car le gouvernement fédéral a ordonné il y a quelques années une enquête sur le fonctionnement des « private employment agencies ». Les conclusions de cette enquête ne sont pas encore connues, mais tout porte à croire qu'elles seront défavorables. Il semble toutefois que le mal dont se plaignent les travailleurs américains provienne, non de l'insuffisance des lois en vigueur, mais bien plutôt de l'indifférence ou de la corruptibilité des administrations municipales. Ces dernières sont, dans tous les Etats ou presque, investies du pouvoir discrétionnaire d'accorder et de retirer les autorisations, mais elles n'exercent pas le droit de contrôle que cette prérogative leur confère indirectement, ou bien elles en abusent (a).

(a) LÉGISLATION FRANÇAISE. — *Les bureaux de placement n'ont été soumis pendant toute la seconde moitié du XIX*[e] *siècle qu'à une réglementation embryonnaire, celle du décret du 25 mars 1852. Ce dernier texte se bornait à requérir des tenanciers certaines garanties de moralité vulgaire : il ne cherchait nullement à mettre un terme à la honteuse exploitation dont les travailleurs étaient les victimes. La loi du 14 mars 1904 est venue enrayer ces abus.*

Aux termes de la loi nouvelle, les bureaux de placement payants en exercice à l'époque de sa promulgation peuvent être supprimés par décision de l'autorité municipale moyennant une juste indemnité. Aucune compensation n'est due pour les bureaux créés postérieurement à la promulgation de la loi.

Les tenanciers des bureaux payants qui subsistent ne peuvent exiger de rétribution que des employeurs : *ils ne doivent en aucun cas faire supporter de frais* aux ouvriers ou employés. *Toute infraction à cette disposition est passible d'une amende de 16 à 100 francs et d'un emprisonnement de 6 jours à 1 mois; le maximum est applicable au cas de récidive.*

Aucun hôtelier, logeur, restaurateur ou débitant de boissons ne peut joindre à son établissement la tenue d'un bureau de placement. L'inobservation de cette prescription, comme aussi la tenue d'un bureau clandestin, est passible des peines énoncées plus haut.

La loi rend obligatoire la création d'un bureau de placement gra-

tuit dans les communes de 10.000 habitants et au-dessus; dans les autres, un registre constatant les offres et demandes de travail et d'emplois doit être ouvert à la mairie et mis gratuitement à la disposition du public. Elle permet en outre aux syndicats professionnels (ouvriers, patronaux ou mixte), aux Bourses du Travail, aux compagnonnages, sociétés de secours mutuels et toutes autres associations légalement constituées, de créer des bureaux de placement gratuits, sans autres formalités qu'une simple déclaration à la mairie. Enfin, elle exempte du droit de timbre les affiches concernant exclusivement les offres et demandes de travail et d'emploi qui sont apposées par ces bureaux de placement.

CHAPITRE XIII

Protection des droits moraux et politiques de l'ouvrier

Si l'ouvrier adulte n'est pas appelé, comme l'ouvrière et l'enfant, à bénéficier aux Etats-Unis d'une protection spéciale destinée à limiter dans son propre intérêt la liberté de louer ses services, en revanche, il est l'objet de mesures particulières, dont l'objet est d'assurer le libre exercice de ses droits politiques et de quelques autres manifestations de sa personnalité.

En premier lieu, le législateur américain s'est efforcé de garantir au travailleur la pleine indépendance de son vote, que la pression patronale pourrait contrarier. A cet effet, il a édicté divers textes, destinés, d'une part, à permettre aux ouvriers d'user de leur droit de vote, et de l'autre, à réprimer la corruption électorale exercée par les employeurs vis-à-vis de leurs agents salariés.

Dans les pays latins, les élections ont lieu généralement le dimanche, aussi la plupart des travailleurs ont-ils la possibilité de faire acte de citoyens sans même que le patron ait à intervenir. Il n'en est pas de même dans les pays anglo-saxons : aux Etats-Unis comme en Angleterre, les élections n'ont lieu que les jours ouvrables; il en résulte que les ouvriers qui sont obligés de se rendre de bonne heure à leur travail ne peuvent prendre part aux opérations électorales sans demander à l'employeur l'autorisation de s'absenter. En vue de mettre fin à cette situation, la presque totalité des Etats accordent aux employés et ouvriers de « toute entreprise » le droit de quitter leur travail les jours d'élection pendant un certain temps, généralement fixé à deux heures, afin d'exercer leur droit de vote (1). Aucune déduction ne pourra être opérée sur le salaire des agents en raison de cette absence, à moins qu'ils ne soient payés à l'heure. Toutefois, afin d'éviter des abus, la loi oblige l'ouvrier à prévenir le patron au moins un jour à l'avance, et permet à celui-ci de fixer les heures pendant lesquelles l'ouvrier pourra quitter ainsi son travail (2).

L'exercice du droit de vote assuré, il convenait de mettre les salariés à l'abri, autant que possible, des tentatives de corruption électorale. A cet effet plusieurs Etats interdisent aux patrons et aux fonctionnaires des sociétés anonymes « qualifiés pour congédier le personnel » de chercher à influencer le vote de leurs employés et ouvriers en les menaçant de mise à pied, de réduction de salaire ou de renvoi. La loi de l'Alabama prévoit à cet égard une peine de 500 dollars d'amende. Quelques législatures de l'Ouest (Montana, Oregon, Utah, Tennessee, Dakota du Sud), ont élaboré des textes plus précis, et prohibent sous des peines sévères « l'apposition d'affiches électorales dans les lieux de travail » ainsi que « le paiement des salaires dans des enveloppes portant une devise ou une formule quelconque pouvant influencer le vote du personnel ». Cette pratique était en effet devenue courante dans le pays : elle est singulièrement facilitée

(1) La loi du Missouri et celle du Kentucky portent ce délai à 4 heures ; les statuts du Maryland accordent à l'agent « un temps suffisant pour voter avec maximum de 4 heures ».

(2) En fait, la plupart des Etats ont déclaré fête légale le jour des élections générales (second lundi de novembre des années où les élections ont lieu). La loi ne vise donc que les élections partielles et les ouvriers des professions ne comportant pas le chômage des jours de fête.

par ce fait que, la monnaie d'or ne circulant guère aux Etats-Unis, et les dollars d'argent eux-mêmes n'étant pas très répandus, il est d'usage de remettre à chaque agent son salaire dans une enveloppe fermée.

La loi du Nevada s'avance plus loin encore dans cette voie. Elle interdit « toute récompense ou promesse de récompense ayant pour objet d'influencer le vote d'un électeur, que cette récompense consiste en argent, en remise de dette, en paiement de frais de voyage, de loyer, de pension, *en offre d'emploi ou en augmentation de salaire* ».

La législature du Colorado a eu recours à des mesures préventives très sages : elle interdit aux patrons ou gérants de société d'accepter les fonctions de juge d'une élection, ou même celles plus modestes de scrutateur (*poll-watcher*), dans la circonscription où sont situés leurs bureaux ou ateliers.

Mais il ne suffisait pas de protéger le droit de vote du travailleur : ce dernier, dans un pays démocratique, doit pouvoir prétendre librement aux charges publiques électives. La législature du Wyoming a mis en vigueur une loi destinée à assurer le respect de ce droit. Elle punit d'une amende élevée (100 à 500 dollars) les particuliers qui renvoient un de leurs agents en raison de sa nomination à un emploi attribué par voie d'élection, qui le contraignent à se démettre d'un tel emploi, ou qui stipulent, en l'embauchant, l'engagement, à prendre par lui, de ne poser sa candidature à aucune fonction élective, lors même que l'agent serait disposé à accepter cette condition.

La loi du Minnesota et celle du Mississipi interdisent aux employeurs « de demander à leurs agents de renoncer par écrit ou verbalement à l'exercice d'un de leurs droits civils, sociaux ou politiques. »

Ces différentes dispositions sont sanctionnées par des peines plus ou moins sévères. En général les infractions aux lois précitées sont qualifiées délits (*Misdemeanor*) et punies comme telles d'amendes et d'emprisonnement à court terme. Mais dans le Minnesota, l'Arkansas et l'île de Porto-Rico, elles constituent des crimes (*Felonies, Gross Misdemeanors*), et peuvent entraîner un emprisonnement de trois années (3). Dans plusieurs Etats, la peine principale comporte diverses peines accessoires, par exemple la privation des droits politiques et même de certains droits civils pendant un temps déterminé (4).

En dehors des droits politiques, certaines manifestations de volonté parfaitement conciliables avec le contrat de travail, et autorisées, ou même recommandées par la loi, n'ont pu se produire sans se heurter, quand elles émanaient d'un ouvrier, à l'arbitraire patronal. Les faits de cette nature qui ont donné le plus fréquemment lieu à conflit sont l'engagement de l'ouvrier dans la garde nationale et son affiliation à une association ouvrière.

L'armée régulière des Etats-Unis est peu importante, mais elle est appelée en temps de guerre à être renforcée par la milice particulière de chaque Etat ; cette milice se recrute exclusivement par voie d'enrôlements volontaires. Les ouvriers qui s'enrôlaient dans la garde nationale se sont vus parfois exposés aux tracasseries du patron, voire même frappés d'exclusion. En vue de prévenir le retour de pareils faits, cinq Etats, la Californie, le Kansas, le Wisconsin, le New-York et le Washington ont élaboré des lois « pour la protection des membres de la Garde Nationale ». Le texte en vigueur dans le Kansas qualifie de délictueux le fait du patron qui refuse à un agent salarié le droit de se rendre à un exercice commandé, ou lui inflige une peine disciplinaire

(3) En Arizona, l'amende peut atteindre 5.000 dollars. Dans le New-Jersey, la récidive (*second conviction*), qu'elle concerne ou non la même infraction, est punie plus sévèrement.

(4) Dans l'Indiana, le Mississipi et l'île Porto-Rico, le délinquant est déchu pour toujours des droits politiques (*disfranchised*) et du droit d'exercer un emploi public ou de devenir fidéicommissaire (*trustee*).

pour absence fondée sur ce motif. La loi de l'Etat de Washington permet à l'ouvrier ou employé qui a dû quitter son travail pour faire son temps de service au corps de demander sa réintégration, pourvu que la durée de son absence n'ait pas été supérieure à trois mois. Cette réintégration ne peut être refusée par l'employeur sous peine d'amende et d'emprisonnement. Les trois autres Etats se sont bornés à punir l'insertion dans les règlements d'atelier d'une stipulation excluant l'embauchage, ou prononçant le renvoi des membres de la Garde Nationale.

L'affiliation à une association ouvrière, si elle n'est point recommandée par la loi, est du moins parfaitement licite, puisque les associations professionnelles sont reconnues par la loi. Aussi plusieurs Etats ont-ils interdit « de contraindre une personne à s'engager verbalement ou par écrit à ne pas faire partie d'une association ouvrière, ou à en démissionner si elle en est déjà membre ». Une autre loi, en vigueur dans le New-Jersey, a une portée beaucoup plus générale, puisqu'elle vise toutes les « associations, sociétés ou confréries ».

Toutes ces mesures sont loin d'atteindre pleinement leur objet; la corruption électorale sévit aux Etats-Unis autant, sinon davantage qu'en Europe. Elles n'en ont pas moins produit d'heureux effets (a).

(a) LÉGISLATION FRANÇAISE. — *Le seul texte français qui puisse être rapproché des précédents est la loi du 8 juillet 1901. Cette dernière interdit aux employeurs de renvoyer des ouvriers employés appelés à accomplir des périodes d'instruction militaire. En cas d'infraction à la loi, les patrons sont passibles de dommages-intérêts envers l'agent congédié.*

CHAPITRE XIV

Institutions diverses en faveur des travailleurs

On ne rencontre aux Etats-Unis qu'un très petit nombre de textes concernant des institutions d'assistance, de bienfaisance ou de prévoyance spéciales aux travailleurs. Cette quasi-abstention provient de différentes causes. Le principe de l'obligation en pareille matière est considéré par tous les esprits sérieux comme « une idée anti-américaine » (*unamerican*). Dès lors, le législateur avait le devoir de laisser l'initiative privée seule juge de l'opportunité des institutions à créer, se contentant d'intervenir pour formuler quelques prescriptions réglementaires. Or les idées de prévoyance ne sont pas encore très répandues aux Etats-Unis, malgré les progrès notables réalisés dans ce domaine depuis quinze ou vingt ans. D'autre part, dans un milieu économique où le taux des salaires est très élevé, les patrons sont peu disposés à l'accroître indirectement par des libéralités proprement dites.

La seule obligation d'assistance imposée aux patrons par la loi américaine consiste à créer et entretenir des hôpitaux à l'usage du personnel de certaines entreprises. Les Etats qui ont édicté des dispositions à ce sujet sont la Californie, le Nouveau-Mexique, l'Utah, la Virginie de l'Ouest et le Wyoming (1). Les lois

(1) Sauf celle du Wyoming, qui date seulement de 1903, toutes ces lois sont assez anciennes. Celle du Wyoming ne concerne que les ou-

des quatre derniers Etats ordonnent la création d'un ou de plusieurs hospices gratuits dans lesquels les mineurs indigents seront traités au cas d'accident ou de maladie (2). Celle du Nouveau-Mexique vise non seulement les mineurs, qui sont spécialement désignés, mais en outre tous les autres agents salariés « des sociétés anonymes qui, faisant des affaires dans l'Etat, reçoivent de leur personnel des cotisations pour service médical ». Ces entreprises sont tenues en outre d'entretenir à 1 mille 1/2 (2 km. 5) au moins de leur principale exploitation un lazaret (*pesthouse*) destiné à recueillir ceux des ouvriers ou employés qui seraient atteints de maladies contagieuses. Quant à la loi de Californie, elle impose aux sociétés minières la création simultanée d'un hôpital et d'un hospice. Le premier de ces établissements sera affecté aux ouvriers malades ou blessés; si ceux-ci sont indigents, ils seront traités à prix réduit (3). L'hospice recevra, aux frais des comtés et services officiels d'assistance, les anciens mineurs âgés ou infirmes et dénués de ressources. La loi californienne n'impose donc aux entreprises que des frais de premier établissement.

Le législateur américain ne s'occupe des institutions d'assistance de caractère facultatif que pour interdire aux employeurs de contraindre le personnel à y contribuer pécuniairement. Un *act* fédéral du 1er juin 1898 fait défense aux chefs d'entreprise d'imposer à leurs agents l'affiliation à une association ou société quelconque. D'autres textes, en vigueur dans certains Etats, notamment le New-Jersey, l'Ohio et l'Indiana (4), s'opposent à

vriers des mines exploitées en régie. La loi de la Virginie occidentale donne la préférence aux blessés par rapport aux malades en cas d'encombrement.

(2) Excepté les cas d'affection contagieuse.

(3) Ce prix ne devra pas être supérieur aux frais effectifs de séjour augmentés de la valeur des médicaments prescrits.

(4) Les lois de l'Ohio et de l'Indiana ne sont applicables qu'aux Compagnies de chemins de fer.

ce que le patron déduise du salaire « les cotisations pour entretien d'un hôpital, d'une bibliothèque, d'un restaurant, etc. », sans le consentement *écrit* et *préalable* des intéressés, pratique qui offre un moyen commode de tourner l'*act* fédéral précité. Une loi assez récente (1905) de la Caroline du Sud prévoit une hypothèse un peu différente. Il s'agit du cas où une entreprise a organisé un service destiné à distribuer des secours au personnel (*relief Department*). La loi déclare formellement « que le paiement à un employé ou à ses héritiers de la somme qui lui revient par application du règlement du service des secours ne met pas obstacle au droit de l'agent ou de ses représentants légaux de poursuivre le chef d'entreprise à raison des accidents dont l'agent a été victime par suite d'une négligence de service non imputable à ce dernier. Toute convention contraire sera nulle et non avenue.

La loi s'est à peu près complètement désintéressée des institutions de bienfaisance spécialement réservées aux ouvriers. On ne trouve en cette matière qu'un seul texte, qui est en vigueur dans l'Etat de Pennsylvanie, et pose des règles relatives au *Miner's Home*, maison de retraite privée destinée à recueillir les anciens ouvriers mineurs.

La Maison du Mineur est un établissement d'utilité publique administré par un comité de cinq membres, dont deux patrons, deux ouvriers, et un « sociologue renommé » (*well known sociologist*), tous choisis par le gouverneur. Les administrateurs pourront solliciter des subventions patronales, qui seront calculées, le cas échéant, à raison de tant de *cents* par tonne de charbon extrait, et des allocations ou cotisations ouvrières, payées par les *unions* ou par les travailleurs individuellement.

Les conditions d'admission à la Maison du Mineur sont les suivantes. En principe, l'accès de cet établissement n'est ouvert qu'aux citoyens de Pennsylvanie qui comptent vinq-cinq ans de service dans les mines de la région et soixante ans d'âge. Par exception, les victimes d'accident professionnel atteintes d'incapacité permanente de travail et les personnes qui ont contracté l'affection chronique dénommée « asthme du mineur » y sont également admises.

Le séjour à la Maison du Mineur n'est gratuit que pour les indigents. En conséquence, les aspirants devront à l'époque de leur entrée faire cession à l'établissement de tous leurs biens meubles et immeubles, sauf restitution en cas de départ.

Les femmes des pensionnaires pourront être admises à la Maison du Mineur en même temps que leurs maris, pourvu qu'elles aient atteint l'âge de cinquante-cinq ans.

En revanche une loi du Connecticut reconnaît le caractère légal de la participation aux bénéfices, laissant l'initiative privée entièrement libre d'organiser cette institution à sa guise, et une loi du Massachusetts s'occupe des facilités susceptibles d'être accordées aux agents des *corporations* (sociétés anonymes) désireux de devenir actionnaires de ces entreprises. Un *act* voté par la législature de cet Etat est venu édicter certaines règles à ce sujet de manière à prévenir les abus dont le personnel aurait pu être victime. Il permet aux *corporations*, sur délibération conforme de l'assemblée générale, d'émettre des actions réservées aux agents (*employees' stock*). La valeur nominale de ces titres est fixée à 10 dollars ; cette somme pourra être payée à raison de 1 dollar par mois. Le montant total des actions de cette catégorie ne pourra jamais représenter plus des 2/5 du capital de toute origine. Quand les résultats de l'exercice permettent le paiement d'un dividende aux actions proprement dites, les actions réservées aux agents devront recevoir l'intérêt, calculé au même taux, des sommes dont leurs titres sont libérés. La société aura le droit de limiter le nombre d'actions que chaque employé pourra posséder.

Il n'existe pas aux Etats-Unis d'institution légale de prévoyance analogue au régime français des retraites ouvrières et d'assistance aux septuagénaires nécessiteux, même à titre purement facultatif. C'est qu'en effet le système de la mise à la retraite avec pension est peu répandu dans le pays, même dans les sphères gouvernementales. Les seuls fonctionnaires fédéraux au profit desquels cette faveur ait été prévue sont, d'une part les militaires et marins de tout grade, de l'autre les juges à la Cour Suprême. Les agents dépendant des Etats particuliers sont encore moins favorisés à cet égard : les seuls qui aient des droits à une pension de retraite sont certains magistrats et fonctionnaires des prisons, encore n'est-ce que dans l'Etat du Massachusetts. Les employés municipaux sont mieux traités. Quarante-trois villes accordent des pensions, soit aux agents de police (38 cas), soit aux pompiers (37 cas), soit aux membres de l'enseignement primaire public (11 cas). En outre, neuf législatures, plus généreuses des deniers d'autrui que des leurs propres, ont imposé à certaines municipalités, ou même à toutes, l'obligation de servir des pensions aux fonctionnaires des deux premières catégories. Il en est ainsi dans le Wisconsin. le Rhode-Island, la Virginie, la Pennsylvanie, le New-Jersey, le New-Hampshire, la Louisiane, le Massachusetts et l'Illinois; ce dernier Etat ajoute même à la liste les agents du service des eaux et le personnel des bibliothèques publiques.

Ce n'est pas à dire toutefois que les pensions de retraite soient absolument inconnus dans l'industrie privée. Une enquête récente a fait connaître que 27 compagnies de chemins de fer, dont plusieurs de tout premier ordre (*New-York Central, Union Pacific, Pennsylvania*), et différentes autres entreprises, avaient organisé des caisses de retraites au profit du personnel. Il convient de citer parmi ces sociétés la *First National Bank*, la Compagnie de mines *Calumet and Hecla*, la *Standard Oil*. la Compagnie des *Freins Westinghouse* et l'*International Harvester Company*. Ce mouvement est de date assez récente : l'exemple donné dès 1884 par la Compagnie de chemins de fer *Baltimore and Ohio*, la première entreprise d'utilité publique qui ait donné des retraites à son personnel, n'a commencé à être suivie qu'en 1898.

Les Caisses de Retraites de ces diverses sociétés sont organisées sur des bases très variables. En général, elles ne sont alimentées que par les versements patronaux, bien que certains règlements de Caisses stipulent l'obligation pour les ouvriers de subir des retenues sur leurs salaires. D'ordinaire, les agents peuvent demander leur mise à la retraite à 60 ans d'âge et 20 ans de service, et sont obligatoirement rayés des cadres à 70 ans. Le taux de la pension est fixé presque toujours à raison de 1 p. 100 du salaire annuel moyen de la dernière période décennale par année de service.

Le seul Etat où la législature ait fait quelques efforts en vue d'organiser un système de retraites ouvrières est le Massachusetts. Diverses personnes, représentants du peuple ou simples particuliers, on déposé des propositions de loi de ce caractère au cours des dix dernières années; le plus récent de ces projets prévoyait l'allocation d'un pension viagère de 72 dollars aux personnes sans ressources âgées de 65 ans au moins, ayant résidé pendant vingt-cinq ans dans le Massachusetts, les dix dernières d'une manière continue. Une commission extra-parlementaire de cinq membres, nommée par le gouverneur, fut chargée d'étudier cette proposition et conclut au rejet par un rapport daté de janvier 1910. Les commissaires écartaient le principe de la retraite obligatoire comme « contraire aux idées dominantes dans l'opinion publique ». Ils rejetaient en outre le principe de la retraite même facultative, sans contribution des intéressés (système des versements par le patron et l'Etat seulement), cette institution étant « ruineuse pour le Trésor, contraire au maintien de la solidarité familiale, destructive de l'esprit d'épargne » et exerçant en outre une influence déprimante sur le taux des salaires. Enfin ils recommandaient de préférence à tout autre mode d'intervention officielle une législation favorable au développement de l'assurance mutuelle.

Le Parlement du Massachusetts, passant outre à ces conclusions défavorables, n'en mit pas moins à l'ordre du jour de sa session suivante (1910-1911) la discussion du projet de loi incriminé. A l'heure présente, la question n'a même pas encore été examinée.

La Fédération Américaine du Travail ne s'est point désintéressée de la question des retraites. Bien au contraire, elle a mené depuis quelques années une campagne énergique, quoique infructueuse, en faveur du vote par le Congrès d'un projet de loi accordant une pension à tous les fonctionnaires fédéraux justifiant de certaines conditions d'âge et de service. En outre, pour se conformer à une décision prise par le Congrès ouvrier de Toronto (1909), la Fédération a cherché à faire adopter, sans plus de succès, par le Parlement américain un autre projet instituant, sous une forme assez bizarre, un système de retraites ouvrières entièrement à la charge de l'Etat. Les grandes lignes de ce projet sont les suivantes. Toute personne âgée de 65 ans révolus, justifiant de vingt-cinq années consécutives de résidence aux Etats-Unis, et possédant la nationalité américaine depuis plus de quinze ans, pourra demander à être inscrite sur les contrôles, *tenus au Ministère de la Guerre,* de la Garde Nationale des Vieillards (*Old Age Home Guard*), quel que soit son sexe. Néanmoins deux époux ne pourront faire partie simultanément de la *Old Age Home Guard.* Le secrétaire d'Etat à la Guerre pourra, s'il le juge à propos, faire distribuer des armes et des munitions aux vieillards inscrits sur les contrôles. Le taux de la pension de retraite est fixé en principe à 120 dollars par an, mais il sera diminué dans une certaine proportion si l'impétrant possède plus de 300 dollars de biens meubles et immeubles ou jouit d'un revenu personnel supérieur à 120 dollars; en sorte qu'au delà de 1.500 dollars de fortune ou de 240 dollars de revenus, l'impétrant ne recevrait rien. Toute fraude serait punie par la suppression de la pension.

D'une manière générale, il semble que la grande république américaine ne soit pas encore mûre pour les réformes sociales déjà réalisées par certains pays d'Europe, comme la France, l'Angleterre et l'Allemagne. Mais tout porte à croire qu'il n'en sera pas toujours ainsi. L'action des associations ouvrières, fortes des résultats obtenus par le prolétariat des autres pays, triomphera à la longue des hésitations parlementaires et de la résistance patronale; à cette action se joindra d'ailleurs l'influence de la législation britannique, qui a toujours été considérable aux Etats-Unis. La résultante de ces deux forces sera l'évolution des lois ouvrières américaines vers le système de la prévoyance obligatoire sous toutes ses formes : assurance contre les accidents, contre la maladie, contre le chômage, et pensions de retraite (a)

(a) LÉGISLATION FRANÇAISE. — *Le législateur français a organisé par étapes successives, au cours des vingt dernières années, le régime de la prévoyance obligatoire pour tous les travailleurs industriels et agricoles, en assurant à ces derniers une pension de retraite, d'un montant plus ou moins élevé, suivant les circonstances spéciales aux différentes catégories de salariés; en outre, elle a prévu pour certains d'entre eux l'allocation de secours pour maladie ou infirmités.*

Cette initiative a été assez tardive, étant donné que les fonctionnaires civils et les militaires des armées de terre ou de mer jouissent depuis plus de cinquante ans du droit à une pension de retraite après un certain nombre d'années de service (Loi du 9 juin 1853 pour la plupart des agents civils, etc). Elle s'est traduite tout d'abord par des textes spéciaux aux ouvriers des mines, aux inscrits maritimes et aux agents des chemins de fer d'intérêt général, puis elle s'est manifestée, à une époque très récente, par la loi sur les retraites ouvrières et paysannes du 5 avril 1910.

I. — Ouvriers mineurs. — *Une loi du 29 juin 1894, complétée et modifiée par plusieurs textes ultérieurs (Décrets des 25 juillet et 14 août 1894, lois des 19 décembre 1894, 16 juillet 1896, 31 mars 1903) a rendu obligatoire l'institution de caisses de retraites et de secours pour les ouvriers et employés des exploitations minières. Ces caisses sont alimentées par des retenues opérées sur le salaire des intéressés et par des contributions patronales, auxquelles s'ajoutent, pour celles de la deuxième catégorie, les subventions allouées par l'Etat sur les fonds budgétaires affectés aux sociétés de secours mutuels (1 million de francs par an) et certains produits extraordinaires, comme les dons et legs qu'elles sont habiles à recevoir, étant dotées de la personnalité civile.*

Les agents dont le salaire ou les appointements excèdent 2.400 fr. par an ne bénéficient des dispositions de la loi que jusqu'à concurrence de ce chiffre.

Le prélèvement à opérer sur les salaires ou appointements est fixé à 2 p. 100, mais en ce qui concerne les caisses de secours son taux peut être abaissé au-dessous de ce chiffre par le Conseil d'administration des sociétés minières.

Le versement de l'employeur à la caisse de retraite doit être égal à la retenue sur le salaire; celui destiné à la caisse de secours est fixé à 50 p. 100 de cette retenue.

Toutefois, le taux des versements patronaux et celui des prélèvements peuvent être plus élevé si les parties sont d'accord à ce sujet. De même l'exploitant peut prendre à sa charge tout ou partie du versement dû par ses agents salariés.

L'âge de la retraite est fixé à 55 ans, sauf demande de l'intéressé tendant à la différer (en vue d'augmenter le taux de la pension); dans ce cas, les versements cesseront d'être obligatoires à partir de cet âge.

Le taux de la pension ne peut excéder 360 francs.

Les versements des deux parties devront être faits en principe à la Caisse Nationale des Retraites pour la Vieillesse, mais la loi permet aux exploitants de créer des caisses syndicales ou patronales, moyennant autorisation donnée par décret. Dans ce cas, certaines précautions sont prises pour éviter les abus et les malversations.

Les conditions d'attribution des secours en cas de maladie ou d'infirmités sont fixées, non par la loi, mais par les statuts des caisses. Les fondateurs jouissent à cet égard d'une très grande liberté: ils peuvent stipuler l'allocation de secours aux femmes et aux enfants des ouvriers ou employés, soit pour cause de maladie, soit pour cause de convocation du chef de famille à une période d'instruction militaire; ils peuvent également décider que les veuves et orphelins d'un agent décédé sans droit acquis à une pension recevront une somme déterminée, une fois payée.

Les caisses de secours sont administrées par un conseil de neuf membres au moins, dont un tiers est désigné par l'exploitant et les deux autres tiers sont élus pour trois ans parmi les ouvriers ou employés français *jouissant de leurs droits politiques et inscrits sur la feuille de la dernière paye. Pour être éligible, il faut réunir deux autres conditions: vingt-cinq ans d'âge et cinq ans d'occupation dans l'exploitation.*

II. — Inscrits maritimes. — *La loi du 21 avril 1898 a réorganisé la Caisse de Prévoyance* (Caisse des Invalides de la Marine), *à laquelle sont obligatoirement affiliés tous les inscrits maritimes âgés de dix-huit ans révolus. Cette Caisse sert des pensions dites* demi-soldes d'infirmité *aux inscrits qui sont atteints, à la suite d'un accident survenu durant un embarquement sur un navire* français, *de blessures ou de maladies les mettant dans l'impossibilité de continuer à naviguer; elle sert également des pensions aux veuves, orphelins et ascendants du premier degré des inscrits décédés de blessures ou maladies reçues ou contractées en service, et à ceux des inscrits qui étaient titulaires, au moment de leur décès, d'une demi-solde d'infirmité.*

Le taux de ces pensions varie suivant le grade de l'inscrit. Les maxima sont les suivants: demi-soldiers: 300 francs; veuves: 250 fr.; ascendants: 125 francs; orphelins de moins de dix ans: 36 francs.

Les caisses sont alimentées par des prélèvements sur le salaire des inscrits, plus ou moins élevés, suivant le grade, avec maximum de 2 francs par mois, par le versement de l'armateur, égal à celui de l'assujetti, et s'il y a lieu par des avances de l'Etat.

III. — Agents des chemins de fer. — *Le régime des retraites existait depuis de longues années déjà dans l'industrie des transports par voie ferrée, mais sans reconnaissance et à plus forte raison sans obligation légale, quand la loi du 27 décembre 1890 vint mettre les Compagnies en demeure de soumettre à l'homologation ministérielle les statuts et règlements des Caisses. Les Compagnies s'inclinèrent, mais le personnel ne se déclara pas satisfait et saisit le Parlement de ses doléances. Un projet de loi fut déposé par M. Berteaux, député. Après une longue discussion et de nombreux remaniements, il devint la loi du 21 juillet 1909.*

La loi nouvelle assure une pension de retraite aux agents des chemins de fer d'intérêt général, *écartant provisoirement du bénéfice de cette mesure le personnel des lignes* d'intérêt local. *Le droit à pension est acquis à vingt-cinq ans de service (quinze ans au cas d'invalidité dûment constatée) avec minimum d'âge variable suivant les catégories d'agents : cinquante ans pour les mécaniciens et chauffeurs, cinquante-cinq ans pour les autres employés du service actif et soixante ans pour le personnel des bureaux. Tout agent comptant quinze ans de service actif peut demander la liquidation de sa pension, mais la jouissance de cette dernière sera différée jusqu'à l'époque où le titulaire aura atteint l'âge voulu.*

Le taux de la pension a pour bases la durée des services et le traitement moyen, ce dernier étant calculé sur les six années les plus productives de la carrière de l'agent. A vingt-cinq ans de service, la pension est égale à la moitié du traitement moyen. Chaque année supplémentaire donne droit à un cinquantième en sus; chaque année en moins entraîne une déduction égale; la déduction par année d'âge en moins (au cas d'invalidité) n'est que d'un centième. Aucune pension ne peut être inférieure au dixième du traitement moyen, ni, en revanche, être supérieure à un maximum déterminé, laissé à l'appréciation des Compagnies.

Les pensions sont réversibles par moitié sur la tête des veuves ou des orphelins.

Les Caisses de retraites sont alimentées par une retenue de cinq pour cent sur les salaires ou appointements des agents, à laquelle, s'ajoutent divers suppléments: le premier mois de traitement et le douzième de toute augmentation. Ces versements viennent en déduction des charges incombant aux Compagnies.

IV. — Retraites ouvrières et paysannes. — *Les trois lois précédentes, bien qu'intéressant plusieurs centaines de milliers de travailleurs, laissent en dehors de la prévoyance obligatoire les dix-neuf vingtièmes des salariés. La loi du 5 avril 1910 sur les retraites ouvrières et paysannes est venue combler cette lacune. Elle comporte deux régimes différents: son application est* obligatoire *pour les travailleurs salariés dont la rémunération n'excède pas 3.000 fr., et* facultative *pour ceux dont la rémunération est comprise entre 3.000 et 5.000 francs. Cette importante réserve faite, sont soumis à la loi « les salariés des deux sexes de l'industrie, du commerce, des professions libérales, de l'agriculture, les serviteurs à gages, les salariés de l'Etat non placés sous le régime des pensions civiles ou militaires, les salariés des départements et des communes ». Elle ne s'adresse pas aux agents des chemins de fer d'intérêt général, au personnel des mines et aux inscrits maritimes, qui (article 10 de la loi) « demeurent respectivement soumis aux législations spéciales qui les régissent ».*

Les bénéficiaires de la loi ont droit à une retraite de vieillesse constituée par les versements des assurés, les contributions des assurés, les contributions des employeurs et les allocations de l'Etat.

Les versements des assurés sont fixes, quel que soit le taux de leur salaire; ils varient seulement suivant l'âge et le sexe des assujettis: 9 francs pour les hommes adultes, 6 francs pour les femmes adultes, 4 fr. 50 pour les mineurs de 18 ans. La contribution patronale est égale au versement du salarié. Quant à l'allocation de l'Etat, fixée à 60 francs, elle n'est acquise en totalité que si l'assuré a atteint l'âge de 65 ans et effectué au moins trente versements annuels.

Les versements des salariés et ceux des patrons s'effectuent par l'apposition de vignettes mobiles, dites timbres-retraites, *sur des cartes mensuelles établies au nom des assujettis.*

Si les ouvriers sont affiliés à une société de secours mutuels, l'encaissement des versements dus par eux pourra, sur leur demande, être confié à cette société. En outre, s'ils ont contracté des engagements envers cette dernière, pour recevoir une pension de retraite, pour construire ou acheter une petite propriété (champ ou jardin), ils pourront être autorisés à continuer l'application à ces œuvres des versements personnels auxquels la loi nouvelle les assujettit, tout en conservant le bénéfice de la contribution patronale et de la subvention de l'Etat.

D'autre part, lorsque la retraite en cours d'acquisition dépassera 180 francs, l'assuré pourra à toute époque, et après examen médical, affecter la valeur en capital du surplus soit à une assurance en cas de décès, soit à l'acquisition d'une terre ou d'une habitation qui deviendra insaisissable *et* inaliénable.

Les comptes individuels des assurés seront ouverts à leur choix à la Caisse Nationale des Retraites pour la Vieillesse ou à une caisse privée (société de secours mutuels, caisse patronale ou syndicale de retraite, etc.) soumise au double contrôle des ministères du Travail et des Finances. La gestion des caisses privées est confiée à la Caisse des Dépôts et Consignations; elle a lieu sans frais. Les placements autorisés sont énumérés limitativement par la loi.

L'âge normal de la retraite est de 65 ans. Toutefois, l'assuré peut demander la liquidation anticipée de sa pension à partir de 55 ans: dans ce cas, l'allocation de l'Etat subira une réduction proportionnelle.

En outre, les assurés qui seront atteints, en dehors des cas régis par la loi du 9 avril 1898 (sur les accidents du travail) et à l'exclusion de toute faute intentionnelle, de blessures graves ou d'infirmités prématurées entraînant une incapacité absolue et permanente de travail, auront droit, quel que soit leur âge, à la liquidation anticipée de leur retraite; cette dernière sera bonifiée par l'Etat sur des crédits spéciaux ouverts par la loi annuelle de finances.

Les femmes et enfants d'un assuré décédé avant d'avoir été pourvu d'une pension de retraite recevront une allocation en capital, à condition que l'assuré ait effectué au moins les trois cinquièmes des versements annuels obligatoires. L'allocation est de 150 francs pour les veuves sans enfants *et de 200 à 300 francs, suivant leur nombre, par groupe d'enfants âgés de moins de seize ans.*

La loi vise les travailleurs étrangers aussi bien que les travailleurs français. Toutefois, les premiers ne bénéficient de la contribution patronale et de l'allocation de l'Etat que si un traité entre la France et leur pays d'origine a prévu en faveur de nos nationaux des avantages équivalents. Dans le cas contraire, il n'y a pas lieu à allocation budgétaire et le montant de la contribution patronale est versé au fonds de réserve organisé par la loi.

Des dispositions spéciales ont été prévues en faveur de certaines catégories de personnes qui, tout en ne rentrant pas à proprement parler dans la classe des salariés, vivent dans une condition très voisine de la leur. La loi admet facultativement au bénéfice de la retraite de vieillesse les « fermiers, cultivateurs, artisans et petits patrons qui habituellement travaillent seuls ou avec un seul ouvrier et avec des membres de leur famille ». La cotisation est de 6 francs au minimum pour les métayers; l'affiliation de ces derniers au régime des retraites entraîne pour le propriétaire l'obligation de verser une somme égale à la cotisation du métayer, avec maximum de 9 francs. Pour les autres, les versements annuels seront de 9 francs au minimum et de 18 francs au maximum par assuré. L'Etat allouera aux uns et aux autres une majoration annuelle égale au tiers des versements effectués.

Ces dispositions sont également applicables aux salariés qui sont assurés *facultatifs, c'est-à-dire dont le gain annuel est compris entre 3.000 et 5.000 francs.*

CHAPITRE XV

Enseignement, examens et stages professionnels

Contrairement à ce qui s'est passé dans le domaine agricole, l'enseignement industriel est encore à l'état embryonnaire dans la Fédération américaine, tout au moins en ce qui concerne son cycle inférieur, car la haute culture scientifique est dispensée par toutes les Universités des Etats-Unis. On ne compte dans le pays tout entier que 24 écoles professionnelles, soit un peu plus d'un établissement par quatre millions d'habitants. Si presque toutes ces institutions reçoivent une subvention de l'Etat sur le territoire duquel elles se trouvent, la plupart ne sont que des fondations charitables, au budget desquelles le subside officiel fournit un modique appoint.

Cette insuffisance du nombre des établissements d'enseignement technique aux Etats-Unis a pour conséquence de priver l'immense majorité des jeunes Américains des bienfaits de l'instruction professionnelle. Comme le constatait récemment M. Ittner, président du Comité de l'Enseignement à l'Association des Manufacturiers Américains, sur dix-huit millions d'enfants qui fréquentent les écoles publiques, dix-sept millions quittent l'école à l'âge fixé par la loi sans avoir jamais connu l'enseignement professionnel ; quant aux autres, la plupart reçoivent quelques leçons de travaux manuels, plus ou moins bien données par des instituteurs. Il en résulte que, sauf un petit nombre d'exceptions, les jeunes Américains abordent la vie industrielle dans des conditions déplorables : ils optent pour un métier quelconque, le plus souvent au hasard, et sans aucune espèce de préparation. Aussi, faute de connaissances techniques, sont-ils fréquemment contraints de changer plusieurs fois d'établissement ou d'industrie, ou se voient-ils réduits à travailler comme simples manœuvres. Cet état de choses, déjà très fâcheux en ce qui concerne les jeunes garçons, est encore plus défectueux pour les jeunes filles qui ignorent tout à la fois leur métier manuel et la tenue du ménage

L'opinion publique s'est émue de cette situation à la suite d'une campagne énergique menée parallèlement depuis plusieurs années par la Société Nationale d'Enseignement Industriel, la Fédération Américaine du Travail et l'Association Nationale des Manufacturiers Américains. Les efforts des deux dernières sont à retenir, comme émanant de groupements composés exclusivement d'hommes de métier.

Les représentants des patrons et ceux des ouvriers sont pleinement d'accord sur la nécessité de réorganiser et de développer l'enseignement technique. Mais loin de s'entendre sur les moyens à employer pour obtenir ce résultat, ils s'accusent mutuellement d'être opposés à la réforme qu'ils reconnaissent pourtant les uns et les autres être indispensable.

L'Association Nationale s'est particulièrement occupée de l'enseignement industriel au cours de ses deux dernières réunions annuelles dont les rapports sont actuellement publiés (1909-1910). Les rapporteurs spéciaux, MM. Ittner, président, et Higgins, membre de la Commission d'Etudes, après avoir discuté la question d'une collaboration avec les chefs du mouvement ouvrier, concluent négativement, en raison de l'hostilité profonde des Trade Unions envers l'enseignement industriel. « Autant vaudrait, dit M. Ittner, proposer au diable et à ses diablotins de concourir à la propagation de la religion chrétienne. » — « Confier l'organisation de l'enseignement technique aux Fédérations ouvrières, ajoute M. Higgins, c'est comme si l'on confiait l'agneau au loup ou le poulet à l'épervier. » D'autre part, appréciant la situation actuelle, ils constatent qu'elle représente un progrès notable par rapport à ce qu'elle était quelques années auparavant, mais ne la jugent pas moins avec beaucoup de rigueur. Tout est à refaire : le caractère de l'enseignement n'est pas suffisamment pratique, chaque maître se laissant guider par sa fantaisie ; on ne cherche pas à utiliser les aptitudes naturelles des enfants. Bref, des millions de dollars ont été dépensés en pure perte. Les élèves sortis des écoles industrielles d'aujourd'hui ne tiennent pas à travailler de leurs mains : ils n'aspirent qu'à des emplois « où l'on ne risque pas de salir son faux-col » (*white-collar jobs*), qu'à des places de chefs de bureau (*roll-top desk positions*). Non seulement ils ne savent pas faire grand'chose à l'atelier, mais encore ils ne veulent pas y travailler.

Après avoir dressé ce sévère réquisitoire contre l'enseignement professionnel américain, M. Higgins ébauche un plan de réorganisation de cette institution. Ce projet, qui a été approuvé à l'unanimité par l'Association Nationale des Manufacturiers Américains, peut se résumer ainsi.

Les ouvriers de tout âge et de tout sexe ont besoin de connaître la technique de leur métier, sous peine, en temps de crise, d'aller grossir l'armée des sans-travail. Mais en outre, les femmes et jeunes filles, « ménagères actuelles ou virtuelles » (*actual or potential home-makers*), doivent être mises à même de diriger convenablement leur intérieur. De là la nécessité d'organiser un double enseignement pour elles : instruction technique d'une part, économie domestique de l'autre.

Les jeunes enfants, garçons ou filles, seraient appelés à suivre pendant quatre années consécutives, de 14 à 18 ans, des leçons d'enseignement industriel, données pendant la journée. Les adultes, à qui leurs occupations ne permettent pas de bénéficier de cet enseignement, pourraient fréquenter des *cours du soir,* dont le programme, nécessairement plus restreint, serait réduit à l'indispensable. Quant aux jeunes gens qui, pour une raison quelconque, seraient obligés de débuter à l'atelier ou au magasin avant l'âge de 18 ans — et il est à craindre que cette catégorie n'englobe la grande majorité d'entre eux, — ils seraient appelés à profiter d'une création pédagogique nouvelle, le système Schneider, ainsi nommé d'après son fondateur, le professeur Herman Schneider, doyen du Collège Industriel de l'Université de Cincinnati. Ce système repose sur l'entente préalable des patrons et des directeurs d'écoles techniques. Il consiste à embaucher à l'atelier ou à l'usine deux ou trois équipes de jeunes gens; chaque équipe assiste à tour de rôle aux cours industriels pendant que l'autre (ou les deux autres) travaille. Le roulement peut être quotidien ou bi-hebdomadaire, bien qu'il serait préférable de le rendre hebdomadaire. La méthode Schneider est dès à présent appliquée avec succès dans plusieurs grandes villes, notamment à Cincinnati, par l'auteur, et à Grand-Rapids (Michigan), où une entente est intervenue à ce sujet entre l'Ecole Industrielle et les fabricants de meubles. D'autres combinaisons analogues à la précédente ont donné de bons résultats. Ainsi plusieurs grands magasins de Cincinnati envoient la moitié ou le tiers de leurs jeunes vendeurs à l'Ecole pratique de Commerce aux heures où la clientèle est peu nombreuse, comme de 8 heures à 10 heures du matin. De même, à Chicago, l'industrie du bâtiment chômant durant les mois d'hiver, les entrepreneurs, les unions ouvrières et les directeurs d'une école technique se sont mis d'accord pour faire suivre aux jeunes ouvriers et apprentis des cours spéciaux tant théoriques que pratiques.

Ces différents systèmes ont donné de bons résultats, mais ils ne laissent pas de présenter un point faible : si nombre de patrons sont disposés à laisser libres les jeunes gens à certaines heures de la journée, tous n'acceptent pas de leur payer le plein salaire.

De son côté, la Fédération Américaine du Travail a examiné la question de l'enseignement professionnel au Congrès de Toronto (1909) et entendu la lecture d'un rapport présenté sur ce sujet par le Comité d'Etudes de quinze membres nommé à cet effet l'année précédente. De son côté, le président Georges Gompers avait profité d'un voyage en Europe pour se documenter personnellement.

Le rapport du Comité d'Etudes ne se borne pas à constater l'insuffisance numérique des établissements d'enseignement technique industriel. Il formule en outre contre le caractère même de l'enseignement quatre reproches, dont trois paraissent justifiés.

En premier lieu, dit le rapporteur du Comité, le plan des études est conçu et organisé de manière à spécialiser le futur ouvrier dès son entrée à l'école; cette spécialisation est excessive : si l'élève acquiert par ce procédé une grande habileté dans une des branches de sa future profession, il ne reçoit aucune notion concernant les autres branches, de telle sorte que si la main-d'œuvre devient par la suite trop abondante dans sa spécialité, il est exposé à se trouver sans travail, et incapable de gagner sa vie, ce qui ne serait pas arrivé si son instruction technique avait été plus étendue.

En second lieu, il est généralement admis « que l'école professionnelle ne peut à elle seule produire un ouvrier habile, prêt à voler de ses propres ailes (*Full fledged*). Le vieil apprentissage, si critiquable par certains de ses côtés, n'était pas cependant sans valeur, et « il y aurait avantage à ressusciter certains de ses traits, en les combinant avec l'idée moderne de la perfection théorique ».

Les organisateurs de l'enseignement industriel ont d'ailleurs commis une faute plus grave que l'excès de spécialisation ou de théorie dans le plan d'études. Ils ont considéré l'instruction professionnelle comme devant être le privilège d'une minorité. En réalité, tous ont un droit égal à acquérir le bagage de connaissances indispensable pour réussir dans la lutte pour la vie. L'enseignement technique doit être gratuit et ouvert à tout le monde : le budget des Etats pourvoira à la dépense. Il doit en outre s'adresser à la fois aux jeunes apprentis (enseignement *préparatoire*) et aux adultes, déjà anciens dans le métier, désireux de compléter leur instruction professionnelle (cours de *perfectionnement*)

On ne peut qu'approuver ces critiques ainsi que le plan de réorganisation ébauché par la Commission d'Etudes. Il n'en est pas de même d'un autre reproche adressé par cette Commission à l'enseignement technique américain : elle accuse les maîtres d'être à la dévotion des patrons et de faire de leurs élèves des « sarrasins » (*scab-workers*) et des briseurs de grève (*strikebreakers*), hostiles dès le début même de leur carrière industrielle à leurs pères et à leurs frères les ouvriers syndiqués. Cette critique semble, sinon tout à fait injuste, du moins très exagérée.

Les conclusions du Comité d'Etudes ont été approuvées par le Congrès de Toronto, et la Commission Exécutive de la Fédération a été chargée de proposer au Ministère du Commerce et du Travail une enquête contradictoire sur la réorganisation de l'enseignement technique industriel. Cette proposition n'a pas encore été prise en considération par le Gouvernement Fédéral.

Les accusations que les représentants des patrons et ceux des ouvriers profèrent les uns contre les autres au sujet de leur attitude respective vis-à-vis de l'enseignement technique apparaissent comme empreintes d'une telle animosité qu'on ne peut les accueillir sans de sérieuses réserves. En revanche il y a beaucoup à retenir des projets de réforme exposés par les deux parties. Le système de M. Ittner est très ingénieux, bien que son principal élément, la méthode Schneider, soit de nature à soulever de graves objections de la part de certains chefs d'entreprise. Quoi qu'il en soit sur ce point, il semble que l'enseignement technique devrait être gratuit et accessible à tous, comme le demande la Fédération Américaine du Travail, et se présenter sous deux formes différentes, dont chacune s'adresserait à une clientèle distincte : instruction complète, à deux degrés, pour les adolescents; cours du soir, purement élémentaires, à l'usage des ouvriers.

L'inexpérience professionnelle des travailleurs n'est en général nuisible qu'aux intéressés eux-mêmes et au patron; ce dernier est en effet exposé à subir de ce chef des pertes matérielles. Il en est autrement de certains métiers, et notamment de ceux qui consistent à rendre au public des services personnels. Dans ces professions, la clientèle est appelée à subir, elle aussi, les conséquences de l'ignorance et de la maladresse des novices. Le législateur américain, assez indifférent aux questions d'enseignement technique, s'est ému des risques qu'un ouvrier mal préparé à l'exercice de son métier pouvait faire courir aux clients. Plusieurs Etats ont subordonné le droit d'aborder certaines professions à des conditions d'âge, à l'accomplissement d'un stage minimum, et à un examen subi devant un jury permanent. Ces diverses obligations s'imposent aussi bien aux aspirants patrons (*masters*) qu'aux aspirants ouvriers (*journeymen*). Le récipiendaire qui a satisfait à ces diverses exigences de la loi est investi, moyennant le paiement d'une somme minime, d'une licence qui lui donne le droit d'exercer sa profession.

Une réglementation de ce caractère s'applique, dans quatorze Etats, aux barbiers. Les textes édictés à cet effet sont identiques, à quelques détails près. Le plus ancien date de 1898 : il émane de la législature du Maryland. Ses dispositions essentielles sont les suivantes : les personnes qui désirent exercer la profession de barbier doivent avoir atteint l'âge de dix-neuf ans révolus, n'être pas affectées d'une maladie contagieuse, être de bonnes vie et mœurs (*of a good moral character*), justifier de trois années d'apprentissage, et subir un examen devant un jury d'Etat. Les juges, astreints au versement d'un cautionnement élevé, doivent avoir exercé leur profession pendant cinq années au moins. Les candidats barbiers devront justifier de leur compétence professionnelle, et en outre faire preuve « d'une connaissance suffisante touchant les maladies de peau et du cuir chevelu pour leur permettre d'éviter de les aggraver chez le patient ou de les répandre dans l'exercice de leur profession ». La licence peut être révoquée pour crime, ivrognerie habituelle, malpropreté habituelle de la boutique ou des instruments, ou enfin pour fait grave d'incompétence professionnelle (*Gross incompetence*).

Toute personne qui exerce la profession de barbier sans être munie d'un certificat est passible d'une amende de 100 dollars.

La législature du Michigan avait inséré dans le texte de sa loi sur la même matière une disposition interdisant de conférer le certificat aux étrangers (*aliens*). Cette mesure de protectionnisme a été déclarée inconstitutionnelle par les tribunaux.

Six Etats, dont celui du Maryland et les îles Hawaï, ont institué vers la même époque un régime à peu près semblable en ce qui concerne la profession de maréchal ferrant : toutefois il n'est applicable que dans les villes importantes. La loi du Maryland date de 1898 : elle ne concerne que Baltimore et sa banlieue. Le jury d'examen se compose d'un vétérinaire, de deux maîtres maréchaux et de deux ouvriers. Pour se présenter à l'examen, il faut justifier de trois années d'apprentissage. La loi ne règle pas les conditions de cette épreuve, mais un texte analogue, voté un peu plus tard dans l'Etat d'Ohio, prévoit à cet égard des interrogations et exercices pratiques portant à la fois sur la technique du métier (*workmanship*) et sur l'anatomie du cheval.

En raison du rôle important joué par les plombiers dans l'organisation sanitaire des villes, quinze Etats, dont ceux de New-York, de Pennsylvanie, de Massachusetts et d'Illinois, ainsi que le district de Colombie et l'île de Porto-Rico, ont soumis les patrons et ouvriers désireux d'exercer ce métier à un examen professionnel. Les premières lois votées à ce sujet émanent du Congrès, agissant comme autorité législative du district de Colombie, et de la législature du Maryland : elles datent de 1898.

Les examens auxquels sont soumis les aspirants plombiers sont, comme les précédents, de caractère mi-théorique et mi-pratique. La loi du district de Colombie exige « que le candidat soit en état d'écrire lui-même sa demande d'admission ».

La plupart de ces textes ne s'appliquent qu'aux villes d'une certaine importance.

Deux lois plus récentes (elles datent seulement de 1905), en vigueur dans le Minnesota, interdisent de confier, dans les localités importantes, les fonctions de garçon d'ascenseur ou d'électricien à une personne qui ne serait pas munie d'un certificat d'aptitude délivré par un jury spécial.

Des prescriptions un peu différentes concernent, dans certains Etats, les agents du service actif des Compagnies de chemins de fer ou de tramways. Mais cette fois l'examen prévu est subi devant un fonctionnaire supérieur de l'entreprise elle-même, un chef de service ou son représentant, et non plus devant un jury officiel. En Géorgie, les télégraphistes « chargés d'envoyer ou de recevoir des messages concernant le mouvement des trains » sont soumis à ce régime et doivent justifier de leur compétence professionnelle ; en outre, la loi exige qu'ils aient atteint l'âge de 18 ans et accompli un stage minimum d'une année. Un texte plus récent (1908) en vigueur dans le même Etat exige que les mécaniciens des compagnies de chemins de fer justifient, avant de pouvoir servir en cette qualité, soit de trois années de pratique comme chauffeur de locomotive, soit d'une année passée dans ces dernières fonctions et de quatre années de stage comme ouvrier d'atelier.

Une loi du Texas (1909) soumet les aspirants mécaniciens des chemins de fer à un stage de trois ans comme chauffeurs et les apprentis conducteurs à un stage de deux ans comme vigies, le tout sous peine de sanctions prononcées, non pas contre la Compagnie, mais contre les employés eux-mêmes (1).

Une loi de l'Alabama assujettit à des épreuves particulières une catégorie d'agents beaucoup plus nombreuse. Aux termes de ce texte, les mécaniciens, chauffeurs, pilotes, chefs de train, vigies, aiguilleurs et poseurs de la voie ont à subir, avant d'être autorisés à entrer en fonctions, un examen d'aptitude physique (santé, vue, ouïe), et de compétence (connaissance des lois et règlements, pratique du métier), ainsi qu'une enquête portant sur leur moralité et leur sobriété. Si une Compagnie venait à employer un agent compris dans l'énumération ci-dessus sans lui avoir fait subir l'examen prescrit par la loi, elle serait passible d'une amende considérable (2). Ce texte est celui qui se rapproche du régime français, lequel résulte de simples arrêtés ministériels, et impose aux agents des services actifs de la voie ferrée des épreuves d'ordre médical et d'ordre technique.

Deux lois récentes (1909), en vigueur dans les Etats de New-York et du Minnesota, visent seulement l'instruction générale de certains agents ; elles interdisent d'employer comme mécaniciens « des personnes ne sachant lire ni les indicateurs ni l'écriture ordinaire », prescription qui, semble-t-il, ne devrait pas avoir besoin d'être formulée. Une loi de l'Ohio exige d'autre part que les nettoyeurs et d'autres agents inférieurs « soient capables de parler et d'écrire couramment l'anglais ».

Une loi de l'Etat de New-York, analogue à celle de l'Alabama, concerne le personnel actif des entreprises de tramways. La même catégorie d'agents est soumise dans le Washington à un régime très différent ; les compagnies de tramways sont autori-

(1) 25 à 500 dollars d'amende par jour d'usurpation de fonctions.

(2) 100 à 500 dollars d'amende par contravention. Cette loi, déférée aux tribunaux, a été déclarée constitutionnelle comme n'excédant pas les pouvoirs de police appartenant à chaque Etat dans les limites de son territoire.

sées à confier à des débutants les fonctions de receveur ou celles de wattman, à condition de les faire accompagner par un autre agent au courant du service.

D'autres prescriptions en vigueur dans la plupart des Etats réglementent les conditions d'admission des mécaniciens des bateaux à vapeur, des chauffeurs de machines fixes, ou, mais plus rarement, des chauffeurs et des mécaniciens en général. Elles présentent un caractère trop technique pour qu'il puisse être question de les examiner ici.

Les dispositions réglementaires relatives aux examens et stages professionnels ont été provoquées simultanément par les praticiens eux-mêmes, désireux d'éliminer les incompétents, et par l'opinion publique en général. Les associations ouvrières, sans avoir joué un rôle actif dans leur élaboration, ce qu'elles ont tenté de faire en matière d'enseignement proprement dit, n'ont jamais laissé échapper une occasion de manifester l'intérêt qu'elles portaient aux mesures de ce caractère. On ne saurait trop imiter leur exemple sur ce point, et préconiser l'adoption par les Parlements européens de textes ayant pour objet la protection de la clientèle contre les opérateurs malhabiles (a).

(a) LÉGISLATION FRANÇAISE. — *L'enseignement technique industriel se donne en France dans trois catégories d'établissements, dont chacune s'adresse à une clientèle scolaire différente.*

I. — *L'enseignement supérieur est représenté par* l'Ecole centrale des Arts et Manufactures, *fondée en 1829, et assujettie au contrôle de l'Etat (ministère du Commerce) en 1857, et par l'*Ecole nationale des Ponts et Chaussées, *créée en 1747; cette dernière relève du ministère des Travaux Publics. Toutes deux sont destinées à former des ingénieurs d'une haute culture scientifique. La première est payante, la seconde gratuite.*

II. — *Le degré intermédiaire est constitué par les* Ecoles nationales d'Arts et Métiers, *au nombre de cinq, qui ressortissent au ministère du Commerce. L'objet de ces écoles est de former des praticiens, ingénieurs ou contremaîtres supérieurs, qui compensent l'infériorité de leur culture scientifique par une possession complète de la technique d'un métier. Leur création est déjà ancienne, puisque les deux premières ont été ouvertes par Napoléon Ier. Elles sont régies par plusieurs textes dont le plus récent est le Décret du 5 janvier 1901 Ces écoles sont payantes, mais, comme elles sont placées sous le régime unique de l'internat et que le prix de pension est peu élevé, on peut dire que l'enseignement est donné gratuitement.*

III. — *Les écoles élémentaires, d'où sortent des contremaîtres et ouvriers instruits, sont assez nombreuses mais ne remontent qu'à vingt ou vingt-cinq ans au plus. Elles se subdivisent en plusieurs groupes:*

1° Ecoles manuelles d'apprentissage *et* Ecoles primaires supérieures professionnelles. — *Ces établissements, au nombre d'une vingtaine, dont deux pour les jeunes filles, se rapprochent de beaucoup des précédents. La principale différence qu'ils présentent avec eux est qu'ils sont entretenus aux frais des départements et des communes, et non à ceux de l'Etat; encore les traitements du personnel sont-ils à la charge de ce dernier. Les Ecoles municipales professionnelles de la Ville de Paris:* Ecole Diderot (*métaux et bois*), Ecole Boulle (*industries du mobilier*), Ecole Estienne (*industries du livre*), *appartiennent à cette catégorie. L'enseignement y est gratuit.*

3° Ecoles pratiques de commerce et d'industrie. — *Ces écoles, créées par la loi du 26 janvier 1892 et régies par le Règlement d'administration publique du 23 février 1893, sont, pour la plupart, des établissements mixtes où l'enseignement commercial et l'enseignement manufacturier se donne parallèlement. Cependant, un certain nombre d'entre elles sont purement industrielles et l'une est, par contre, purement commerciale. En tout, il en existe 70, dont 57 pour les garçons et 13 pour les filles. Elles sont destinées à former des ouvriers et ouvrières habiles et instruites. On y enseigne le travail du fer, le travail du bois et diverses spécialités industrielles variables d'une école à l'autre, mais toujours choisies parmi celles de la région dont chaque établissement est le centre. Leur régime est la gratuité.*

*En dehors de ces établissements entretenus aux frais de l'Etat, ou du moins reconnus et subventionnés par lui, il existe en France un assez grand nombre d'institutions libres, comme l'*Institut industriel du Nord de la France, *à Lille, l'*Ecole Centrale Lyonnaise, *de Lyon, l'*Ecole Supérieure d'Electricité, *de Paris, etc.*

L'enseignement propre aux industries minières est donné dans quatre établissements: l'Ecole Nationale Supérieure des Mines, *de Paris, fondée en 1747,* l'Ecole Nationale des Mines, *de Saint-Etienne, et les deux* Ecoles de maîtres ouvriers mineurs. *Les deux premières sont appelées à former des ingénieurs, les deux dernières, des contremaîtres. Les programmes de celles-ci sont identiques. Ceux de celles-là sont très voisins l'un de l'autre, avec cette différence qu'à l'Ecole de Paris la part faite aux connaissances théoriques est plus considérable qu'elle ne l'est à l'Ecole de Saint-Etienne.*

La population scolaire de l'ensemble des établissements d'enseignement technique est d'environ 20.000 personnes, chiffre qui paraît très faible si on le rapproche de celui des jeunes gens des deux sexes employés dans l'industrie, qui est voisin d'un million. Cinq pour cent à peine des soldats de la grande armée industrielle sont donc à même d'apprendre la technique de leur métier avant d'avoir à l'exercer; encore ce nombre comprend-il tous les chefs supérieurs (ingénieurs) et une partie des chefs subalternes (contremaîtres). Cette situation est d'autant plus déplorable que l'apprentissage subit depuis de longues années une crise qui paraît sans remède.

La question de la réorganisation de l'enseignement technique est depuis longtemps à l'ordre du jour. Elle a fait, en dernier lieu, l'objet d'un rapport de M. Astier, député, déposé le 9 mars 1909, et repris le 9 juin 1910. Ce rapport, auquel était annexé un projet de loi, n'a pas encore été discuté.

D'autre part, on ne trouve en France qu'un très petit nombre de textes imposant un examen technique officiel aux personnes désirant exercer une profession déterminée. Les mécaniciens et chauffeurs de locomotives sont bien astreints à une épreuve pratique, mais cette dernière a lieu devant un représentant de la Compagnie, sans l'adjonction d'un agent de l'Etat. Sans doute aussi, les conducteurs de voitures automobiles sont tenus de subir un examen devant un ingénieur de l'Etat avant de pouvoir obtenir le permis de conduire, mais cette mesure s'applique à tout le monde, compris les propriétaires de voitures désirant conduire eux-mêmes, et, non seulement, aux agents salariés. On ne peut guère citer comme institution comparable aux lois américaines étudiées dans le présent chapitre que l'examen imposé aux cochers de l'agglomération parisienne avant tout exercice de leur profession. Cette épreuve est subie devant une commission administrative.

CHAPITRE XVI

Histoire et statut légal des Associations professionnelles aux Etats-Unis (1)

Les associations professionnelles existent depuis très longtemps aux Etats-Unis : les syndicats ouvriers du pays (*unions*) sont contemporains de la guerre de l'Indépendance. Mais le groupement de ces petites collectivités entre elles, pour former des *unions centrales*, en vue d'une action commune, n'est apparu que cinquante ou soixante ans plus tard, d'abord dans la Nouvelle-Angleterre, puis dans le pays tout entier. Le mouvement s'est étendu au cours des dix années qui suivirent la guerre de Sécession, mais tout en restant encore purement régional : c'est ainsi que l'on voit apparaître les *Chevaliers du Travail* en Pennsylvanie, les *Chevaliers de l'Industrie* dans l'Illinois et le Missouri, l'*Union Amalgamée du Travail* dans l'Ohio. A la suite du Congrès de Rochester (1876), les unions des différentes spécialités de la métallurgie se groupent pour constituer l'*Association Amalgamée des Ouvriers du Fer et de l'Acier,* qui compte des représentants dans dix-sept Etats : c'est une nouvelle étape dans la marche

(1) On trouvera des indications plus détaillées sur l'histoire du mouvement ouvrier aux Etats-Unis dans l'intéressant ouvrage de M. Vigouroux : « La concentration des forces ouvrières dans l'Amérique du Nord ». (Livre II).

vers la concentration des forces ouvrières en un seul organisme, « idée qui était déjà dans l'air » (2). Cette idée prit corps cinq ans plus tard. Les associations régionales, après de laborieux pourparlers, s'entendirent pour tenir à Pittsburg, en novembre 1881, une Convention dont l'objet était la fusion de ces collectivités en une seule. De cette Convention sortit la *Fédération des Trade Unions organisées des Etats-Unis et du Canada,* dont fut élu président un ouvrier cigarier, M. Samuel Gompers. L'entente ne fut pas cependant complète : les Chevaliers du Travail, la plus puissante des associations convoquées à prendre part à la Convention, refusèrent de fusionner avec les autres. Depuis, ils sont toujours restés en lutte avec la Fédération. Cette attitude ne leur fut pas favorable, car le nombre de leurs affiliés a toujours été en déclinant, en sorte qu'ils ne constituent plus aujourd'hui dans le monde des travailleurs organisés qu'une minorité peu importante. Le déclin de cette association s'explique principalement par ses allures de société secrète.

Tout autre est l'histoire de la Fédération Américaine du Travail. A l'époque de sa création, cette société comptait 260.000 adhérents. Elle eut une existence assez agitée jusqu'en 1886, époque où elle se transforma pour devenir la *Fédération Américaine du Travail,* porte-parole de 600.000 travailleurs américains et canadiens, chiffre qui a triplé aujourd'hui (3). Durant la même période, le budget de la *Fédération* a centuplé et au delà, passant de 2.000 à 200.000 dollars.

L'organisation de l'*American Federation of Labor* est la suivante : la pierre angulaire de cette association est l'*union de métier,* groupement de tous les travailleurs organisés appartenant à une même profession; la plupart de ces unions de métier, qui

(2) VIGOUROUX, *op. cit.,* Livre II, chap. 1er, p. 113.

(3) Chiffre au 11 novembre 1912, date du Congrès annuel : 1.770.145 membres.

parfois portent des noms un peu différents, comme Fraternité (*Brotherhood*), ou Association, sont internationales, c'est-à-dire qu'elles ont juridiction à la fois sur les Etats-Unis et sur le Canada. Elles élisent des délégués chargés de les représenter à la Convention annuelle de la Fédération. Pour des raisons purement matérielles, le nombre de ces délégués n'est pas rigoureusement proportionnel à l'importance numérique de chaque *union de métier*, mais cette anomalie est sans importance, car le chiffre de suffrages dont chaque groupe de délégués dispose en cas de vote est fixé à raison de une voix par cent membres ou fraction de cent membres affiliés à l'union. En 1887, au Congrès de Pittsburg, on comptait seulement 25 *unions de métier;* en 1912, ce chiffre avait considérablement augmenté : il y en avait 124.

Les groupements subordonnés aux unions nationales ou internationales, c'est-à-dire les simples unions locales, ne sont pas représentées aux Conventions, parce que leurs intérêts se confondent avec ceux des précédentes. En revanche, d'autres collectivités également affiliées à la Fédération ont obtenu leur entrée à la Convention, mais avec une seule voix chacune : ce sont les *fédérations urbaines,* émanation de toutes les unions locales existant dans une même ville, sans distinction de métier ; les *unions d'Etat,* qui jouent le même rôle que les précédentes dans un cadre plus étendu ; et enfin les *unions de plusieurs métiers,* groupes nationaux ou internationaux de professions connexes. Ces dernières, de création récente, sont au nombre de quatre, savoir : les *Railroadmen* (cheminots), les Travailleurs du Bâtiment, les Ouvriers en Métaux et les Unions des *Label Trades* (4). Toutes ces collectivités ont été admises à prendre part aux travaux des Conventions par pure courtoisie, comme d'ailleurs les suivantes

---

(4) Les *Label Trades* sont les professions qui ont pour objet la fabrication de certains produits sur lesquels les ouvriers peuvent apposer une étiquette ou mettre une estampille destinée à servir de marque syndicale.

qui, elles, ne sont pas affiliées à la Fédération, mais ont toujours entretenu des relations de vive sympathie avec elle :

L'Association des Fermiers ;

L'Association des Unions purement canadiennes ;

La Ligue nationale des Trade Unions de femmes ;

L'Union des Eglises chrétiennes d'Amérique. Cette dernière est toujours représentée par un pasteur, qui ouvre la Convention par la récitation d'une prière.

Enfin les Trade Unions britanniques, en vertu d'un arrangement spécial, envoient deux délégués aux Conventions de la Fédération.

Le personnel dirigeant, qu'on pourrait appeler le pouvoir exécutif de l'*American Federation of Labor,* est élu annuellement par les Conventions. Il se compose d'un président, de huit vice-présidents, d'un secrétaire et d'un trésorier. Le premier et les deux derniers reçoivent un traitement, très élevé en ce qui concerne le président (5.000 dollars) et le secrétaire (4.000 dollars) ; ils sont en revanche assujettis à un cautionnement assez important.

Tous les métiers de quelque importance sont aujourd'hui groupés en *Unions nationales* affiliées à la Fédération. On rencontre aussi sur cette liste deux catégories professionnelles dont l'une ne figure pas sur celle des syndicats européens et l'autre n'y est inscrite que depuis peu : les acteurs et les musiciens. Les Unions nationales les plus nombreuses sont les mineurs, les menuisiers-charpentiers, les mécaniciens, les typographes, les commis des magasins de détail, les confectionneurs, les travailleurs du bois et les peintres.

Le budget de la Fédération est alimenté au moyen de cotisations ainsi fixées. Chaque union locale doit verser au trésorier de la Fédération une somme de 10 cents par tête d'affilié et par mois ; cette capitation est réduite à 2 cents si la majorité des membres n'ont pas encore atteint l'âge de dix-huit ans. De leur côté, les Unions nationales et internationales doivent acquitter une taxe de un demi cent par tête d'affilié et par mois. Les autres groupements, fédérations d'Etats, fédérations municipales, etc., ne paient qu'un droit fixe.

Si puissante que soit la Fédération du Travail, il existe encore aux Etats-Unis quelques groupements corporatifs indépendants. Sans parler des Chevaliers du Travail, aujourd'hui réduits à quelques milliers, cinq unions nationales ont refusé jusqu'à ce jour de reconnaître la suprématie de l'American Federation of Labor. Quatre d'entre elles groupent des agents de chemins de fer, suivant leur spécialité : ce sont la Fraternité des Mécaniciens (*Brotherhood of Locomotive Engineers*), l'Ordre des Conducteurs de chemins de fer (*Order of Railway Conductors*), la Fraternité des Mécaniciens et Chauffeurs (*Brotherhood of Locomotive Firemen and Engineers*) et la Fraternité des Agents des Trains (*Brotherhood of Railway Trainmen*). Le nombre total des membres de ces organisations est d'environ 250.000. Des efforts très considérables ont été déployés durant les dernières années en vue de les rattacher à la Fédération, et tout permet d'espérer que cette tentative sera bientôt couronnée de succès. Les perpectives sont moins favorables en ce qui concerne la cinquième grande union indépendante, l'Union Internationale des Maçons et Limousinants (*International Union of Bricklayers and Masons*), qui compte environ 50.000 membres.

Le législateur américain est resté indifférent aux tentatives d'organisation ouvrière jusqu'au jour où les unions locales ont commencé à se grouper pour former des associations régionales ou nationales, voire internationales. A partir de ce moment, les pouvoirs publics se sont efforcés de canaliser l'activité des travailleurs organisés. Sans doute il n'y avait pas lieu de craindre que les nouveaux groupements se mêlassent au mouvement politique, comme l'avaient fait avant eux les Chevaliers du Travail, ces associations s'étant toujours cantonnées sur le terrain des revendications professionnelles. Mais en raison du nombre de leurs adhérents et des ressources dont elles disposaient, les unions régionales ou générales étaient de nature à porter ombrage aux autorités de divers ordre, Etats et gouvernement fédéral. Aussi le Congrès des Etats-Unis, peu avant la reconstitution de l'*American Federation of Labor* (1886) et plusieurs Législatures, à des dates différentes, ont prévu et subordonné à des prescriptions réglementaires la création des associations ouvrières.

L'*Act* du Congrès fédéral du 29 juin 1886 reconnaît la personnalité civile aux *National trade unions*. La définition qu'il donne de ces groupements corporatifs est très large : elle embrasse toutes les collectivités ouvrières supérieures aux simples unions locales. Ce sont « toutes les associations de travailleurs (*working people*) ayant deux ou plusieurs sections dans les différents Etats ou territoire, et constituées en vue, soit de développer l'habileté professionnelle, soit de défendre les intérêts corporatifs en matière de salaires, de durée de la journée de travail, ou de conditions du travail; soit de réunir des fonds destinés à secourir les associés malades, infirmes ou victimes du chômage, ainsi que leurs familles; soit enfin de réaliser toute autre fin légale ». La loi fédérale se montre donc très libérale sur ce point.

Pour jouir de la reconnaissance légale, les *trade unions* sont tenues de faire enregistrer leurs statuts au bureau du *recorder* de Washington et de payer un droit d'enregistrement d'ailleurs peu élevé. L'accomplissement de cette formalité leur assure la possession et l'exercice des droits suivants : ester en justice; acquérir et aliéner des biens meubles et immeubles, sans cependant pouvoir posséder des immeubles autres que ceux qui leur sont nécessaires pour assurer leur fonctionnement ; disposer de leurs biens, ainsi que des fruits et revenus en provenant, conformément à leurs statuts.

La loi fédérale de 1886 ne prescrit rien relativement à la teneur des statuts. Toutefois, un *act* postérieur, celui du 1er juin 1898, qui édicte les dispositions relatives à l'arbitrage et la conciliation dans les différends professionnels, contient une prescription à cet égard. Il déclare formellement que les statuts des *National Trade Unions* devront contenir une clause prévoyant la radiation d'office de tout membre qui prendrait part à des actes de violence contre les personnes ou les propriétés, qui se ferait l'instigateur de ces actes, ou qui tenterait par la force, la menace ou l'intimidation d'empêcher un ouvrier de travailler pendant les grèves, les lock-outs et les boycottages.

La loi fédérale reconnaît en outre aux *national trade unions* le droit d'établir des *branches* (sections) partout où elles le jugeront convenable. Cette prérogative présente un intérêt considérable : elle a pour effet de rejeter au second plan les lois régionales relatives aux associations professionnelles. Aussi la plupart des législatures se sont-elles abstenues de formuler des prescriptions relatives à ces dernières; d'ailleurs les textes mis en vigueur par celles qui ont cru devoir se prononcer sur la question sont presque tous antérieurs à 1886.

Onze Etats seulement ont reconnu d'une manière formelle le caractère légal des unions ouvrières et les ont soumises à des prescriptions réglementaires (5). Cette législation s'inspire des mêmes principes généraux que la loi fédérale; toutefois, dans plusieurs Etats, elle se sépare de la précédente en ce qu'elle formule certaines restrictions au sujet, soit de l'organisation de ces associations, soit de tels ou tels actes de leur vie intérieure. Ainsi les lois du Michigan et de l'Iowa limitent la durée statutaire des unions à trente et à cinquante ans respectivement. Celles du Maryland, de l'Iowa, du Texas et de la Pennsylvanie exigent que les fondateurs soient en majorité citoyens des Etats-Unis ou même citoyens de l'Etat (6). Le Massachusetts détermine

---

(5) Iowa, Louisiane, Maryland, Massachusetts, Michigan, Nébraska, New-Jersey, New-York, Pennsylvanie, Texas, Wyoming.

(6) La loi de Pennsylvanie exige que la majorité des fondateurs

les conditions auxquelles est subordonnée l'exclusion d'un membre (7), et l'Iowa réglemente la question de la dissolution anticipée (8). Ces deux dernières dispositions tendent à assurer le respect des minorités plutôt qu'à sauvegarder les droits de l'Etat.

Le Massachusetts et la Louisiane réduisent singulièrement la liberté d'action des associations corporatives en les obligeant à soumettre leurs statuts au contrôle administratif, représenté dans le premier de ces Etats par le *commissaire des Corporations* et dans le second par le *district attorney;* ces deux fonctionnaires sont investis à cet égard d'un pouvoir discrétionnaire.

Toutes les lois, sauf celle du Wyoming, interdisent aux unions de posséder des immeubles autres que ceux où sont installés leurs services.

L'Ohio ne s'est occupé des associations ouvrières que pour convertir en un droit fixe les droits proportionnels d'enregistrement auxquels seraient assujetties ces sociétés si elles se faisaient enregistrer comme corporations.

Si la grande majorité des Etats ont jugé, à bon droit d'ailleurs, qu'il était inutile de reconnaître la légalité des *unions* d'une manière explicite, la plupart d'entre eux l'ont admise sous une forme détournée, en attribuant à ces associations certains droits privatifs, sanctionnés par des mesures énergiques prévues contre les usurpateurs.

---

soient citoyens des Etats-Unis; celle du Texas et de l'Iowa, que deux d'entre eux au moins soient citoyens de l'Etat. La loi du Maryland est plus rigoureuse encore; elle stipule que tous les fondateurs devront justifier de la nationalité américaine et que la majorité d'entre eux devront avoir leur domicile au Maryland.

(7) Cette mesure, pour être valide, doit être prononcée en assemblée générale, à la majorité des trois quarts; en outre, le quorum de cette assemblée est fixé à la moitié plus un des membres inscrits.

(8) Une association ouvrière ne peut être dissoute par anticipation qu'à la suite d'un vote conforme émis par les trois quarts de ses adhérents.

On rencontre dans quarante-deux Etats, notamment dans le Massachusetts, l'Illinois, le New-York, la Pennsylvanie, l'Ohio et le Missouri — tous les grands Etats industriels — des lois qui ont pour objet d'assurer aux organisations ouvrières la propriété des marques ou estampilles syndicales. Ces lois ne diffèrent les unes des autres que sur des points de détail. A s'en tenir aux traits essentiels, leurs dispositions communes sont les suivantes. Toute personne, association ou union d'ouvriers peut adopter une étiquette, estampille ou marque, destinée à faire reconnaître que les produits ou objets revêtus de cet emblème ont été fabriqués, préparés, emballés ou mis en vente par les soins de cette personne, association ou union. Si le propriétaire de cette marque, étiquette ou estampille en fait le dépôt en double exemplaire au bureau du secrétaire d'Etat, il acquiert par ce seul fait un droit absolu sur elle. Il pourra désormais poursuivre l'apposition frauduleuse ou la contrefaçon de cet insigne distinctif, ainsi que la mise en vente. d'objets qui en seraient revêtus. Les contrevenants seront passibles d'une amende de 100 à 200 dollars, d'un emprisonnement de trois mois à un an et de dommages-intérêts (9).

D'autres textes prévoient et punissent certaines manœuvres frauduleuses tendant à faire passer pour membre d'une association ouvrière une personne qui n'y est pas affiliée, comme l'émission et l'usage de cartes syndicales fausses ou truquées (10) ou le port des insignes d'une union, avec intention de tromper (11).

Le New-Hampshire et la Pennsylvanie répriment plus sévèrement que ne le comporterait le droit commun l'escroquerie et la

---

(9) Ce texte est celui d'une loi du Connecticut, de date ancienne. mais revisée en 1907.

(10) Minnesota, New-York, Wisconsin, Géorgie (ces deux dernières lois ne sont applicables qu'aux unions d'agents de chemins de fer).

(11) Loi de la Pennsylvanie; peine encourue par les contrevenants: 100 dollars d'amende, avec contrainte par corps pouvant s'élever jusqu'à 60 jours.

tentative d'escroquerie commises au préjudice d'une union par un membre de son comité de direction.

Une autre loi, votée en 1904 par la législature de l'Etat de New-York, punit de peines assez rigoureuses quiconque corrompt ou tente de corrompre un membre d'une association de travailleurs « en vue d'influencer ses actes et décisions ou de l'engager, soit à susciter, soit à conjurer une grève ».

Enfin trois Etats de l'Ouest ont imposé dans certains cas aux autorités administratives l'obligation de faire appel aux travailleurs syndiqués, à l'exclusion des autres. Une loi du Nebraska (1903) oblige les villes d'une catégorie déterminée à faire exécuter par des ouvriers syndiqués leurs travaux de voirie (pavage, construction d'égouts), à les payer au tarif syndical et à leur accorder la journée de huit heures. Le Montana défend de faire usage dans les services publics d'imprimés ou de fournitures de bureau ne portant pas l'estampille de l'*Union Typographique Internationale;* en cas de contravention à cette disposition, le fonctionnaire chargé de recevoir les livraisons sera puni d'une amende de cinquante dollars. Le Nevada formule une interdiction semblable à la précédente, mais dont la portée est toutefois limitée aux rapports et brochures de caractère officiel.

* * *

La création de la *Fédération Américaine du Travail* avait fait naître dans les milieux patronaux de très vives et très légitimes appréhensions, dont les événements ne tardèrent pas à montrer le bien-fondé. Les patrons luttaient de leur mieux, individuellement ou par petits groupes, contre la nouvelle organisation; mais après quinze années de combat incessant, certains d'entre eux résolurent d'emprunter les armes de l'adversaire, et de fonder une grande Fédération des chefs d'entreprise. Ce projet aboutit en 1895, par la création de l'*Association Nationale des Manu-*

facturiers des Etats-Unis (National Association of the Manufacturers of the United States). Cette société, qui a son siège à New-York, s'est constituée sous le régime des *voluntary corporations,* type prévu par la loi new-yorkaise, et que l'on peut définir de la manière suivante: entreprise commerciale anonyme par sa forme, association de propagande et de solidarité par son objet. Ces institutions ne peuvent réaliser des bénéfices : toutes leurs ressources doivent être employées dans l'intérêt général.

L'Association Nationale s'est imposé un programme très vaste. Elle se propose de coopérer simultanément « au développement de l'industrie américaine et du mouvement commercial des Etats-Unis, tant intérieur qu'extérieur, à la défense de la liberté individuelle des droits des travailleurs et de ceux des chefs d'entreprise, à l'amélioration des rapports entre patrons et ouvriers, à la mise en vigueur de lois favorables aux principes de liberté et de propriété, enfin à la lutte contre la législation hostile à ces deux principes ». Ses membres se réunissent tous les ans à New-York, en vue d'entendre le compte rendu des travaux de la dernière année et de se concerter sur la ligne de conduite qui sera suivie durant l'année à venir.

En droit, l'Association Nationale est ouverte à tout le monde; mais en fait, elle n'est accessible qu'aux industriels ou commerçants de quelque importance. La cotisation est fixée à un chiffre élevé : 50 dollars; d'ailleurs l'admission des membres n'est pas une simple formalité : elle est subordonnée à un vote favorable du Conseil d'administration. Ce dernier se compose d'un président (actuellement M. John Kirby jeune, de Dayton, Ohio), d'un trésorier, et de dix-neuf *directors* (administrateurs), auxquels sont adjoints divers agents administratifs.

La société s'intéresse particulièrement au problème de la main-d'œuvre et aux différentes questions qu'il soulève. Toutefois, elle ne borne pas là ses efforts; bien au contraire, elle s'occupe de toutes les questions qui touchent au mouvement industriel et commercial des Etats-Unis. Ses deux derniers comptes rendus annuels traitent notamment des points suivants : l'organisation de l'enseignement technique, amélioration des voies de communication, abaissement des tarifs de transport, réforme du régime de la circulation fiduciaire, unification de la législation civile.

Après des débuts difficiles, l'*Association Nationale des Manufacturiers Américains* est entrée dans une période de pleine prospérité. Elle compte plus de 3.500 adhérents, au nombre desquels figurent les principaux industriels et commerçants du pays. Elle est l'âme d'une autre association, beaucoup moins active toutefois, le *National Council of Industrial Defence*, qui réunit 186 syndicats de patrons tant municipaux que régionaux ou nationaux. En sorte qu'aujourd'hui elle joue dans le monde patronal un rôle à peu près équivalent à celui que la *Fédération Américaine du Travail* tient dans les milieux ouvriers.

Bien que les relations entre les deux grandes associations professionnelles des Etats-Unis soient actuellement empreintes d'une hostilité très vive, il est permis d'espérer qu'il n'en sera pas toujours ainsi. Un jour viendra sans doute ou, plus conscientes de leurs véritables intérêts, elles cesseront de s'ignorer volontairement, et négocieront entre elles de puissance à puissance. A l'époque présente, la répétition successive, sur différents points du territoire américain, des mêmes différends professionnels, compromet la bonne marche des affaires. Si l'*Association Nationale* et la *Fédération* pouvaient s'entendre pour évoquer autant que possible les conflits locaux et les régler d'un commun accord par des décisions de principes, amiables ou arbitrales, applicables à tous les cas similaires, elles mettraient fin à une incertitude qui trouble périodiquement le marché américain et rendrait ainsi au pays tout entier un inappréciable service (a).

(a) LÉGISLATION FRANÇAISE. — *Il existait sous l'ancien régime des associations professionnelles qui portaient le nom de corporations.*

Ces corporations avaient un double but : faire respecter les droits et privilèges du corps de métier au cas où d'autres corps auraient voulu y entreprendre et faire respecter les règlements et usages du travail à l'intérieur du corps de métier. La loi du 14-17 juin 1791 les supprima et interdit toutes associations professionnelles. Cependant, il s'en forma au cours du XIXe siècle qui furent tolérées quoique illégales; les premières chambres syndicales ouvrières apparurent vers 1862; des associations patronales s'étaient déjà créées antérieurement.

La loi du 21 mars 1884 vint rendre légale la libre constitution de syndicats ou d'associations professionnelles entre « personnes exerçant la même profession, des métiers similaires ou des professions connexes ». Elle détermine que « les syndicats professionnels ont exclusivement pour objet l'étude et la défense des intérêts économiques, industriels, commerciaux et agricoles; qu'ils peuvent ester en justice, employer les sommes provenant des cotisations, mais qu'ils ne peuvent acquérir d'autres immeubles que ceux nécessaires à leurs réunions, à leurs bibliothèques et à des cours d'instruction profesionnelle. Ils peuvent sans autorisation constituer entre leurs membres des caisses spéciales de secours mutuels et de retraites; ils peuvent aussi créer et administrer des offices de renseignements pour les offres et les demandes de travail.

Il peut se former des unions de syndicats, mais ces unions ne peuvent posséder aucun immeuble ni ester en justice.

CHAPITRE XVII

Réglementation de l'action externe des Associations professionnelles

---

Le principal moyen d'action dont disposent les travailleurs en vue de faire aboutir leurs revendications est la cessation collective du travail, en d'autres termes la grève. De son côté, l'employeur a parfois recours à un procédé analogue, destiné à exercer une contrainte sur son personnel : le *lock-out,* ou fermeture générale des ateliers.

Les grèves sont aujourd'hui très nombreuses aux Etats-Unis : on en a compté 716 en 1911 (contre 861 en 1908), intéressant 73.000 travailleurs (contre 116.000 en 1908). En ce pays plus qu'en tout autre elles donnent fréquemment lieu à de regrettables abus : de là la nécessité d'une intervention législative en cette matière.

La légitimité du droit de faire grève ou *lock-out* et celle du droit de propagande qui en est le corollaire sont partout admises aux Etats-Unis ; mais cette admission n'est le plus souvent qu'implicite. Si certains textes reconnaissent formellement l'action et la propagande grévistes, la plupart se contentent de ne pas l'interdire.

Le droit de grève est reconnu par la loi des Etats suivants . Pennsylvanie, Texas, Californie, Maryland, Minnesota, New-

Jersey, Virginie de l'Ouest, North Dakota, auxquels il convient d'ajouter la colonie de Porto-Rico. Le texte de la Virginie de l'Ouest ne concerne que l'industrie minière. Les autres ont une portée très générale. La loi du Texas consacre formellement le droit des ouvriers affiliés à une *trade union* « d'inciter une personne à travailler ou à ne pas travailler pour quelqu'un, à condition que ce soit par des moyens légaux et pacifiques et sans bris de clôture (*trespassing*) ». Celle de la Pennsylvanie proclame « qu'un ouvrier, employé ou journalier, agissant, soit comme simple particulier, soit comme membre d'une société ou association quelconque, peut légalement refuser de travailler pour quelqu'un en alléguant, soit l'insuffisance du taux des salaires, soit l'attitude *brutale ou blessante* (brutal or offensive) du patron, soit ce fait qu'en continuant son travail il contreviendrait aux statuts d'une société ou association dont il fait partie ».

La légalité du *lock-out* n'est proclamée ni contestée par aucune décision législative ; cette omission du législateur, peut-être voulue, ne présente aucun inconvénient, car la logique veut que la grève patronale soit assimilée à la grève des ouvriers au point de vue des conséquences légales. Telle a été d'ailleurs la solution consacrée par la jurisprudence. La Cour d'appel de New-York a en effet décidé ce qui suit : « Une association de manufacturiers a le droit de prononcer le *lock-out* contre des ouvriers affiliés à une union, en raison des exigences formulées par eux et considérées comme exagérées par les manufacturiers ; réciproquement, une organisation ouvrière a un droit égal à tenter de dissuader les clients d'une entreprise de faire à l'avenir des affaires avec elles. »

Si le législateur américain a autorisé, ou du moins s'est abstenu d'interdire la grève et le *lock-out*, il s'est départi de cette attitude de neutralité dans certaines circonstances. D'une part, il a limité le droit de cessation collective du travail dans l'industrie des transports par voie ferrée ; de l'autre, il a prévu et puni les abus auxquels peut donner lieu l'exercice du droit de grève dans une entreprise quelconque.

Les agents des services actifs des entreprises de transport en commun ont entre leurs mains la sécurité des voyageurs. On ne peut par suite autoriser ces agents à quitter leur service quand bon leur semble, sous peine de faire courir de graves dangers à des tiers. Aussi onze Etats, notamment le New-York, le New-Jersey, l'Illinois et la Pennsylvanie, ont-ils interdit aux agents des trains et de la traction, sous des peines assez rigoureuses, d'abandonner le convoi ou véhicule confié à leurs soins avant de l'avoir conduit à destination; par analogie, les tiers — agents en dehors du service ou simples particuliers — qui troublent ou tentent de troubler l'exploitation des entreprises de transport en commun, en vue de favoriser un mouvement gréviste, sont passibles des mêmes peines.

La loi la plus complète et la plus précise en cette matière est celle de la Pennsylvanie, reproduite textuellement par la suite dans les Codes du Delaware et du New-Jersey (1903). Ses principales dispositions sont les suivantes :

Aux termes de cette loi, si un mécanicien, conducteur, serre-freins, garde-bagages ou autre agent attaché au service des trains de voyageurs ou de marchandises abandonne son poste, refuse de remplir ses fonctions ou néglige de le faire, avant que le convoi ne soit parvenu à destination, agissant ainsi dans l'intention, soit de faire grève, soit de favoriser le mouvement gréviste, il sera puni d'une amende de 100 à 500 dollars et d'un emprisonnement de six mois.

Les mêmes peines sont applicables au cas où l'un des agents précités refuse ou néglige de faire transiter par les rails de sa Compagnie le matériel appartenant à un réseau étranger dont le personnel est en grève ou se dispose à faire grève.

Ces diverses dispositions concernent les agents en service commandé (*in the discharge and performance of their duty*). D'autres visent le fait des tiers : simples particuliers ou agents en dehors du service. D'après la loi pennsylvanienne, quiconque trouble, moleste ou gêne (*interferes with, molests or obstructs*) un employé de chemin de fer en service, quels que soient les motifs de cette attitude, est passible des mêmes peines que ci-dessus. Si d'autre part une personne quelconque obstrue les voies, détruit ou endommage le matériel fixe ou roulant, prend possession de ce matériel ou tente d'empêcher le personnel régulier d'en faire usage, ou s'efforce de persuader les employés, par l'appât d'une récompense, de quitter le service, le tout en vue de favoriser un mouvement gréviste, elle est passible d'une amende de 500 à 1.000 dollars et d'un emprisonnement de six mois à un an.

L'exercice du droit de grève subit donc des restrictions importantes dans l'industrie des transports par voie ferrée. De même que les autorités compétentes des différents Etats croiraient de leur devoir d'intervenir si les compagnies concessionnaires venaient à interrompre leur service en vue d'exercer une contrainte sur leur personnel, de même ces autorités s'opposent à ce que les agents ou des tiers puissent compromettre l'exploitation de ces entreprises sous couleur de faire aboutir des revendications professionnelles.

Cette réserve faite, la cessation collective du travail et la fermeture concertée des ateliers ou magasins sont licites par elles-mêmes dans toutes les entreprises. Mais quand la propagande gréviste ou anti-gréviste cesse d'être pacifique et conciliable avec l'ordre public (*peaceful and orderly*) pour faire appel à la violence et à l'intimidation, elle devient par ce seul fait illégale. Tel est, par exemple, le cas des ouvriers qui mettent à l'index (*boycott*) une entreprise coupable à leurs yeux de faire des affaires avec l'employeur qu'ils ont quitté pour se mettre en grève, ou le travailleur indépendant qui refuse de s'affilier à une organisation, ou encore le patron qui ne paie pas ses ouvriers au tarif syndical; tel est aussi le cas des patrons qui, après avoir congédié un ouvrier pour faits de grève, inscrivent son nom sur une liste noire (*black-listing*), communiquée aux autres employeurs de la même industrie, avec l'intention d'empêcher cet ouvrier de trouver du travail. De même, tombent sous le coup de la loi le gréviste qui a recours à des menaces ou à des mauvais traitements (*intimidation, interference*) pour empêcher un non-gréviste de travailler, et l'employeur qui, au lieu de faire appel aux autorités, cherche à se faire justice à lui-même en embauchant des hommes armés étrangers à son personnel (*hiring armed guards*) en vue de tenir tête aux grévistes dont l'attitude devient menaçante.

La législation contre les abus du droit de grève (et éventuellement du droit de *lock-out* est très complexe aux Etats-Unis : elle se compose d'une loi fédérale en date de 1890 et de nombreux textes propres aux différentes législatures d'Etats.

La loi fédérale du 2 juillet 1890, plus connue sous les noms d'*Antitrust law* ou de *Sherman act*, n'est pas particulière aux incidents de l'agitation gréviste : sa portée est au contraire très générale. Ce texte déclare illégaux et punit comme tels « tout contrat, toute combinaison présentant ou non la forme d'un *trust* et toute entente secrète (*conspiracy*) ayant pour objet de *restreindre* ou de *monopoliser* le commerce entre les Etats ou avec les pays étrangers. Toute personne qui prend part à l'une de ces manifestations illégales est passible de peines sévères : 5.000 dollars d'amende et une année d'emprisonnement. Mais, en outre, quiconque aura éprouvé un préjudice par suite de ces menées peut poursuivre le coupable en dommages-intérêts pour une somme égale au triple du montant du dommage subi.

Le *Sherman Act* est principalement dirigé contre les grands syndicats de production ou de vente ; toutefois, il n'est pas douteux qu'il vise aussi accessoirement les associations ouvrières, quand leurs agissements ont pour effet de restreindre les relations commerciales entre les Etats ou entre la République américaine et les pays étrangers. La Fédération Américaine du Travail a contesté cette application du *Sherman Act,* en soutenant « qu'il n'était pas dans l'intention du législateur de faire tomber la propagande des travailleurs organisés sous le coup de la loi sur les *trusts* ». Cette assertion tendancieuse est démentie par les faits. Au cours de la discussion du *Sherman Act,* un des membres de la Commission sénatoriale chargée d'examiner de projet de loi (*Judiciary Committee*) ayant présenté un amendement tendant à excepter les associations ouvrières de ses dispositions, cet amendement fut rejeté après intervention hostile du sénateur Edmunds, président de la Commission. C'est donc à dessein que le législateur fédéral n'a pas fait mention des organisations ouvrières dans le texte de la loi. Il convient de noter que cinq législatures ayant mis en vigueur, à l'exemple du Congrès, des lois de répression chargées contre les « combinaisons ayant pour objet de restreindre ou de monopoliser le commerce intérieur » ont pris soin d'indiquer formellement que les « organisations de travailleurs » échappaient à ces prescriptions.

L'interprétation du *Sherman Act* donnée par l'*American Federation of Labor* est en outre contraire à la jurisprudence, qui est unanime sur ce point. La Cour Suprême s'est prononcée seize fois contre les prétentions de cette association. La première décision rendue en pareille matière date de 1893 ; elle a confirmé le jugement de la Cour de Circuit de la Nouvelle-Orléans. La Cour Suprême a déclaré qu' « un boycott porté contre la fabrication, la vente et le transport d'un article de commerce général constituait bien une tentatitve de restriction du commerce entre les Etats ».

Un an plus tard (1894), les ouvriers des ateliers *Pullman* s'étant mis en grève, une conférence où étaient représentés les 150.000 membres de l'Union Nationale des Chemins de fer américains décida de refuser d'atteler aux trains les wagons Pullman. Sur plainte de la société, la Cour de Circuit de Chicago prononça une *injunction* contre les chefs du mouvement, leur ordonnant, conformément aux règles de la procédure d'*équité,* de lever le boycott. Les agitateurs n'ayant pas tenu compte de cette sommation furent condamnés pour mépris de la Cour (*contempt of Court*) à des peines variant de trois mois à six mois d'emprisonnement. La sentence fut confirmée en appel par la Cour Suprême des Etats-Unis. Cette dernière juridiction déclara, à la suite des premiers juges, « qu'une organisation ouvrière, en interdisant à ses adhérents de manutentionner le matériel d'une entreprise avec qui elle est en difficulté, tombait sous le coup de la loi *Sherman* ».

Plus récemment (1908) la Cour Suprême a été appelée à se prononcer sur un autre litige qui a fait lui aussi beaucoup de bruit dans le pays. Il s'agissait d'un conflit survenu entre l'*Union des Ouvriers Chapeliers de l'Amérique du Nord* et la maison Lœwe, de Danbury (Connecticut), au cours duquel l'organisation ouvrière avait cherché par représailles à priver son adversaire de sa clientèle. La Cour Suprême, sur plainte des patrons, ouvrit une enquête; elle apprit que l'Union, qui avait antérieurement à l'affaire conclu une entente « pour la paix industrielle » avec soixante-dix des quatre-vingt-deux fabricants de chapeaux du pays, avait signifié à ses co-adhérents, dès le début des hostilités avec la maison Lœwe, d'avoir à cesser toutes relations d'affaires avec cette dernière. Suffisamment édifiée, la Cour rendit un jugement aux termes duquel l'*Union des Chapeliers* était reconnue coupable de violation de l'*Antitrust Law,* et condamnée à payer des dommages-intérêts à la maison Lœwe. Conformément à la loi, le taux des dommages-intérêts était fixé au triple du montant du préjudice subi par les plaignants. Cette sentence fut l'objet d'une violente protestation de l'*American Federation of Labor.*

Les lois locales relatives aux abus qui dérivent de l'exercice du droit de grève ou s'y rattachent sont très différentes suivant les Etats. La législature du Texas a voté en 1903 une *Antitrust Law* analogue à l'*act* fédéral de 1890, mais plus explicite, en ce qu'elle qualifie également de trusts les ententes de caractère commercial et les simples associations de personnes. Les autres Etats ont eu recours à des mesures d'une portée restreinte. Parmi les prescriptions qu'ils ont édictées en vue de réglementer les conflits du travail, les unes visent les actes de coercition de toute espèce, (violence, menaces, etc.) et particulièrement ceux qui sont commis par les ouvriers envers d'autres ouvriers, par exemple par des syndiqués contre des non-syndiqués. Un second groupe de textes concerne les moyens illicites employés par les patrons, soit pour se défendre contre leurs agents en grève, soit pour exercer contre eux des représailles. D'autres enfin s'occupent du cas inverse : celui où les ouvriers cherchent à nuire au patron.

Seize Etats, parmi lesquels l'Illinois, la Pennsylvanie, le New-Jersey, le New-York et le Minnesota, prévoient et punissent le délit d'*interference,* c'est-à-dire l'emploi de la violence et des menaces, quand cet emploi a pour objet « de contraindre une personne à faire ou à ne pas faire un acte qu'elle a légalement le droit d'accomplir ou de ne pas accomplir ». Ces textes ont une portée qui excède les limites du droit ouvrier; mais l'intention du législateur, en leur donnant force de loi, a été principalement ou même exclusivement de réprimer les abus du droit de grève. La loi la plus précise en cette matière est celle de l'Etat de New-York, que l'on retrouve textuellement dans les statuts du Minnesota. Cette loi n'a pas d'ailleurs le mérite de l'originalité, car elle est la reproduction pure et simple de l'article 7 du *Conspiracy and Protection Act* britannique de 1875. Elle considère comme délictueuses les manœuvres suivantes :

1° Actes de violence vis-à-vis de la personne sur qui l'on cherche à exercer une contrainte, ou sur un membre de sa famille;

2° Menaces de dommage personnel ou matériel adressées à cette personne;

3° Destruction partielle ou totale d'un objet ou bien réel appartenant à cette personne;

4° Fait de priver cette personne de vêtements, instruments

et outils lui appartenant ou de l'empêcher d'en faire usage.

Des dispositions à peu près identiques sont prévues par les lois du Wisconsin, du Kentucky et de la Géorgie. La loi de l'Illinois vise seulement le bris de clôture (*trespassing*) des entreprises industrielles; ce délit est puni de 6 mois d'emprisonnement et de 200 dollars d'amende.

L'*intimidation,* caractérisée par l'emploi de la violence ou de menaces d'un dommage corporel ou matériel, est un cas particulier de l'*interference.* Ce délit est visé par les lois de dix-neuf Etats et celle de la colonie de Porto-Rico. Toutefois, parmi les législatures qui figurent sur cette liste six avaient déjà prévu des dispositions, d'ailleurs assez vagues, visant le délit d'*interference :* tel est notamment le cas de l'Alabama, du Rhode-Island et du New-Hampshire. La loi du Connecticut, que l'on peut considérer comme la loi type en pareille matière, est ainsi conçue :

« Toute personne qui menace, ou a recours à des procédés d'intimidation vis-à-vis d'un tiers, en vue de contraindre ce dernier à faire ou à ne pas faire quelque chose que ce tiers a le droit de faire, *ou qui le suit avec persistance et d'une manière contraire à l'ordre public* (persistently following such person in a disorderly manner), ou endommage, ou menace d'endommager ses biens, avec intention de l'intimider, sera punie d'une amende de 100 dollars et d'un emprisonnement de 6 mois. »

La Cour Suprême des Etats-Unis, appelée à interpréter ce texte, a déclaré « qu'il n'était pas nécessaire d'établir l'intimidation : il suffisait de prouver que les actes commis ou les menaces faites étaient suffisants pour pouvoir affecter le libre arbitre d'une personne ordinaire (*ordinary man*) ».

Les lois de l'Alabama, de l'Illinois, de l'Utah, du Maine, du Massachusetts et de l'Orégon sur le même sujet sont analogues à la précédente. Celle de la Louisiane est identique à cette dernière, mais elle ne vise que les marins du commerce et les débardeurs, à l'exclusion des autres professions.

La Cour d'Appel du Massachusetts a rendu deux décisions intéressantes en matière d'intimidation. Cette haute juridiction a jugé en premier lieu « que l'intimidation purement morale, sans menaces de violences ou de mauvais traitements corporels (*physical injury*), était elle aussi illégale ». Un peu plus tard, elle a déclaré « que le fait de déployer des bannières portant des inscriptions menaçantes, en vue d'empêcher des personnes de se faire embaucher ou de continuer leur travail, devait être considéré comme tombant sous le coup de la loi ».

La Cour d'Appel de l'Orégon a jugé « que la commission exécutive d'une association ouvrière, en se rendant dans un établissement industriel, et en ordonnant aux membres en train d'y travailler d'avoir à quitter le travail sous peine d'être soumis aux sanctions prévues par les règlements corporatifs, mais sans recourir à la violence ou à l'intimidation, n'avait pas contrevenu à la loi ».

Les statuts de l'Oklahoma et de l'Orégon ajoutent aux dispositions générales sur l'intimidation diverses prescriptions applicables soit aux patrons, soit aux salariés. En particulier, ils défendent aux premiers de contraindre leurs ouvriers à quitter le travail avant d'avoir terminé l'ouvrage qu'ils ont en mains, ce qui vise le cas de *lock-out* ou de grève à effet différé, et interdisent aux derniers de contraindre l'employeur à augmenter ou diminuer son personnel.

Quand *l'interference* ou l'intimidation sont l'œuvre de deux ou plusieurs personnes, ces manifestations prennent le nom de *Conspiracy against workingmen* (entente criminelle contre des travailleurs). Cette infraction est réprimée par la loi de dix Etats, dont six (1) avaient déjà prévu *l'interference* ou l'intimidation. La loi de l'Etat de New-York, que l'on peut considérer comme

(1) Alabama, Géorgie, New-York, Minnesota, Dakota du Nord, Washington.

le modèle du genre, est à peu près identique, l'idée de la coopération entre les délinquants mise à part, à celle sur *l'interference* proprement dite.

La loi de New-York sur la *conspiracy against workingmen* a donné lieu à diverses décisions jurisprudentielles intéressantes. La Cour d'appel de cet Etat a jugé d'une part que l'entente conclue entre un certain nombre d'ouvriers en vue d'empêcher une personne de trouver du travail dans une région déterminée et de la chasser de la région tombait sous le coup de la loi, *même si elle n'était pas accompagnée de violences.* D'autre part, elle a déclaré « qu'un patron ne pouvait, sans contrevenir à la même loi, obliger ses ouvriers sous peine de renvoi à s'affilier à une union, même s'il alléguait à l'appui de cette décision une convention intervenue entre un groupe d'employeurs dont il faisait partie et une association ouvrière ». Statuant sur la légalité de cette dernière, elle l'a reconnue illicite, « comme ayant pour effet possible de priver des personnes de leur emploi et d'en empêcher d'autres de trouver du travail ». Cet arrêt a été confirmé sur appel par la Cour suprême des Etats-Unis.

Une loi du Texas prévoit un délit analogue à la *conspiracy against workingmen,* mais d'ordre plus général : celui de réunion illégale (*unlawful assembly*). Cette infraction est constituée par le groupement de trois personnes au moins, en vue d'accomplir conjointement l'un des faits suivants : commettre un acte répréhensible, avec ou sans violence, priver un tiers de l'exercice d'un droit, ou troubler la jouissance par un tiers d'un droit.

Les procédés abusifs auxquels les employeurs recourent habituellement dans les conflits du travail sont le *hiring of armed guards,* mesure de défense contre les meneurs, et le *blacklisting,* qui est un moyen de représailles contre les anciens ouvriers d'une entreprise partis ou congédiés pour cause de grève.

Le *blacklisting* est une entente conclue entre un certain nombre de patrons en vue d'exclure ou de refuser d'embaucher à l'avenir tout agent congédié par l'un d'eux. A cet effet, les intéressés échangent périodiquement des « listes noires » (*black lists*) sur lesquelles sont portés les noms des ouvriers et employés renvoyés pour une cause jugée rédhibitoire. Cette pratique est formellement interdite, en ce qui concerne les entreprises de transports en commun exploitant un service international ou interrégional, par l'*Act* du 1er juin 1898. En vertu de cette loi fédérale, « quiconque, après avoir congédié ou laissé partir un agent, tente de l'empêcher d'obtenir du travail, se rend coupable d'un délit passible d'une amende de 100 à 1.000 dollars ».

Vingt-trois Etats ont élaboré sur le même sujet des textes dont la portée d'application est beaucoup plus large, puisque sauf celui du Mississipi, qui concerne seulement les employés des compagnies de télégraphe et téléphone, ils visent l'ensemble des industries. Certains d'entre eux, comme l'Alabama, le Colorado, etc., se contentent d'interdire « la tenue et l'échange des listes noires », sous peine d'amende et d'emprisonnement. D'autres vont plus loin, soit qu'ils prévoient l'allocation de dommages-intérêts à l'ouvrier victime du *blacklist,* tels (2) l'Iowa, l'Indiana, l'Oklahoma, soit qu'ils étendent la portée de l'interdiction limitée par les précédents à la tenue et à l'échange des *listes noires,* ce que font notamment l'Arkansas, la Floride, l'Illinois (3) et le Texas. La loi en vigueur dans ce dernier Etat est la plus récente (elle date de 1907) et la plus complète de toutes (4). Elle réprime non seulement le *blacklisting,* mais encore les faits suivants qu'elle y assimile :

1° Toute tentative en vue d'empêcher un ouvrier ou employé congédié ou parti volontairement de trouver du travail. Peu im-

(2) La loi de l'Iowa accorde à la victime du *blacklist* une allocation égale au triple du préjudice subi par elle.

(3) La loi de l'Illinois est celle qui prévoit en cette matière les pénalités les plus élevées : 2.000 dollars d'amende et 5 années d'emprisonnement.

(4) La loi de 1907 a remplacé une loi moins complète datant de 1901.

porte que la tentative se caractérise par un écrit ou par des paroles, qu'elle soit directe ou indirecte. Toutefois, il est loisible à chacun, sur la demande de son ex-agent, d'exposer par écrit les raisons véritables du départ de ce dernier (5) ;

2° Le refus ou l'omission de répondre dans un délai de dix jours à la demande d'une personne cherchant du travail, quand cette personne, apprenant que des renseignements ont été donnés sur son compte par un patron ou une société, requiert de ce patron ou de cette société une copie desdits renseignements;

3° Le refus ou l'omission de donner dans un délai de dix jours à un employé congédié qui en fait la demande l'exposé exact et par écrit des raisons de son renvoi;

4° La communication à un tiers des motifs du renvoi d'un agent, excepté quand cette communication a lieu sur la demande même de l'agent ou quand elle est portée à sa connaissance;

5° Toute mesure différentielle (*discrimination*) prise par une société anonyme (*corporation*) contre une personne qui cherche du travail, dès lors que cette attitude se fonde sur la participation antérieure de la personne à une grève;

6° La transmission par une société anonyme à une autre société anonyme de renseignements relatifs à la participation à un mouvement gréviste d'un ex-employé de la première, à moins toutefois que l'ex-employé n'ait reçu avis de cette transmission, ou qu'il ne se soit rendu coupable au cours et à l'occasion d'une grève de quelque infraction aux lois.

Tout fait de ce caractère est puni d'une amende de 1.000 dollars et d'un emprisonnement de un mois à un an. De plus, si le coupable est une société anonyme étrangère au Texas, il lui

---

(5) Cette dernière clause figure aussi dans plusieurs autres lois, notamment celles de l'Oklahoma, de l'Iowa et de l'Indiana. La loi du Kansas (1901) oblige l'employeur à énoncer par écrit la cause véritable du renvoi d'un agent sur la demande de ce dernier.

sera désormais interdit de faire des affaires dans cet Etat.

L'*hiving of armed guards* consiste à embaucher pour répondre au mouvement gréviste une bande d'hommes armés appelée à défendre les chantiers et ateliers d'une entreprise. Cette mesure a fait son apparition en 1892, notamment lors de la grève des établissements Carnegie à Homestead (Pennsylvanie). Les ouvriers grévistes ayant décidé de monter la garde autour des ateliers d'Homestead, avec l'intention de s'opposer à l'entrée d'ouvriers non syndiqués embauchés à leur place, la Compagnie Carnegie s'adressa à une société de détectives, l'agence Pinkerton, qui recruta 300 hommes armés et les lui envoya d'urgence. Il y eut une véritable bataille rangée entre les grévistes et les « Pinkertons » ; ces derniers furent finalement repoussés avec pertes. Ces faits déchaînèrent une véritable exaspération dans le monde ouvrier. La Fédération américaine du Travail, dans sa convention de Philadelphie tenue cette année même, protesta énergiquement et demanda le vote de lois interdisant sous des peines sévères l'embauchage de bandes d'hommes armés. Ce vœu reçut satisfaction dans plusieurs Etats durant les années suivantes.

Le Massachusetts et l'Arkansas ne prévoient pas de peines proprement dites contre ceux qui embauchent des bandes d'hommes armés, mais seulement l'obligation de réparations civiles au cas de dommages subis par les personnes et les propriétés, par exemple si un gréviste était tué ou blessé.

Les deux lois identiques de l'Illinois et du Tennessee défendent de recourir aux services d'hommes porteurs d'armes de guerre (*deadly weapon*) et étrangers à la *localité*. Toute infraction à cette interdiction est qualifiée *crime* (felony) et punie d'un emprisonnement d'un à cinq ans.

La loi du Wisconsin est plus sévère encore : quiconque emploie des hommes armés, quel que soit le lieu d'où ils viennent, et qu'ils dépendent ou non d'une agence, est passible de 1.000 dollars d'amende et de un à trois ans d'emprisonnement.

Les principaux moyens employés par les ouvriers pour lutter contre le patronat en cas de grève sont le *boycott* et le *picketing*.

Le *boycott*, ou mise à l'index, se présente sous trois aspects différents : il est politique, social ou commercial. Dans le premier cas, il est dirigé contre les magistrats coupables, aux yeux des ouvriers, d'avoir rendu une sentence défavorable aux intérêts des classes laborieuses : dans cette hypothèse, le *boycott* est plutôt une mise au ban de la société et une recommandation à rebours pour les prochaines élections judiciaires qu'une mise à l'index qui serait sans portée réelle. Sous son aspect social, le *boycott* s'en prend aux ouvriers non syndiqués. Autrefois il visait seulement ceux qui refusaient de s'affilier à l'union. Aujourd'hui certaines corporations ouvrières n'accordant plus au premier venu le droit d'inscription sur leur contrôle, le boycott social n'est plus seulement un moyen de contrainte destiné à forcer les récalcitrants à se syndiquer ; c'est encore un procédé employé pour obliger les non syndiqués à quitter la localité. Mais le plus répandu des trois est le boycott *commercial*, qui consiste en une interdiction d'acheter ou de vendre quoi que ce soit à la personne visée. Il est dit *primaire* ou *secondaire* suivant qu'il frappe un commerçant ou industriel contre lequel les ouvriers ont des griefs, ou qu'il s'adresse aux entreprises coupables d'avoir continué à faire des affaires avec cet industriel ou ce commerçant après avoir reçu une mise en demeure de cesser toute relation avec lui.

Le boycott est interdit dans cinq Etats, les autres législatures ayant jugé que ce délit pouvait être suffisamment réprimé par les lois sur l'*interference* ou la *conspiracy*. Ces Etats sont l'Alabama, le Colorado, l'Illinois, l'Indiana et le Texas. Les lois des deux premiers sont identiques : elles répriment « l'impression et la mise en circulation de *cartes de boycottage*, avis de boycottage, affiches, bannières ou autres signes, publiant, déclarant qu'une mise à l'index ou une mise au ban a lieu ou a eu lieu, ou est projetée contre une personne ou société exploitant une entreprise, ou faisant connaître le nom d'un magistrat ou officier public ayant rendu une décision ou accompli un acte déterminé ».

La loi de l'Illinois ne prévoit spécialement que *l'entente* intervenue en vue de boycotter quelqu'un. La définition du boycottage est à peu près la même que celle donnée par la loi des deux Etats précédents, à cette différence près que la mise à l'index des officiers publics ou magistrats n'y figure point.

La loi de l'Indiana vise « tous les arrangements et ententes ayant pour objet de déterminer une personne à ne plus vendre à une autre, soit parce que cette dernière n'est pas affiliée à une organisation ou association déterminée, soit pour tout autre motif ».

Le *boycott* est l'arme favorite des associations ouvrières. Cette pratique est très ancienne aux Etats-Unis. Dès 1885, la Fédération Américaine du Travail elle-même se plaignait de l'abus qui en était fait, et ordonnait qu'à l'avenir les *unions* locales ou nationales lui soumissent les propositions de *boycott*, au lieu de décider seules cette mesure comme auparavant. Cette tentative de centralisation réussit, et aujourd'hui un *boycott* n'est pas censé valable tant qu'il n'a pas été *légalisé* (sic) par la Fédération. La liste des entreprises boycottées est insérée chaque semaine dans le journal officiel de la Fédération, l'*American Federationist*, sous une rubrique libellée par euphémisme « *We don't patronize...* » (Nous ne recommandons pas...)

L'abus du boycott a fait naître une organisation destinée à la combattre, l'*American Anti-Boycott Association*, qui aide et assiste les patrons à poursuivre devant les tribunaux les associations coupables d'avoir recours à cette pratique illégale.

Parmi les *boycotts* qui ont donné lieu à des poursuites judiciaires contre leurs organisateurs au cours des dernières années il convient de citer celui de la *Buck Stove and Range Co*, entreprise de fabrication d'appareils de chauffage, et ses ouvriers ;

la Fédération boycotta cette société. Le président du conseil d'administration de cette dernière, M. Van Cleave, était à cette époque président de l'Association Nationale des Manufacturiers des Etats-Unis : il était donc deux fois désigné aux représailles de la Fédération. M. Van Cleave poursuivit devant les tribunaux MM. Gompers, président, et Morrison, secrétaire de cette Association. Il obtint un arrêt d'*injonction,* ordonnant aux défendeurs et à toutes personnes agissant de concert avec eux « de cesser de faire allusion aux différends survenus entre la *Buck Stove and Range Co,* et de cesser de faire figurer cette entreprise sur la liste des patrons déloyaux (*unfair list*) ou sur celle des maisons contre-indiquées (*We don't patronize...*). L'injonction fut obéie, en ce que la *Buck Stove and Range Co* disparut de la liste noire, qui d'ailleurs cessa de paraître momentanément peu de temps après. Mais bientôt un numéro de l'*American Federationist* vint critiquer l'arrêt en termes très vifs, tandis qu'à une réunion des Travailleurs Unis de la Mine, le président Mitchell, deuxième vice-président de la Fédération Américaine du Travail, déconseillait publiquement aux ouvriers mineurs l'achat d'appareils de chauffage provenant de la *Buck Range and Stove Co.* Cette société porta plainte de nouveau, et réussit à faire poursuivre MM. Gompers, Mitchell et Morrison pour mépris de l'arrêt de la Cour (*contempt of court*). Le jugement de cette seconde affaire fut rendu en 1909 : il prononçait contre M. Gompers une peine de un an d'emprisonnement, et des peines moins élevées contre ses deux co-inculpés.

Le *picketing* consiste à stationner près d'un établissement dont le personnel est en grève, et à faire des rondes aux alentours, de manière à empêcher les ouvriers non grévistes d'y pénétrer, ou des personnes quelconques de faire des affaires avec le patron, suivant les circonstances. Cette pratique n'est spécialement visée que par deux lois, celle de Colorado et celle de l'Alabama. La loi du Colorado, qui date de 1905, est ainsi libellée :

« Il est interdit de stationner ou de faire des patrouilles dans ou près des rues, routes, allées, sentiers ou bureaux d'une personne ou société... en vue d'engager des tiers à ne pas vendre ou acheter à cette personne ou société, et à ne pas travailler pour elle; ou de monter la garde (*to picket*) autour des chantiers, ateliers, usines, et autres centres d'affaires de cette personne ou société, avec l'intention de contrecarrer une occupation permise par la loi ou de causer un dommage à cette personne ou société; le tout sous peine d'une amende de 10 à 250 dollars et de 60 jours d'emprisonnement. »

Les autres États n'ont édicté aucune prescription spéciale au *picketing*, estimant que cette pratique n'est qu'un cas particulier de l'*interference* ou de la *conspiracy*, suivant les circonstances.

La législation américaine sur l'exercice du droit de grève a suscité de tout temps des plaintes très vives de la part des *unions* ouvrières. Durant ces dernières années, la *Fédération Américaine du Travail* a mené en faveur de certaines réformes à introduire dans cette branche du droit une campagne plus zélée que fructueuse. Ses efforts se sont portés principalement contre la loi *Sherman* et la procédure d'*injonction*, fait qui témoigne de l'efficacité de ces deux institutions. En 1907 la Fédération a fait déposer au Congrès deux propositions de lois tendant à modifier l'une et à faire disparaître l'autre. L'un de ces projets, introduit par le représentant Wilson, de la Pennsylvanie, déclarait formellement que les dispositions de l'*Antitrust Law* n'étaient pas applicables « aux organisations dépourvues de capital social et n'ayant pas pour objet la réalisation de bénéfices, ni aux membres de ces organisations ». L'autre, dû au représentant Pearre, du Maryland, supprimait l'emploi de l'*injonction* dans les conflits entre patrons et ouvriers ou entre ouvriers seulement à moins que cette procédure ne fût absolument nécessaire « pour la sauvegarde d'un bien ou d'un droit de propriété menacé d'une perte irréparable ». En outre il déclarait parfaitement licites les coalitions ayant trait aux conditions du travail ou à un conflit professionnel, excepté dans le cas où « l'objet de cette coalition soit tel qu'il ne puisse légalement être réalisé par une personne agissant isolément ». Ces deux bills furent rejetés par les Commissions chargées de les examiner, en sorte que la Chambre ne fut même pas appelée à les discuter.

La Fédération, battue sur le terrain fédéral, tenta de prendre sa revanche en faisant adopter par diverses législatures d'Etat (Missouri, Indiana, Ohio, Connecticut, New-York, New-Jersey) des répliques du *Pearre Bill,* mais sans plus de succès.

Les échecs répétés de la Fédération Américaine du Travail montrent que le législateur des Etats-Unis n'est nullement disposé à capituler devant les travailleurs organisés. Il considère la procédure d'*injonction* comme la clef de voûte du droit ouvrier et la sauvegarde de l'acte social; son abolition, dit-il, consacrerait le triomphe de la démagogie. Ces craintes apparaissent à certaines personnes comme exagérées, car le *British Trade Disputes Act* de 1906, voté par un Parlement conservateur, est venu accorder aux ouvriers anglais les satisfactions que la *Fédération* a vainement demandées depuis pour les travailleurs américains. Aussi cette organisation s'est-elle indignée, non sans quelque logique, de voir un pays monarchique devancer dans la voie des réformes sociales la doyenne des républiques modernes.

Envisagée dans son ensemble, la réglementation du droit de coalition est moins favorable aux ouvriers des Etats-Unis qu'elle ne l'est à ceux de certains pays d'Europe, et notamment de l'Angleterre. Si la loi américaine dénie au patron le droit de se faire justice lui-même ou d'exercer des représailles, elle n'admet pas davantage que les travailleurs abusent de la supériorité du nombre, ni cherchent à mettre les consommateurs en tiers dans leurs querelles.

La jurisprudence américaine est, elle, aussi sévère pour les grévistes, fait d'autant plus frappant que les magistrats des

Etats-Unis ne sont pas inamovibles, mais soumis à l'élection. Un délégué à la Convention ouvrière de Denver (1908) a dit des juges américains, en faisant allusion à quelques décisions récentes : « Le pouvoir despotique est également dangereux, que celui qui l'exerce revête l'hermine ou porte la couronne. »

Loin de blâmer le législateur américain de sa fermeté, il convient de lui savoir gré de donner aux pays étrangers l'exemple de la résistance aux meneurs : en sorte qu'on n'a guère qu'un reproche à formuler contre le système de réglementation des conflits professionnels aux Etats-Unis : sa complexité. Quant à l'attitude du pouvoir judiciaire de ce pays, loin de faire grief au juge américain de sa sévérité, qui d'ailleurs profite plutôt à l'ouvrier non syndiqué qu'au patron, il faut la louer sans réserve. Les magistrats des Etats-Unis ont eu le courage, assez rare à l'époque actuelle, de préférer la défense des intérêts généraux du pays à une popularité facile et de mauvais aloi. Sans cette indépendance méritoire, les ouvriers organisés, ce bataillon perdu dans la grande armée du Travail, ne connaîtraient plus d'autre loi que leur intérêt de classe, et en arriveraient à constituer un Etat dans l'Etat (a).

(a) Législation française. — De la grève et du lock-out en droit français. *Le droit de faire grève, jusqu'à la loi du 25 mai 1864 était interdit aux ouvriers en vertu de la loi du 22 germinal an XI dont l'article 7 déclarait que « toute coalition de la part des ouvriers pour cesser en même temps de travailler sera punie d'un emprisonnement de trois mois ». L'article 416 du Code pénal traitait toute coalition, même pacifique, la grève aussi bien que le lock-out, comme des délits, et y attachait des sanctions correctionnelles.*

La loi du 25 mai 1864 a supprimé le délit de coalition, c'est-à-dire que, depuis cette loi, la grève et le lock-out, lorsqu'ils sont faits sans violence et sans manœuvre frauduleuse, ne sont plus considérés comme des délits et ne tombent plus sous le coup du Code pénal; mais le législateur n'a pas entendu déclarer que la grève et le lock-out n'auraient point de conséquences au point de vue civil, et le tort qu'ils peuvent causer aux intérêts privés laisse ouvert aux intéressés le recours à l'article 1382 du Code civil.

Mais au cas où des voies de fait, violences ou manœuvres frauduleuses sont employées pour amener ou maintenir une cessation concertée de travail, il y a atteinte à la liberté du travail, il y a délit, et ce délit est réprimé par les articles 414 et 415 du Code pénal. Lorsque ces faits délictueux sont commis par suite d'un plan concerté, la peine est aggravée.

Les conséquences juridiques du fait de grève sont celles d'une rupture du contrat de travail d'après la jurisprudence des tribunaux français: l'employeur a le droit de poursuivre les ouvriers grévistes en dommages-intérêts pour absence de préavis ou pour rupture abusive du contrat de travail, comme aussi le droit de les remplacer immédiatement sans délai, ni mise en demeure préalable.

CHAPITRE XVIII

Réglementation de l'action interne des Associations professionnelles

---

La plupart des associations ouvrières américaines se désintéressent de tout ce qui n'est point la poursuite de leurs revendications et la lutte contre le patronat destinée à les faire aboutir. Toutefois, à côté de ces organisations de combat, il convient de réserver une place à certaines institutions d'un caractère plus pacifique : les mutualités d'une part, les coopératives de l'autre. Ces sociétés sont encore peu nombreuses aux Etats-Unis, mais elles tendent néanmoins à se multiplier, surtout depuis le début du présent siècle; aussi le législateur commence-t-il à se préoccuper d'en réglementer la création et le fonctionnement .

Des deux groupes d'associations ouvrières de caractère charitable ou coopératif, les premières sont de beaucoup les moins répandues, aussi ne rencontre-t-on qu'un très petit nombre de textes les concernant; encore l'un de ces textes, en vigueur dans l'Ohio, se borne-t-il à faire bénéficier les sociétés professionnelles de bienfaisance d'un tarif de faveur (droit fixe très réduit) pour l'enregistrement de leurs statuts. Les trois autres Etats qui se sont occupés de ces associations les ont assujetties à certaines règles et à un contrôle financier, mesures qui ont pour objet, d'abord de prévenir les abus, ensuite de protéger l'actif social contre les malversations.

Une loi du Massachusetts (1906) concerne la création, parmi les agents des compagnies de chemins de fer ou de tramways, de groupements professionnels constitués sous la forme de *corporations* (sociétés anonymes). L'objet de ces associations est « d'améliorer la situation des affiliés et de leur accorder, ainsi qu'aux membres de leur famille, les secours nécessaires en cas d'accident, de maladie ou d'infirmités entraînant incapacité de travail ». A cet effet, elles sont autorisées à recueillir des fonds par souscription, à recevoir des subventions de compagnies, et à percevoir de leurs membres des cotisations. Ces sociétés ne peuvent être valablement constituées que si les fondateurs sont au nombre de sept, au moins, et si la majorité d'entre eux sont résidents de l'Etat. Leurs statuts sont soumis à l'approbation de la Commission des chemins de fer. Cette dernière autorité est en outre appelée à vérifier leurs comptes annuels, qui doivent lui être soumis par les trésoriers sous peine d'une amende de 500 dollars.

Les associations de secours mutuels des employés et ouvriers de l'industrie minière sont régies dans le Michigan par une loi de 1897. Ces sociétés doivent comprendre au moins vingt-cinq membres pour bénéficier de la reconnaissance légale. Elles sont aptes à recueillir des dons et legs, jusqu'à concurrence d'une somme globale de cinq cent mille dollars. Elles ont le droit d'acquérir les immeubles qui leur sont nécessaires pour assurer le fonctionnement de leurs services, mais non celui de faire des remplois immobiliers. Leur durée ne peut excéder trente années. Toutes ces prescriptions témoignent de la défiance que les associations de l'industrie minière inspirent au législateur du Michigan.

Les sociétés sont tenues en outre de produire des comptes annuels au Commissaire des Assurances.

D'autres dispositions sont prises en faveur des membres eux-mêmes. Ainsi la loi stipule que les secours, pensions et autres allocations payés aux adhérents par application des statuts sont insaisissables, et que les mineurs de 21 ans seront en tout état de cause tenus du paiement de leurs cotisations, comme s'ils étaient majeurs.

Une autre loi du même Etat, beaucoup plus récente que la précédente (elle date de 1909), concerne les sociétés d'assurance mutuelle des mécaniciens et conducteurs de trains contre le chômage permanent. Ces groupements ont pour objet le paiement à frais communs d'allocations en capital aux affiliés qui seraient révoqués ou obligés de résigner leurs fonctions. La loi interdit à ces sociétés de fonctionner tant qu'elles ne comptent pas deux cents associés assurés pour un capital de 500 dollars, et avant d'avoir encaissé au moins 200 dollars de primes. Ces dispositions ont simplement pour objet d'assurer l'équilibre initial des caisses mutuelles. Le maximum du capital garanti à chaque associé est fixé à 500 dollars.

Toutes les polices d'assurances mutuelles doivent être soumises à l'examen du Commissaire des Assurances et approuvées par lui.

Les membres des conseils d'administration sont tenus de donner caution. La loi se montre à cet égard particulièrement sévère : les répondants devront garantir une somme égale au double du montant maximum des fonds que le membre qu'ils cautionnent a le droit de détenir, sans que cette somme puisse être inférieure à 2.000 dollars; ils doivent en outre avoir été agréés par le Commissaire des Assurances.

La législation des Iles Philippines (1903) vise l'ensemble des sociétés de secours mutuels ouvrières. Elle les laisse entièrement libres de s'organiser, mais en revanche les assujettit au contrôle financier du trésorier des Iles.

Si la loi américaine s'est peu occupée des associations de

prévoyance, elle s'est en revanche intéressée dans une large mesure aux sociétés coopératives de production. Dix-sept États ont prévu la création de groupements de ce caractère, et l'ont assujettie à certaines règles : il en est ainsi notamment dans l'Illinois, l'Ohio, la Pennsylvanie, le Massachusetts, le New-Jersey et la Californie. Les différents textes traitant de cette matière ne présentent les uns par rapport aux autres que des différences insignifiantes, en sorte que l'on peut considérer comme la loi-type celle de l'Illinois.

D'après la loi de l'Illinois, une société coopérative de production doit comprendre au moins sept adhérents. Ces derniers ne pourront ouvrir une souscription en vue de réunir le capital social qu'après avoir fait enregistrer leurs statuts suivant la forme ordinaire et obtenu une permission spéciale du secrétaire de l'Etat. La société sera réputée constituée dès que dix actions auront été souscrites. Nul ne pourra souscrire à plus d'une action, et un même titre ne pourra être souscrit conjointement par plusieurs personnes. La valeur des actions ne pourra être inférieure à 50 dollars ni supérieure à 2.000. Cette dernière limite paraît inutile : combien d'ouvriers peuvent disposer de 10.000 francs?

Le procès-verbal d'organisation sera présenté au bureau du secrétaire d'Etat, qui délivrera un *certificat d'incorporation* : dès que cette pièce aura été soumise à la formalité de l'enregistrement, la société jouira de la personnalité civile, mais à charge de commencer ses opérations dans un délai de trois ans, sous peine de caducité.

Les associations coopératives de production sont investies de la pleine capacité juridique : elles peuvent ester en justice, vendre, acheter, emprunter, hypothéquer. Cette liberté ne souffre qu'une seule restriction : les coopératives ne peuvent acquérir en fait d'immeubles que ceux qui sont strictement indispensables au fonctionnement de leurs services. Le législateur a voulu éviter qu'elles pussent se transformer en sociétés immobilières.

Il est interdit aux coopératives d'embaucher comme ouvriers ou employés des personnes étrangères à l'association, de peur qu'elles ne devinssent des sociétés de capitalistes ou des commandites, comme le cas se présente souvent dans d'autres pays. Toutefois, la loi permet aux sociétaires malades de se faire remplacer à leurs risques et périls; par analogie, les héritiers d'un sociétaire décédé peuvent se faire représenter par un remplaçant pendant un temps qui ne doit jamais excéder deux ans.

La loi admet deux modes de répartition des bénéfices coopératifs, entre lesquels l'assemblée générale aura à choisir : soit au prorata des heures de travail fournies par chaque associé, soit au prorata de la production ou fabrication de chacun d'eux.

En dehors de cette législation d'ordre général, deux Etats, l'Indiana et le New-Jersey, ont édicté des prescriptions relatives à certaines associations d'un caractère particulier : les *women's exchanges*. Ces groupements ont pour objet « de favoriser le développement de la coopération parmi les femmes, de leur donner du travail, et de vendre les produits de leur labeur ». La loi du New-Jersey (1897) se contente d'autoriser, sans plus, la constitution de ces associations. Celle de l'Indiana, plus ancienne, leur accorde la pleine capacité civile (sauf en ce qui concerne l'acquisition d'immeubles), mais en retour les assujettit à certaines règles. Il suffit, pour constituer un *Women's Exchange,* de trois fondateurs au lieu de sept. La durée de ces associations est limitée à cinquante ans; la valeur de leurs actions ne pourra jamais excéder le chiffre de 100 dollars. Enfin elles ne peuvent pas cumuler les diverses tâches charitables permises aux sociétés de ce type : elles sont tenues de se consacrer exclusivement, soit à la propagande en faveur de la coopération féminine, soit à la vente des produits de la main-d'œuvre des femmes, soit au rôle d'intermédiaire entre l'offre et la demande de travail.

Bien qu'il existe aux Etats-Unis des sociétés coopératives de consommation, on ne rencontre dans ce pays aucun texte de loi visant cette catégorie d'associations, qui, par suite, sont parfaitement licites, mais restent sous l'empire du droit commun. La concurrence des grands magasins ne leur permet pas de devenir assez puissantes pour porter ombrage aux pouvoirs publics : de là l'abstention de ces derniers.

Les lois relatives aux mutuelles et aux coopératives de production, bien qu'elles prêtent par certains côtés à de légères critiques, sont animées d'un esprit libéral, et ne prévoient de restrictions sévères qu'en vue de sauvegarder les droits des associés. Il est à souhaiter que l'initiative prise en cette matière par quelques Etats de l'Union soit bientôt imitée par les autres (a).

(a) LÉGISLATION FRANÇAISE. — *L'ouvrier n'est pas seulement menacé par les accidents de travail: il a à redouter la maladie, les blessures, les infirmités, la vieillesse et la mort, toutes les misères, en un mot, qui frappent l'homme indépendamment des risques professionnels. Il peut y faire face librement par sa prévoyance personnelle, du moins en une certaine mesure, ou bien l'Etat peut prendre telles dispositions pour l'y obliger et l'y aider: à la première hypothèse répond, en France, l'institution des caisses d'épargne, les sociétés de secours mutuels; à la seconde, la législation des retraites pour la vieillesse et celle des retraites ouvrières.*

A. — Législation des Caisses d'Epargne (1). — *La première caisse d'épargne créée en France fut celle de Paris, en 1818, d'autres s'établirent ensuite, mais la première loi organique sur la matière ne date que de 1835. La loi du 5 juin 1835 établit que toute caisse d'épargne devait dorénavant être autorisée par ordonnance royale, que ces caisses pouvaient recevoir des dons et legs. Elles peuvent recevoir au maximum 1.500 francs par livret individuel et jusqu'en*

---

(1) Voir le fascicule « Les Caisses d'Epargne » du Recueil de Documents sur la Prévoyance sociale, réunis par le Ministère du Travail (Berger-Levrault, 1910).

1895 elles étaient tenues de verser tous les frais à la Caisse des Dépôts et Consignations ; elles servent un intérêt qui est généralement aujourd'hui de 3 p. 100. Quand le montant des fonds déposés sur le livret atteint 1.500 francs, intérêt compris, elles achètent d'office de la rente française pour le compte du déposant.

La loi du 9 avril 1881, pour faciliter l'épargne dans les petites villes et dans les campagnes, a institué une caisse nationale d'épargne desservie par tous les bureaux de poste, mais il est interdit à une même personne d'ouvrir plus d'un livret de caisse d'épargne ; on ne peut donc être possesseur à la fois d'un livret de caisse d'épargne ordinaire et d'un livret de la Caisse nationale d'épargne.

La troisième des grandes lois concernant cette matière est celle du 20 juillet 1895, qui modifie sur beaucoup de points et complète la législation antérieure des caisses d'épargne, et qui, en particulier, permet aux caisses d'épargne ordinaires d'employer une partie de leur fortune personnelle en placement en valeurs locales d'institutions ayant pour but d'aider à l'amélioration de la condition économique de la vie de la classe la plus nombreuse, telles que les sociétés coopératives de crédit, les sociétés d'acquisition ou de construction d'habitations à bon marché, etc.

2° Législation des Sociétés de Secours Mutuels. — *La législation révolutionnaire, en abolissant les confréries, avait en même temps interdit les associations professionnelles. Malgré les entraves de cette législation, des sociétés de secours mutuels se fondèrent à partir de 1806, et dès 1812 le gouvernement protégea leur existence. Le décret du 28 juillet 1828 permit à toutes sociétés de se constituer sur simple déclaration et exempta même de cette formalité les associations industrielles et de bienfaisance. La loi du 15 juillet 1850 accorda de nombreux avantages à celles qui firent reconnaître leurs statuts: droit de fonder des meubles, de recevoir des dons et legs. Le décret du 22 janvier 1852 créa au-dessus des sociétés de secours mutuels reconnues la catégorie des sociétés approuvées et reconnut à ces sociétés le droit de promettre des pensions de retraite à leurs adhérents. Enfin, la grande loi du 1er avril 1898 a supprimé les entraves administratives et simplifié toutes les formalités nécessaires pour fonder une société de secours mutuels.*

B. — *La loi du 18 juin 1850 avait fondé la caisse des retraites. La loi du 20 juillet 1886 décida que cette caisse prendrait le nom de Caisse nationale des retraites pour la vieillesse et fonctionnerait sous la garantie de l'Etat, mais naturellement s'assurait qui voulait. La loi du 29 mars 1897 déclara que l'Etat contribuerait au paiement de toute pension annuelle d'un chiffre déterminé « en faveur de toute personne de nationalité française privée de ressources, incapable de subvenir par son travail aux nécessités de l'existence et soit âgée de plus de 70 ans, soit atteinte d'une infirmité ou d'une maladie reconnue incurable » et ce à certaines conditions dont la principale était que les Conseils généraux des départements contribueraient pour leur part ainsi que les communes. La loi échoua. Une modification apportée par la loi du 30 mars 1902 permit un fonctionnement partiel de la loi. Enfin la loi du 14 juillet 1905 a rendu obligatoire l'assistance aux vieillards, aux infirmes et aux incurables.*

2° L'Etat français a fait un nouveau pas dans l'application du principe de la prévoyance sociale par la loi du 5 avril 1910 qui, à certaines conditions, fait bénéficier non plus de l'assistance mais d'une retraite de vieillesse les salariés des deux sexes (*Voir chapitre XIV, pp. 235 à 237*).

CHAPITRE XIX

Conflits du travail : Conciliation et Arbitrage

La loi américaine, tout en réprimant les abus auxquels peut donner lieu l'exercice des droits de grève et de lock-out, reconnaît d'une manière plus ou moins explicite, mais indiscutable, la légitimité de ce droit : elle entend rester neutre dans les différends professionnels. Mais la neutralité n'implique pas désintéressement absolu : aussi le législateur des Etats-Unis a-t-il pu très légitimement, sans prendre parti dans les conflits du travail, chercher à en faciliter le règlement en organisant l'arbitrage.

Il n'existe aux Etats-Unis aucune disposition législative rendant l'arbitrage professionnel obligatoire d'une manière générale. La Constitution du Wyoming a bien prévu l'organisation de Cours d'Arbitrage des conflits du travail, mais ce texte est resté lettre morte. Toutefois celle d'un Etat de création récente (1907), l'Oklahoma, s'avance plus loin dans la même voie. Elle contient la clause suivante : « Toute autorisation (*licence*) ou charte accordée à une société anonyme minière ou concessionnaire d'un service public devra stipuler formellement l'obligation pour cette société de soumettre à l'arbitrage tout différend survenant entre elle et son personnel. » Il y a là un trait d'initiative intéressant, bien qu'on puisse regretter le manque de précision de la loi : cette dernière n'indique en effet ni le mode d'organisation de l'arbitrage ni les sanctions encourues par les sociétés qui se refuseraient à y faire appel.

Si l'arbitrage obligatoire n'existe pas à proprement parler aux Etats-Unis, sauf dans un seul Etat et pour certaines entreprises, en revanche le Congrès Fédéral et la plupart des Etats industriels ont prévu l'arbitrage facultatif et créé un corps constitué spécial chargé de prendre l'initiative des pourparlers entre patrons et ouvriers.

La loi fédérale du 1er juin 1898 vise l'arbitrage des conflits du travail dans les entreprises internationales ou interrégionales de transports en commun. Elle confie la mission de concilier « les différends ayant trait au salaire, aux heures de travail et aux conditions du travail » à deux fonctionnaires publics, qui sont le *Commissioner of Labor* et le président de l' « Interstate Commission of Commerce ». Toutefois ces deux personnes ne peuvent agir que sur la demande d'une des parties en cause, c'est-à-dire, soit du patron, soit de la majorité des ouvriers. En cas d'insuccès de la tentative de conciliation, elles devront s'efforcer de décider les intéressés à accepter l'arbitrage. Si les pourparlers engagés à cet effet aboutissent, le litige sera soumis à un comité de trois arbitres, ainsi constitué : un représentant des patrons, un représentant des ouvriers, et un surarbitre nommé par les deux précédents, ou en cas de désaccord sur ce point par les deux agents fédéraux précités.

La sentence (*award*) rendue par le comité d'arbitrage aura force obligatoire pendant un an. En outre, au cours des trois premiers mois, le patron ne pourra congédier aucun des ouvriers qui faisaient partie de son personnel à l'époque où le conflit a pris naissance, et aucun de ces ouvriers ne pourra quitter son emploi, à moins de donner à l'autre partie un préavis de trente jours.

Durant la période transitoire comprise entre l'acceptation du compromis par les intéressés et le prononcé de la sentence, les employés ne pourront pas se mettre en grève ; de son côté, le patron ne pourra congédier un agent qui était en service à l'époque du conflit, sauf le cas d'infraction aux lois et règlements, d'incapacité notoire ou de négligence dans le service. Toute infraction à ces dispositions sera punie d'amende.

Il est interdit aux associations ouvrières, sous la même sanction, de détourner ou tenter de détourner un ouvrier de son travail pendant la période en question.

Des textes comparables à l'*act* fédéral du 1er juin 1898 existent aujourd'hui dans douze Etats, qui sont les suivants : Californie, Connecticut, Illinois, Massachusetts, Michigan, Minnesota, Missouri, Montana, Nevada, Indiana, Ohio et New-York. Parmi les lois de ce caractère, la loi-type est l'*act* n° 106 du Code de l'Etat de Massachusetts. Cet *act* date de 1886; toutefois il a été remanié par la suite à diverses reprises, notamment en 1909.

L'*act* du Massachusetts porte « qu'il est établi un Comité d'Arbitrage *permanent,* composé de trois membres : un patron, un ouvrier, et une personne étrangère au monde industriel, choisie autant que possible sur la présentation des deux précédentes. Ces arbitres sont nommés pour trois ans par le Gouverneur en Conseil Législatif, et indéfiniment rééligibles.

Il ne s'agit donc plus ici de comités purement temporaires, spéciaux à chaque instance, mais d'un organisme établi à demeure.

Le Comité est appelé à fonctionner dans les conditions suivantes. Dès que le maire d'une localité vient à apprendre qu'une grève, qu'un lock-out vient d'éclater ou est sur le point d'éclater, il en donne immédiatement avis au Comité, si ce dernier n'en a pas déjà été averti par l'une des parties en cause. Le Comité est obligé d'intervenir dès lors que la spécialité industrielle affectée par le conflit actuel ou latent compte dans la localité vingt-cinq ouvriers ou employés. Si cette condition est remplie, il est tenu de s'aboucher avec les patrons et les représentants des ouvriers. Tout d'abord il devra procéder à une enquête, afin de déterminer à qui incombe la plus grande part de responsabilité dans la naissance du différend; ses conclusions à ce sujet pourront être développées dans un rapport public. Puis il s'efforcera d'obtenir un règlement amiable du conflit, ou à défaut un compromis; s'ils s'arrêtent à cette dernière solution, les intéressés pourront choisir entre l'arbitrage du Comité et celui d'une commission locale nommée d'un commun accord. Toutefois le Comité n'est tenu d'arbitrer le différend que « dans le cas où la controverse soumise à son appréciation n'est pas du ressort des tribunaux ordinaires ». C'est là une restriction très regrettable, et que rien ne justifiait. Les intéressés, c'est-à-dire le patron, ou la majorité des ouvriers, devront requérir le Comité d'intervenir. La demande qui lui sera adressée à cet effet devra exprimer la promesse formelle de continuer le travail jusqu'au jour où la sentence aura été rendue.

Si la demande d'arbitrage n'est signée que de l'une des parties en cause, la décision du Comité sera soumise à l'autre partie pour acceptation. Dans le cas d'une réponse favorable, et en outre dans celui où la demande d'arbitrage est signée des deux parties (compromis), la décision rendue par le Conseil aura force de loi pendant une période de six mois.

Cette institution, qui est entrée dans sa vingt-septième année d'existence, n'a donné jusqu'à présent que de bons résultats. D'après les rapports présentés par son secrétaire au Parlement de Massachusetts, le Comité d'Arbitrage est saisi annuellement d'une centaine de demandes d'arbitrage; un petit nombre de ces dernières sont retirées après coup par leurs auteurs, et toutes les autres affaires sont conciliées assez promptement. «En vingt-cinq ans d'existence, lit-on dans le rapport de 1909, il n'y a pas d'exemple que les signataires d'un compromis aient refusé de se soumettre à la sentence arbitrale, ou de continuer l'exécution de l'ancien contrat de travail jusqu'au jour où cette sentence est rendue. Cette attitude conciliante du patronat et du prolétariat de l'Etat de Massachusetts a eu pour effet de rassurer les capitalistes, en les préservant d'un aléa dangereux. » C'est ce que constate le rapport précité, en ajoutant que « patrons et ouvriers cherchant, par le recours à l'arbitrage, à maintenir en mouvement, même au plus fort de leurs conflits, la machine industrielle (*the wheels of industry*), la grève et le lock-out n'apparaissent plus comme l'un des aspects du problème de la main-d'œuvre, mais seulement comme l'une des formes de l'oisiveté ».

Cet optimisme officiel, bien qu'empreint d'une certaine exagération, n'en est pas moins fondé dans une large mesure, ainsi que le montrent les faits eux-mêmes. Entre autres affaires réglées à l'amiable en 1909, grâce aux bons offices du Comité, il convient de citer celle des ouvriers voiliers, qui obtinrent d'importantes satisfactions, notamment la limitation du nombre des contremaîtres et des apprentis de chaque atelier; celle des tisseurs de Fall River, au nombre de 1.000, qui se virent accorder une augmentation raisonnable du taux des salaires (1) ; celle des garçons épiciers de Brockton, etc.

Les lois des autres Etats se rapprochent beaucoup de celle du Massachusetts. Il y a lieu cependant de signaler à ce sujet quelques différences intéresantes. Plusieurs assemblées ont cherché à donner aux intéressés des garanties d'impartialité dans le choix des arbitres permanents, qui, dans le système du Massachusetts, est confié au gouverneur, investi à cet égard d'un pouvoir discrétionnaire. Ainsi la loi de l'Illinois interdit de désigner comme arbitres permanents plus de deux membres appartenant au même parti politique, précaution insuffisante, le nombre des arbitres n'étant que de trois. La législature du Connecticut a été plus loin; elle a décidé que les membres du Conseil d'Arbitrage seraient recrutés de la manière suivante : les deux premiers doivent être pris, l'un dans le parti politique dont le candidat a obtenu le plus grand nombre de suffrages lors des élections pour le poste de gouverneur, l'autre dans celui qui s'est classé immédiatement

---

(1) Ils avaient demandé 10 p. 100 d'augmentation et obtinrent 5 p. 100.

après dans cette lutte; le troisième doit être choisi au sein d'une organisation ouvrière reconnue par la loi. Dans l'Indiana, sur trois commissaires-arbitres, deux seulement sont permanents, savoir: un patron et un ouvrier ayant dix années d'exercice de leur profession, âgés de plus de 40 ans, et appartenant à des partis politiques différents; ces deux commissaires s'adjoindront à titre de départiteur le juge du comté dont dépend la localité où règne le conflit qu'ils sont chargés d'arbitrer.

D'autre part, les lois de l'Illinois et de l'Indiana exigent pour la validité d'une demande d'arbitrage formulée par les ouvriers l'adhésion des deux tiers du personnel, et non la simple majorité. Celle de Nevada, par imitation de l'*act* fédéral de 1898, élève à un an la durée pendant laquelle la décision arbitrale aura force obligatoire; de même elle impose un délai-congé de trente jours au patron comme à l'ouvrier pour les trois mois qui suivent le prononcé de cette décision.

La Pennsylvanie, au lieu d'organiser, comme l'ont fait les Etats précédents, un Conseil unique d'arbitrage et de conciliation, a préféré instituer dans chaque district judiciaire des tribunaux permanents appelés à jouer le même rôle. Cette création résulte du « Voluntary Trade Act » de 1883; elle est donc antérieure, non seulement à l'*act* fédéral précité, mais encore à la loi du Massachusetts elle-même.

Les *trade tribunals* ne sont pas créés d'office, mais seulement en vertu d'une ordonnance rendue par le juge du district, que la loi investit à cet égard d'un pouvoir discrétionnaire. Toutefois ce magistrat ne peut agir que sur pétition de ses justiciables. Les pétitions adressées à cet effet au juge devront être signées, soit d'un chef d'entreprise, soit de cinquante ouvriers; dans ce dernier cas, la loi exige la réunion de certaines conditions (2).

(2) Les cinquante ouvriers devront appartenir à cinq entreprises différentes comptant chacune un personnel total de dix travailleurs au

Les signataires devront justifier de leur qualité de citoyens américains, et d'une année de résidence dans le district. Quand une pétition n'est signée que par les patrons ou les ouvriers, la loi dit que l'adhésion de l'autre partie devra être obtenue, mais sans indiquer quelle sera la forme de cette consultation.

Contrairement à ce qui se passe dans les autres Etats en matière d'arbitrage, les tribunaux professionnels pennsylvaniens n'ont pas juridiction plénière : ils ne peuvent connaître que des conflits intéressant l'une des quatre spécialités suivantes : industrie textile, métallurgie, mines de houille, glacerie. La loi permet au juge d'organiser dans son district un tribunal spécial pour chacune de ces industries ou un tribunal unique.

Le personnel des *trade tribunals* se compose de cinq personnes : deux représentants des patrons, deux délégués des ouvriers, choisis par le juge sur des listes triples désignées par chaque catégorie de justiciables, et un surarbitre (*umpire*), désigné par les quatre précédents.

Les tribunaux d'arbitrage ne peuvent connaître d'un litige que s'il leur a été soumis d'un commun accord par les deux parties en cause. Mais une fois qu'ils ont été saisis d'un différend professionnel, ils disposent vis-à-vis des contestants des pouvoirs les plus étendus. Entre autres droits dont ils sont investis par la loi, ils peuvent exiger la production des livres de comptabilité de l'entreprise et de toutes autres pièces qu'ils jugent nécessaires pour éclairer leur religion. La partie qui refuserait de se prêter à cette communication serait en vertu de ce seul fait déclarée défaillante.

La législature du Colorado n'a pas jugé utile d'instituer une organisation particulière chargée d'assurer l'arbitrage des différends professionnels, mais elle a imposé au Commissaire du

---

minimum, ou à une même exploitation industrielle employant soixante-quinze personnes au moins.

Bureau des Statistiques Ouvrières l'obligation d'intervenir dans les conflits du travail dans certaines conditions. Si ce fonctionnaire en est requis par un patron ou par quinze ouvriers, et si l'entreprise affectée par le conflit compte plus de 25 salariés, il est tenu de se rendre immédiatement sur les lieux et de faire tous ses efforts pour amener les parties à s'entendre.

L'arbitrage facultatif semble avoir donné de bons résultats aux Etats-Unis, tout au moins en ce qui concerne le Massachusetts. Quant à l'arbitrage obligatoire, dont l'Oklahoma a prévu l'application partielle, on ne peut encore se prononcer sur ses résultats, mais il est permis d'espérer qu'ils seront meilleurs que ceux obtenus depuis le début du siècle en Nouvelle-Zélande. L'exemple de ce dernier pays, nettement défavorable, ainsi qu'il résulte d'une récente étude de M. William Downie Stewart, professeur à l'Université de Dunedin, n'est pas probant, car la loi néo-zélandaise n'impose l'arbitrage qu'aux ouvriers affiliés à une *Union* dûment enregistrée; en sorte qu'il suffit aux travailleurs, pour esquiver les conséquences de ce texte, de dissoudre l'union et de la reconstituer sur des bases extra-légales. Cette restriction fâcheuse ne figurant pas dans la loi de l'Oklahoma, tout porte à croire que l'arbitrage obligatoire y aura de bons effets (3) (a).

(3) *Quarterly Journal of Economics*, août 1910.

(a) Législation française. — *Jusqu'à la loi du 27 décembre 1892 il n'existait d'autre moyen de régler les différents collectifs entre patrons d'une part et ouvriers ou employés de l'autre, que le recours à l'arbitrage ordinaire, c'est-à-dire à un arbitrage réglé librement par accord des parties quant au choix des arbitres et aux points sur lesquels l'arbitrage devait porter.*

Mais il a semblé qu'il y avait peu de chances pour que dans l'émotion d'un différend collectif entre patrons et ouvriers les intéressés consentissent à faire appel à des arbitres et s'entendissent pour les choisir; c'est pourquoi le législateur s'est décidé à créer une procé-

dure spéciale pour faciliter la conciliation et l'arbitrage en matière de différends collectifs entre patrons et ouvriers ou employés, et il a créé dans ce but la loi du 27 décembre 1872. La loi prévoit deux hypothèses: la première est celle d'un simple différend non accompagné de grève, la seconde est celle d'une grève. Dans le premier cas, l'initiative de la démarche en conciliation ou en arbitrage appartient aux parties ou à l'une des deux. La procédure d'après laquelle doit être constitué le comité de conciliation ou le conseil d'arbitrage est la suivante : la partie qui désire la conciliation ou l'arbitrage adresse au juge de paix du canton une déclaration écrite indiquant les demandeurs ou leurs représentants, l'objet du différend avec l'exposé succinct des motifs allégués, les personnes auxquelles la proposition de conciliation ou d'arbitrage doit être notifiée, les délégués choisis par les demandeurs.

Le juge de paix notifie dans les vingt-quatre heures cette déclaration à la partie adverse ou à ses représentants. Les intéressés doivent faire parvenir leur réponse au juge de paix au plus tard dans les trois jours. Passé ce délai, leur silence est tenu pour refus.

Si la proposition est acceptée, le juge de paix invite les parties ou leurs délégués à se réunir en comité de conciliation; les réunions ont lieu en présence du juge de paix. Si l'essai de conciliation n'amène pas à un accord, le juge de paix invite les parties à désigner soit chacune un ou plusieurs arbitres, soit un arbitre commun. Si les arbitres ne s'entendent pas sur la solution à donner au différend ou sur la nomination d'un sur-arbitre, le sur-arbitre sera nommé par le président du tribunal civil.

Telle est la procédure créée par la loi du 27 décembre 1872 pour favoriser la solution des différends d'ordre collectif portant sur les conditions du travail.

En cas de grève, l'initiative de provoquer une conciliation appartient légalement au juge de paix si les intéressés ne la prennent pas d'eux-mêmes.

Conclusion

L'étude comparative de la protection légale des travailleurs. en France et aux Etats-Unis, aboutit à des constatations notablement différentes suivant que l'on envisage les lois des deux pays à un point de vue purement abstrait, ou que l'on se préoccupe aussi de leur interprétation par les tribunaux.

Le rapprochement des textes, considérés d'une manière absolue, fait ressortir entre les deux systèmes législatifs des différences très marquées sur un grand nombre de points, tantôt à l'avantage des ouvriers français, tantôt à celui de leurs frères d'Amérique.

La loi des Etats-Unis l'emporte sur celle de notre pays, tout d'abord, en ce qu'elle a traité, et d'une manière assez heureuse deux matières complètement négligées par le législateur français : la réglementation du travail à domicile et la protection de la main-d'œuvre nationale contre l'immigration étrangère. On peut critiquer l'efficacité de certaines des mesures édictées par les lois des onze Etats de l'Union qui ont cherché à combattre le fléau du *sweating system*, en particulier l'obligation d'apposer une étiquette spéciale sur les objets fabriqués dans les *sweat shops* paraît à peu près dépourvue d'effets utiles ; il n'en est pas moins vrai que la perspective d'une descente de police possible dans les locaux exerce un effet préventif assez heureux, sinon toujours décisif. D'autre part, si certaines dispositions de la loi fédérale sur l'immigration sont d'une sévérité qui confine parfois à l'injustice, il n'en faut pas moins louer le législateur américain d'avoir cherché à canaliser et à épurer, fut-ce d'une main trop lourde, le flot parfois boueux de l'immigration européenne (1).

Mais, en outre, la loi des Etats-Unis a édicté dans d'autres domaines des prescriptions plus conformes que celles de la loi française aux aspirations légitimes des classes laborieuses. Parmi ces mesures, il convient de rappeler tout spécialement les suivantes :

Limitation (dans dix-sept Etats) de la durée du travail journalier pour toutes les industries, tantôt à huit, tantôt à dix heures par jour, *sauf convention contraire*, avec obligation pour l'employeur de rétribuer les heures supplémentaires.

Institution à titre obligatoire (dans plusieurs Etats) de la *semaine anglaise ;*

Obligation d'accorder aux ouvriers une interruption de travail pour le repas de midi (dans six Etats) ; interdiction (dans le New-Jersey) de faire travailler les personnes protégées, *de midi à une heure ;*

Limitation à huit heures (dans plusieurs Etats) de la durée du travail quotidien pour tous les ouvriers mineurs *du fond* (et non, comme en France, pour les seuls *piqueurs*) ;

Obligation pour les Compagnies de chemins de fer de munir leur matériel roulant de certains appareils de sécurité, que le service du contrôle français n'est pas encore parvenu à imposer aux Compagnies, notamment le cendrier de sûreté (*ash-pan*) et l'attelage automatique.

Interdiction (loi du Massachusetts) pour l'autorité publique de violer l'anonymat des dénonciations, par le personnel, du mauvais état du matériel des Compagnies ;

Interdiction aux femmes de prendre part aux travaux des mines, même à ceux dits *du jour* (autorisés par la loi française) :

---

(1) Voir à l'appendice n° 1 l'étude sommaire des lois ouvrières votées par le Congrès ou en cours de discussion.

Interdiction (loi du Michigan) de l'emploi des enfants de moins de 18 ans et des femmes ou filles mineures dans les établissements industriels affectés à la fabrication, à la mise en tonneaux, à la mise en bouteilles ou à l'emballage des liqueurs spiritueuses;

Relèvement (dans plusieurs Etats importants) à 14, 15 ou même 16 ans de la limite d'âge au-dessous de laquelle le travail des enfants est rigoureusement interdit, et à 16 ans de la limite d'âge dite *scolaire;*

Institution (dans quatre Etats) de peines correctionnelles contre l'employeur au cas de refus de paiement du salaire;

Mise en cause (dans plusieurs Etats) de la responsabilité des actionnaires de sociétés anonymes pour le recouvrement des salaires en souffrance;

Elargissement des pouvoirs confiés aux inspecteurs du travail, et institution (dans l'Etat du Kansas) de délégués industriels élus par les ouvriers;

Reconnaissance aux unions de syndicats de la pleine personnalité civile, et du droit de se grouper en fédérations;

Création dans certains Etats, notamment dans le Massachusetts, d'arbitres permanents pour les conflits du travail.

Il semble que le législateur français pourrait s'inspirer utilement de ces exemples qui lui viennent de l'autre côté de l'Atlantique.

En revanche, la législation ouvrière française s'occupe d'importantes questions sur lesquelles la loi américaine est restée à peu près muette. Tel est notamment le cas pour les institutions de prévoyance et la réglementation de la durée du travail dans les établissements mixtes. Malgré leurs imperfections, les lois plus ou moins récentes qui ont accordé par étapes successives à la masse des prolétaires de notre pays, salariés, petits exploitants agricoles, artisans, la sécurité matérielle pour leurs vieux jours constituent par rapport au passé un progrès inappréciable, qu'attendent encore à l'heure actuelle les classes laborieuses américaines. De même, notre législation sur les établissements mixtes assure le respect des prescriptions sur la limitation du temps de travail des personnes protégées : des textes analogues n'existent aux Etats-Unis que dans deux Etats, pour l'ensemble des industries, et dans trois autres, pour l'industrie textile.

D'autre part, la question du risque professionnel a été traitée en France dans un sens beaucoup plus libéral qu'aux Etats-Unis. Alors que, chez nous, l'ouvrier victime d'un accident en service a droit à une indemnité, quelles que soient les circonstances dans lesquelles le sinistre s'est produit, l'ouvrier américain n'a encore dans pareil cas, suivant la loi de la plupart des Etats, qu'un recours à peu près illusoire. Il se voit opposer presque partout des fins de non recevoir que la jurisprudence française, même avant la mise en vigueur de la loi de 1898, n'avait jamais admises. Seul le Montana a proclamé le principe du risque professionnel, encore est-ce pour l'industrie minière exclusivement. De même, la loi française prend toujours pour base de calcul de l'indemnité le salaire moyen de la victime, et attribue à cette indemnité la forme d'une rente annuelle; tout au contraire, la loi américaine donne presque toujours carte blanche aux tribunaux pour la fixation des dommages-intérêts, dans les limites d'un chiffre maximum, et prévoit le paiement de la compensation allouée par les juges en un versement en capital, au lieu d'une rente viagère, ce qui favorise le gaspillage et les entreprises malhonnêtes des agents d'affaires véreux.

Enfin la loi française l'emporte encore sur les points suivants :

Insaisissabilité plus complète des petits salaires, sauf un petit nombre d'exceptions concernant des Etats peu importants;

Caractère plus large de la législation sur le repos hebdomadaire, qui est exclusivement sociale chez nous, alors qu'aux Etats-Unis elle est avant tout d'ordre religieux, d'où maintes prescriptions nettement vexatoires;

Développement plus considérable, et meilleure organisation

de l'enseignement technique industriel à ses différents degrés.

Ce parallèle achevé, il semble que l'on ne puisse attribuer le premier rang, en ce qui concerne la protection légale des travailleurs, à aucun des deux pays d'une manière absolue. A tout prendre, on peut dire que l'ouvrier américain est placé par la loi de son pays dans une situation meilleure que son congénère français, au moins tant que nul accident grave ne vient troubler le cours de sa vie de labeur. Mais qu'un événement fâcheux survienne, d'ordre professionnel ou d'ordre privé : accident du travail, interrompant ou brisant à jamais sa carrière, saisie-arrêt, amoindrissant l'effet utile de ses efforts, ou simplement que la vieillesse, avec son cortège d'infirmités, l'oblige à quitter sa place à l'atelier; alors il enviera à bon droit son camarade de France, que la loi a mieux garanti contre toutes ces éventualités.

La supériorité de la loi américaine en matière de sécurité du travail et (sous la réserve relative aux établissements mixtes) de réglementation de la durée du travail semble devoir se maintenir longtemps encore, si l'on en juge par les atermoiements continuels que subissent en France les projets de réforme législative sur ces différents sujets. Le projet critiquable à certains égards, mais incontestablement meilleur que le régime actuel, au point de vue de la défense des droits des ouvriers, déposé sur le bureau de la Chambre des députés, le 10 juillet 1906, par M. Doumergue, alors ministre du Commerce, n'a pas encore été soumis au vote de la Chambre. Il en est de même d'ailleurs d'autres propositions plus modestes, qu'il eût été facile d'examiner et de faire adopter en quelques semaines par le Parlement, comme l'obligation de l'emploi de l'attelage automatique des wagons.

Pendant que le pouvoir législatif de notre pays reste dans une inaction regrettable, les assemblées fédérale et régionales des Etats-Unis se montrent au contraire disposées à écouter les revendications des classes laborieuses. Au cours de la dernière législature (1911-1913), un grand nombre de lois, dont plusieurs très importantes, sont venues améliorer sur différents points le sort des travailleurs (1). Ainsi la législation des accidents du travail a été modifiée d'une manière très libérale dans dix Etats, et huit autres ont nommé des commissions pour étudier la réforme du système actuellement en vigueur chez eux. Encore quelques sessions et les Etats-Unis n'auront plus rien à envier à la France en pareille matière. D'autres textes sont venus raccourcir la durée maxima du travail journalier des femmes, des enfants, et même des hommes adultes, renforcer l'obligation scolaire, faire respecter les droits des grévistes, rendre plus complètes l'hygiène et la sécurité du travail à l'atelier, etc. Toutes ces victoires pacifiques remportées par l'esprit de progrès social sur l'égoïsme et l'indifférence sont dues en grande partie à la ténacité des représentants du monde ouvrier.

Les efforts des associations de travailleurs ont été moins efficaces sur d'autres points, tels l'organisation de l'enseignement technique, la création d'institutions de prévoyance, et l'extension à tous les Etats de la réglementation du temps de travail dans les établissements mixtes, déjà en vigueur dans quelques-uns d'entre eux. L'insuccès des tentatives faites à se sujet est atténué, il est vrai, par certaines circonstances particulières aux Etats-Unis. D'une part, en effet, l'assurance sur la vie est très développée dans le pays, du haut en bas de l'échelle sociale · c'est la manifestation de prévoyance la plus populaire de beaucoup; en outre, les *unions* professionnelles versent de par leurs statuts aux héritiers de leurs membres défunts des *death benefits* qui peuvent s'élever jusqu'à 500 dollars, et parfois aussi servent à leurs membres retraités une petite pension (*superannuation*). D'autre part, la limitation du temps de travail des hommes

(1) Voir à l'appendice n° 2 la revue sommaire du mouvement de la législation ouvrière de 1910 à 1913.

adultes, tantôt inscrite formellement dans la loi, tantôt imposée en fait par les associations syndicales, fait perdre beaucoup de son importance à l'absence de réglementation sur les établissements mixtes.

Quant à la comparaison de la jurisprudence ouvrière des deux pays en cause, il convient, avant d'y procéder, de mettre en présence l'organisation des juridictions appelées à connaître dans chacun d'eux des litiges professionnels, pour déterminer successivement les garanties de compétence et d'impartialité que présentent ces juridictions, les conditions de leur fonctionnement, enfin l'étendue des pouvoirs qui leur sont attribués.

En France, les contestations relatives au contrat de travail, c'est-à-dire celles qui portent sur le prix de l'heure ou de la journée, les retenues ou amendes, les règlements d'atelier, la rupture du contrat et les demandes de dommages-intérêts y relatives, sont portées devant des tribunaux spéciaux, les conseils de prud'hommes, qui existent dans tous les centres industriels de quelque importance. Les conseils de prud'hommes, dont le nombre est d'environ 200, existent depuis plus d'un siècle (1). Ils sont appelés à juger en dernier ressort les litiges dont l'importance en capital n'excède pas 300 francs, et les autres en première instance, sauf appel de leur décision au tribunal civil. La procédure devant ces tribunaux est peu coûteuse et rapide. Leur composition présente les meilleures garanties de compétence professionnelle, qualité beaucoup plus appréciable en l'espèce que les connaissances juridiques les plus étendues : ils sont constitués pour moitié de délégués des patrons et pour moitié de délégués des ouvriers; en cas de partage, le juge de paix de la circonscription sert de départiteur.

Les autres contestations entre patrons et ouvriers — comme

---

(1) Les conseils de prud'hommes ont été institués par la loi du 18 mars 1806.

aussi les précédentes dans les lieux où il n'existe point de conseil de prud'hommes — sont tranchées, suivant leur nature et leur importance, soit par le juge de paix, soit par le tribunal civil de première instance, sauf appel au tribunal civil et à la Cour d'appel respectivement, si l'intérêt du litige excède un chiffre déterminé.

Le recrutement de ces différents magistrats n'est pas le même. Les conseils de prud'hommes sont élus pour six ans par les justiciables — patrons d'une part, ouvriers ou employés de l'autre, — âgés de vingt-cinq ans, résidant depuis un an dans le ressort et exerçant leur profession depuis trois ans au moins. Sont éligibles les électeurs ou les anciens électeurs n'ayant pas quitté leur profession depuis plus de cinq ans, sachant lire et écrire, et âgés de 30 ans au moins. Le mandat de prud'homme est exercé à titre gratuit. Les magistrats proprement dits, juges de paix, juges des tribunaux civils, conseillers des cours d'appel, sont nommés par le gouvernement; ils doivent réunir certaines conditions d'âge (25 à 30 ans) et de capacité (variables pour les juges de paix, possession du grade de licencié en droit; et accomplissement d'un stage de deux ans dans les bureaux, pour les autres), ces dernières souvent peu probantes en ce qui concerne les juges de paix. Ils sont rétribués, modiquement d'ailleurs, et jouissent de droits à la retraite. Quant à la durée de leur mandat, elle est indéfinie, c'est-à-dire qu'elle peut se poursuivre jusqu'à l'âge de la retraite (70 ans). De plus, les magistrats des Cours et tribunaux civils sont inamovibles, c'est-à-dire qu'ils ne peuvent être dépossédés de leur charge que pour une faute professionnelle ou un délit.

Aux Etats-Unis, la juridiction professionnelle étant inconnue, tous les différends sont portés devant les tribunaux de droit commun, qui comportent trois degrés de juridiction, voire même quatre, quand les justiciables en appellent des tribunaux d'Etat à la Cour suprême des Etats-Unis, dans certains cas. Aussi la procédure est-elle longue, compliquée et très coûteuse. Un patron processif, un syndicat ouvrier riche et puissant peuvent traîner la partie adverse de la Cour des *common pleas,* qui siège dans chaque comté, à la Cour supérieure, puis à la Cour d'appel, en multipliant ainsi les frais et prolongeant indéfiniment la durée du procès.

Le mode de désignation des juges américains est double. Les uns, juges de la Cour suprême des Etats-Unis, des *district* ou *circuit courts,* juridictions fédérales qui ont à connaître des infractions aux lois votées par le Congrès pour l'ensemble du pays (1), sont désignés à vie par le Président, avec le consentement du Sénat; ils ne peuvent être destitués que pour inconduite ou incompétence notoire, après accomplissement de certaines formalités. Ceux des tribunaux d'Etat sont tantôt nommés par le gouverneur, et tantôt élus, pour un temps généralement long — dix à quinze ans — au suffrage universel. Pour aspirer aux fonctions judiciaires, il suffit en droit de réunir les conditions de moralité, assez banales, et de stage d'avocat requises par la loi; mais en fait, il faut en outre être présenté au chef du pouvoir exécutif ou au corps électoral, suivant le cas, par les *bar associations,* groupements professionnels analogues à nos bureaux, et dont la sévérité est justement renommée. Les magistrats reçoivent une rétribution assez élevée; ils n'ont pas, sauf ceux de la Cour suprême, de droits à la retraite, mais en revanche les plus éminents d'entre eux se voient souvent offrir un poste d'administrateur ou de conseil juridique dans quelque puissante société industrielle ou financière.

Pour compléter le parallèle, il convient d'ajouter que les magistrats américains, comme les magistrats anglais, ont des pouvoirs beaucoup plus étendus que ceux de leurs collègues

---

(1) Le Congrès est en effet appelé à légiférer spécialement pour le District d'Alaska et pour le District de Colombie (ville de Washington).

français. En particulier, ils ont le droit, voire même le devoir, de contraindre une personne à s'acquitter dans certains cas d'une obligation qui lui incombe, et de décerner à cet effet un *writ of mandamus* : par exemple ils peuvent, sur la requête d'un contribuable, enjoindre aux administrateurs d'une paroisse de réparer une route. Mais en outre, et ceci est à retenir en matière de législation ouvrière, ils peuvent, au moyen d'un *brief of injunction*, sommer une personne, à la requête d'un tiers, de s'abstenir d'accomplir un acte déterminé. Le refus d'obtempérer à cette mise en demeure, fût-elle reconnue plus tard abusive, expose les récalcitrants à être traduits à la barre de la Cour et condamnés pour outrage à un magistrat dans l'exercice de ses fonctions (*contempt of court*).

De ce qui précède, il résulte que les ouvriers de notre pays sont beaucoup mieux partagés que ceux des Etats-Unis au point de vue de la rapidité et du coût de la procédure des litiges professionnels, sans parler de l'avantage considérable donné aux plaideurs indigents en général, quelle que soit la nature des procès engagés, par l'organisation française de l'assistance judiciaire (1). En ce qui concerne la compétence, il semble que les magistrats américains n'aient rien à envier aux magistrats français; toutefois, nos conseillers prud'hommes paraissent mieux placés que les juridictions de droit commun des Etats-Unis pour trancher les litiges relatifs au contrat de travail, car ils connaissent par expérience les exigences particulières et les usages de leurs professions respectives et des métiers connexes.

Quant à l'impartialité des magistrats, si elle n'est pas l'objet, en France, d'attaques particulièrement agressives de la part de la masse des travailleurs, elle est énergiquement contestée aux

(1) L'assistance judiciaire (pleading *in forma pauperis*) existe aussi aux Etats-Unis, mais ses conditions d'application sont beaucoup moins libérales qu'en France, sauf en Louisiane, où une loi récente vient de la réorganiser. (Voir le deuxième appendice.)

Etats-Unis par les représentants autorisés des ouvriers. D'après eux, les juges américains seraient les hommes-liges des grandes entreprises et les ennemis jurés du prolétariat. Entre autres griefs, on leur reproche, d'une part, d'interpréter la loi d'une manière trop étroite et sans jamais tenir compte de l'évolution des idées, de l'autre, d'abuser de la procédure des *briefs of injunction* dans les conflits du travail.

Telles qu'elles sont présentées, ces critiques sont injustes : la magistrature américaine, de par son mode de recrutement et le contrôle préventif exercé par les barreaux d'avocats, est au-dessus de tout soupçon de prévarication. Il faut toutefois reconnaître qu'elle est essentiellement traditionnaliste et voit d'un mauvais œil les innovations législatives. Cette attitude l'amène parfois, par une interprétation judaïque des textes, à restreindre la portée pratique des avantages reconnus aux travailleurs par des lois nouvelles, particulièrement en matière d'accidents du travail. Parmi les solutions jurisprudentielles auxquelles on peut adresser ce reproche, il convient de citer les suivantes, dont les trois premières concernent des demandes en indemnités pour accidents :

Les prescriptions légales qui rendent obligatoire l'attelage automatique pour les *wagons* de chemins de fer ne s'appliquent pas aux *locomotives* (!). Par suite, la demande de dommages-intérêts formulée par un employé blessé en accouplant un wagon et une locomotive non munis de ce dispositif spécial, et basée sur l'inobservation de la loi par la Compagnie, a été rejetée (Cour supérieure, Massachusetts).

Un mécanicien de chemins de fer, blessé en service le dimanche dans un accident occasionné par le mauvais état de la voie, a été débouté d'une demande semblable, sous prétexte que l'inobservation du repos dominical était un acte de négligence de sa part ! Cette décision émane, comme la précédente, d'une Cour supérieure du Massachusetts; il convient de signaler qu'une Cour supérieure de l'Etat de New-York s'est prononcée en sens contraire dans une instance exactement semblable.

Un serre-freins, blessé en service par l'éclatement d'une roue de frein d'un wagon à marchandises, au cours d'une manœuvre de triage exécutée dans une gare de sa Compagnie, a perdu, lui aussi, un procès en dommages-intérêts intenté à cette dernière, le juge ayant déclaré « que la loi visait exclusivement les accidents causés par le mauvais état du matériel *de la Compagnie;* or, le wagon en question appartenait à un autre réseau ! » (Cour supérieure, Massachusetts).

La prohibition du travail de nuit pour les femmes adultes a été déclarée inconstitutionnelle par une Cour supérieure de l'Etat de New-York, comme excédant les pouvoirs de police de la législature.

La loi pennsylvanienne de 1905 sur le travail des mines, qui subordonne l'embauchage des jeunes gens de moins de seize ans à la production d'un certificat spécial, à la fois signalement, acte d'état civil et livret scolaire, a été déclarée inconstitutionnelle par les tribunaux, comme contraire à la liberté commerciale.

D'autre part, il convient de rappeler (1) que les tribunaux de l'Etat du Maine ont jugé licite la brusque réduction de salaire, en refusant de l'assimiler à un congé déguisé, et que ceux de la Géorgie n'accordent point de dommages-intérêts à un employé congédié avant le terme de son contrat, s'il ne justifie point avoir fait diligence en vue d'en trouver un autre.

Enfin, la législature du Nevada et celle de Pennsylvanie ayant adopté des lois déclarant passible de peines correctionnelles (2) le fait d'obliger une personne à se retirer d'une association ouvrière ou de lui défendre de s'y affilier, sous peine d'être congédiée de son emploi ou de n'être pas embauchée, les tribunaux

---

(1) Voir ci-dessus, pages 16 et 17.

(2) Voir pages 269 à 272.

des deux Etats ont cassé ces lois comme inconstitutionnelles.

S'il faut reconnaître que ces décisions, comme d'ailleurs beaucoup d'autres analogues, méritent les critiques dirigées contre elles par les milieux ouvriers, il convient d'ajouter que les juges américains ne réservent pas leur sévérité d'interprétation pour les différends professionnels, mais l'apportent à la solution de tous les litiges, de quelque ordre qu'ils soient. Il serait donc injuste de les accuser d'être partiaux en faveur des patrons. Quant à leur faire grief de l'usage des *briefs of injunction* et d'avoir appliqué l'*Anti-Trust Law,* c'est oublier que le magistrat n'est pas juge de l'opportunité ou de l'équité des prescriptions de la loi, mais seulement de sa constitutionnalité.

Considérée dans son ensemble, la jurisprudence ouvrière est donc beaucoup moins libérale aux Etats-Unis qu'en France. Le juge de notre pays, tout en sachant résister à la poussée démagogique, s'efforce de tenir compte dans l'interprétation des textes de l'évolution du milieu social. Telle n'est pas l'attitude du magistrat américain qui, en digne représentant du traditionalisme anglo-saxon, ne peut se décider à suivre l'exemple de son collègue français, et obéit toujours à la lettre de la loi plutôt qu'à son esprit. Cette politique est d'autant plus regrettable que les tribunaux des Etats-Unis sont appelés, non seulement à interpréter les lois, mais encore à se prononcer le cas échéant sur leur constitutionnalité. Aussi les amis des travailleurs, après avoir fait campagne pour l'adoption d'une mesure législative de caractère humanitaire, et triomphé des hésitations du Parlement fédéral ou local, ont-ils été souvent obligés de lutter à nouveau après son adoption pour obtenir la revision de la constitution parce que les tribunaux avaient refusé d'appliquer ladite mesure en la déclarant inconstitutionnelle. La revision obtenue, il avait fallu obtenir un nouveau vote de la loi. Cette procédure étant longue et coûteuse, les défenseurs de la classe ouvrière ont cherché et trouvé d'autres méthodes. Ils préconisent maintenant l'initiative et le referendum populaire, soit pour la réforme législative, soit pour la revision de la Constitution. Ces deux mesures consistent, l'une à soumettre d'office aux assemblées locales un projet de loi, l'autre à le voter aux lieu et place du Parlement lui-même. Elles existent déjà dans sept Etats: Oregon, Arkansas, Californie, Montana, Oklahoma, Maine et Dakota du Sud; mais dans les quatre derniers elles sont restées lettre morte, étant données les conditions draconiennes auxquelles leur fonctionnement est subordonné. Le parti ouvrier voudrait que ces conditions soient adoucies, et que les droits d'initiative et de referendum soient introduits dans la Constitution de tous les Etats. Ainsi le peuple pourrait triompher au besoin de l'inertie ou du mauvais vouloir de ses représentants.

Les tentatives faites pour améliorer, par voie de réforme législative, le sort des travailleurs se heurtent donc à des obstacles différents aux Etats-Unis et en France. Ici, le pouvoir législatif, malgré certaines manifestations intermittentes de caractère purement électoral, montre peu d'empressement à intervenir, en sorte que des propositions de loi sur lesquelles l'accord aurait dû être immédiat et unanime sont en suspens depuis de longues années; par contre, la jurisprudence cherche à adapter, sans toutefois la fausser, la volonté du législateur au changement des idées. Là, le Congrès et les Assemblées locales semblent se décider à donner satisfaction aux travailleurs, particulièrement depuis deux ou trois ans, comme en témoignent des lois récentes; en revanche, les tribunaux, plus attachés à la lettre qu'à l'esprit des textes, entravent l'œuvre réformatrice des Parlements.

Tel est le présent. Que peut-on augurer de l'avenir?

En ce qui concerne la France, il est permis d'espérer que notre pouvoir législatif secouera quelque jour son indifférence, et ne se laissera pas devancer successivement par les pays réputés les plus arriérés en matière de législation sociale. Quant aux Etats-Unis, il semble que le mouvement de la législation ouvrière y subisse une double évolution. D'une part, il tend, lentement, mais progressivement, à devenir uniforme: tantôt les Assemblées locales se font des emprunts mutuels, et tantôt le Congrès édicte des lois qui, s'appliquant à tout le territoire, rejettent à l'arrière-plan les prescriptions locales. Ce phénomène n'est pas d'ailleurs spécial au droit ouvrier, mais paraît au contraire devoir s'étendre à l'ensemble des institutions juridiques du pays. Déjà le droit de change est soumis aux mêmes prescriptions — empruntées à la loi de l'Etat de New-York — dans trente-huit Etats de l'Union (1). D'autre part, il tend à devenir plus démocratique. Le parti républicain, celui des grandes firmes industrielles, maître absolu du pouvoir pendant seize ans, avait trop négligé la protection de la main-d'œuvre pour ne penser qu'à celle des matières premières et produits fabriqués; il ne se laissait arracher des concessions qu'au prix des plus grands efforts. Aussi le parti ouvrier a-t-il voté en masse, aux élections de 1910 et de 1912, pour les candidats démocrates adversaires des trusts et des tarifs douaniers exorbitants qui rendent la vie chère. Le demi-succès des démocrates en 1910 a valu aux travailleurs d'indiscutables améliorations de leur sort. Leur triomphe de novembre 1912 paraît devoir avoir des conséquences plus importantes encore. La création d'un ministère du Travail et le choix comme titulaire de ce portefeuille d'un des chefs mêmes du mouvement socialiste, M. W.-B. Wilson, homonyme du président, représentant, au Congrès, des ouvriers mineurs de Pennsylvanie et ancien ouvrier lui-même, témoigne de l'intérêt que le nouveau chef de l'Etat porte aux revendications des travailleurs, de même que la désignation de ses autres collaborateurs prouve son esprit de conciliation et son discernement des compétences. Tout porte donc à

(1) Voir à ce sujet l'intéressante communication faite en juillet 1910, à la Conférence Internationale de La Haye pour l'Unification du Droit au Change, par M. Charles Conant, délégué des Etats-Unis.

croire que le mandat de M. Woodrow Wilson marquera pour les classes laborieuses des Etats-Unis d'Amérique l'avènement d'un esprit nouveau, également éloigné des rêves insensés de la démagogie et de l'égoisme féroce d'une ploutocratie tyrannique.

APPENDICE PREMIER

Mouvement de la législation ouvrière fédérale de 1910 à 1913

L'œuvre législative du 62e Congrès (mars 1911-mars 1913) a été peu considérable dans son ensemble, en raison des divergences de vues existant entre la Chambre des Représentants, où le parti démocrate avait la majorité, et le Sénat, divisé en trois fractions (démocrates, républicains et progressistes) dont aucune n'avait la prédominance sur les deux autres. Au point de vue spécial du droit ouvrier, la Chambre a pris en considération un assez grand nombre de projets de lois présentés par les démocrates et particulièrement par les quinze représentants des trade-unions inscrits sur les contrôles de ce parti ; mais la plupart ont été ajournés ou même repoussés par le Sénat, et l'un de ceux qui avaient été adoptés par ce dernier a été frappé de veto par le président.

Parmi les lois ouvrières qui ont été promulguées pendant cette période, les principales sont les suivantes :

Extension à tous les agents fédéraux de la loi sur les accidents du travail;

Interdiction de l'emploi du phosphore rouge dans la fabrication des allumettes;

Limitation à huit heures de la journée de travail dans le service des postes:

Augmentation des salaires du personnel de l'Imprimerie Nationale;

Création du Ministère du Travail, dont les services dépendaient auparavant du portefeuille du Commerce.

D'autre part, le Sénat, puis la Chambre avaient voté, quelques semaines seulement avant l'expiration de leur mandat (février 1913), le *Literary test Bill,* qui imposait aux immigrants lors de leur entrée aux Etats-Unis une épreuve éliminatoire de lecture et d'écriture à subir dans leur langue maternelle. Quoiqu'il fut lui aussi à la veille de cesser ses fonctions, le président Taft crut devoir, sur rapport défavorable du ministre du Commerce, frapper le bill de *veto.* Le message du 14 février 1913, qui avisait le Congrès de la décision présidentielle, la motivait par trois raisons principales : 1° le bill portait atteinte aux libertés fondamentales proclamées par la Constitution ; 2° il entraînait l'exclusion de travailleurs sains et vigoureux, dont les industries du pays avaient besoin ; 3° son application nécessiterait l'enrôlement d'une véritable armée d'interprètes. Moins de huit jours après l'envoi du message présidentiel (20 février 1913), le Sénat maintenait son premier vote à une majorité très supérieure aux deux tiers des voix exigées par la Constitution. Il n'en fut pas de même à la Chambre des Représentants où la majorité favorable, bien qu'importante, n'atteignit pas à cinq voix près le chiffre requis. Le bill a donc été rejeté définitivement.

La Chambre des Représentants avait en outre voté, sans parler de mesures d'importance secondaire, trois projets de loi dont l'adoption aurait une répercussion considérable sur le droit ouvrier, savoir :

1° Le *Bacon-Bartlet Bill,* qui déclarait l'*Anti-Trust Law* non applicable à l'action professionnelle des associations de personnes ayant une existence légale ;

2° Le *Clayton Contempt Bill,* qui rendait justiciable du jury l'*indirect contempt of court,* c'est-à-dire le défaut d'obéissance aux brefs d'injonction d'une Cour de Justice. Auparavant, ce délit était assimilé au *direct contempt of court,* c'est-à-dire à l'outrage à un magistrat dans l'exercice de ses fonctions, et par suite jugé par la Cour même devant laquelle il avait été commis, sans que la légitimité du bref pût être mise en question par la défense, moyen qui serait au contraire admissible devant le jury;

3° Le *Clayton Injunction Limitation Bill,* qui tendait à limiter le pouvoir des Cours de justice d'intervenir dans les conflits du travail par voie d'injonction.

Le premier de ces bills a été voté trop tardivement pour que sa transmission au Sénat ait pu être faite avant la fin de la législature. Les deux autres, soumis en temps utile à la Haute Assemblée, et renvoyés immédiatement à la Commission de réforme judiciaire (*Judiciary Committee*), ont été en butte au mauvais vouloir de cette dernière; plus de quatre mois se sont écoulés avant que l'*Injunction Limitation Bill* fût confié pour étude à une sous-commission, et cette dernière décida d'en ajourner l'examen jusqu'à la prochaine législature; quant au *Contempt Bill,* la Commission l'a volontairement ignoré jusqu'à la fin de son mandat.

Telles ont été l'attitude du président Taft et celle du Sénat vis-à-vis, d'une part, de l'*Illiteracy Test Bill,* de l'autre, de trois lois importantes, appelées par le vœu unanime des travailleurs américains, et adoptées à une forte majorité par la Chambre des Représentants. Tout porte à croire que si ces différentes mesures n'ont pu aboutir pendant la soixante-deuxième législature, ce n'est là que partie remise, au moins pour trois d'entre elles. C'est qu'en effet, depuis le 4 mars 1913, un nouveau Congrès, dont les deux Chambres sont en majorité démocratiques, et un nouveau président appartenant au même parti politique, sont entrés en fonctions. On ignore ce que fera le président Wilson au cas où l'*Illiteracy Test Bill* serait voté à nouveau par les deux Chambres, et il faut espérer, au nom de la justice et du bon sens, qu'il ne donnerait pas son appui à cette manifestation de basse démagogie, laissant ainsi au Congrès l'entière responsabilité de son adoption. Il en est autrement des trois bills de réforme judiciaire. Ce sont là des mesures de stricte justice, et le Président, qui les a inscrits sur son programme aux dernières élections, ne manquera pas de les sanctionner quand les Chambres les auront votés, ce qui ne saurait tarder beaucoup.

APPENDICE II

Mouvement de la législation ouvrière dans les Etats de l'Union de 1910 à 1913 exclus

---

I. — CONTRAT DE TRAVAIL EN GENERAL (supplément au chapitre I).

A. — Embauchage :

Lois interdisant aux contremaîtres d'exiger ou d'accepter une rémunération quelconque des ouvriers qu'ils embauchent (*New-Jersey, New-Hampshire, Pennsylvanie :* 1911).

B. — Congédiement :

Loi obligeant les compagnies de chemins de fer à remettre aux employés qui cessent leur service pour une cause quelconque une *lettre de congédiement* (discharge letter) indiquant la nature et la durée de leur service (*Indiana*, 1912).

Loi sur les certificats (*Letter Service Law*) enjoignant aux compagnies concessionnaires de services publics, entreprises et patrons de remettre aux agents qui quittent leur emploi un certificat écrit à la main ou à la machine, à l'exclusion de toute formule imprimée, dûment signé et énonçant la nature du service, sa durée, ainsi que la cause du départ de l'agent (*Nebraska*, 1911).

II. — LIMITATION DE LA DUREE DU TRAVAIL (supplément au chapitre II).

A. — Durée de la journée :

Chemins de fer : Maximum de seize heures pour tous les employés (*Californie*, 1911). — Maximum de neuf heures pour les conducteurs de quai (*train dispatchers*), mécaniciens et chauffeurs de locomotives (*Nebraska, Oregon*, 1911), de seize heures (*Nebraska*) ou quatorze heures (*Oregon*) pour les autres.

Mines : Maximum de huit heures pour les mécaniciens de bennes des mines d'anthracite (*Pennsylvanie*, 1911).

Loi des huit heures applicable à tous les travaux souterrains, mines, tunnels, etc. (*Montana*, 1911).

Loi des huit heures, applicable aux mines et industries connexes, telles qu'usines de broyage et d'affinage, fours à coke, hauts fourneaux, etc. (*Colorado*, 1911). Cette loi, considérée comme l'une des plus rigoureuses (*drastic*) par la Fédération américaine du Travail, va être, sur pétition organisée par les Compagnies, qui ont réuni le nombre de signatures requises, soumise prochainement au referendum populaire.

Divers : Maximum de huit heures applicable aux travaux effectués pour le compte de l'Etat (*Wisconsin, Idaho., New-Jersey*, 1911).

Maximum de neuf heures pour les employés de tramways, sauf paiement des heures supplémentaires (*Massachusetts*, 1911).

B. — Repos hebdomadaire :

Une loi votée en 1911 par la législature du *Connecticut* déclare le travail du dimanche illégal, même dans les industries autorisées, sauf le cas où les ouvriers ou employés jouissent d'un jour de repos compensatoire l'un des six autres jours de la semaine.

III. — LEGISLATION DU SALAIRE (supplément au chapitre III).

A. — Fixation des dates de paiement du personnel.

Compagnies concessionnaires de services publics : deux fois par mois (*Louisiane,* 1912).

Toutes entreprises : mensuellement (*Californic,* 1911).

Personnel des chemins de fer et employés des comtés de première classe (les plus peuplés) : deux fois par mois (*New-Jersey,* 1911).

Entreprises industrielles, commerciales, mines, tramways, compagnies de télégraphe et de téléphone : hebdomadairement (*Maine,* 1911).

Mines, houillères, scieries : une fois par mois; autres entreprises, par quinzaine (*Virginie.* 1912).

B. — Obligation de payer séance tenante le personnel congédié :

Louisiane, loi de 1912; *Californic,* loi de 1911.

C. — Mesures diverses intéressant le salaire :

Interdiction du *truck system,* et obligation pour l'employeur de payer les salaires en espèces ayant cours ou chèques (*New-Hampshire,* 1911).

Interdiction, sous peine d'amende et d'emprisonnement, d'imposer aux salariés une obligation quelconque pouvant affecter la libre disposition de leurs salaires, et le choix de leur logement, pension de résidence (*Idaho,* 1911).

Exemption de saisie-arrêt des salaires échus ou à échoir jusqu'à concurrence de dix dollars (*Maine,* 1911).

Interdiction des délégations de salaires sans le consentement du patron et, si le salarié est marié, de son conjoint (*Montana, Minnesota,* 1911).

Réglementation des *wage-brokers* (*Montana,* 1911) ; des *loan agencies,* placées sous la surveillance du secrétaire d'Etat, avec limitation à 8 p. 100 l'an du taux d'intérêt susceptible d'être stipulé (*Ohio,* 1911) ; *Loan Shark Act* (lois contre les *prêteurs-requins*) limitant à 2 p. 100 par mois l'intérêt des prêts sur salaire à venir (*Californie,* 1911).

IV. — HYGIENE ET SECURITE DU TRAVAIL (supplément aux chapitres IV, V, X).

A. — Hygiène et confort :

Loi étendant à *tous les établissements* et à *tous les produits* la disposition ancienne permettant aux commissaires du travail d'apposer sur les objets fabriqués dans les *sweat shops* une étiquette portant le mot UNCIEAN (malpropre) pour affirmer les mauvaises conditions de leur fabrication (*New-York,* 1912).

Lois ordonnant (*Virginie,* 1912) ou réglementant d'une manière plus stricte (*Minnesota,* 1911) l'installation de lavabos et cabinets d'aisances dans les usines, avec séparation des sexes.

Organisation du service médical dans les usines (*New-Hampshire,* 1911).

Réglementation très sévère, au point de vue de l'hygiène, de l'éclairage et du cube d'air, des *tenement houses,* applicable aux « bâtiments de plus d'un étage habités par plus de trois familles occupant des locaux séparés » (*Californie,* 1911).

Obligation pour les compagnies de tramways, de protéger contre les intempéries la partie des voitures réservée au personnel (*Virginie de l'Ouest,* 1911), et de réserver des sièges pour les *wattmen* et *conducteurs* (*Louisiane,* 1912). Obligation d'aménager dans les cabines d'ascenseurs un siège pour le préposé (*Massachusetts,* 1912). Obligation pour les compagnies de chemins de fer d'abriter durant leur travail les employés (*Texas, Oregon,* 1911).

B. — Sécurité :

Lois fixant la composition minima du personnel des trains (*Pennsylvania, Washington,* 1911).

Réglementation de la construction des *caboose cars,* ou fourgons de queue de vigie (*Missouri,* 1910; *Iowa, Ohio, Dakota du Nord,* 1911).

Organisation de l'Inspection, au départ et à l'arrivée des trains, des freins à air par des inspecteurs spéciaux (*Texas,* 1911.

Obligation de munir les tramways de freins (*Iowa. Ohio,* 1911) et de sablières (*Iowa,* 1911).

Obligation de munir les locomotives de lanternes de tête (*headlights*) (*Wisconsin, Kansas, Ohio,* 1911) ; d'employer exclusivement des pointes de cœur pleines (*Ohio,* 1911).

Interdiction de la vente des machines à égrener le maïs (*corn-shredders*) ne comportant pas des couvre-engrenages et des appareils pour le remplissage automatique (*Minnesota, Wisconsin,* 1911).

Organisation ou réorganisation de l'inspection périodique des chaudières à vapeur (*Ohio,* 1911, *Massachusetts,* 1912) ; des ascenseurs même assurés par des compagnies d'assurance contre les accidents (*Minnesota,* 1911).

C. — Protection contre l'incendie:

Mesures diverses prescrites par l'Etat de *New-York* (L. de 1912), à la suite du sinistre de l'immeuble appartenant à la *Triangle Waist Company* (bâtiments de plus de 90 pieds de haut, où plus de 200 personnes sont habituellement occupées au-dessus du septième étage) par le *Kansas,* par le *Minnesota,* par le *New-Jersey* (L. de 1911).

Obligation pour les entrepreneurs et architectes de faire approuver par l'autorité désignée à cet effet le plan de tout bâtiment autre que les habitations particulières (*Wisconsin*, 1911), ou tout au moins la disposition et le nombre prévus des sorties de secours (*Massachusetts,* 1912).

D. — Industrie minière :

Réglementation de l'usage des explosifs (*Missouri, Washington,* 1911).

Réorganisation ou refonte de la législation minière (*Pennsylvanie, Michigan, Ohio,* 1911 ; *Virginie,* 1912).

Amélioration des conditions du travail dans les mines de quartz (*Montana,* 1911).

V. — INSPECTION DU TRAVAIL (supplément au chapitre VI).

Institution de l'inspection du travail dans le *Maine* et le *Colorado* (1911).

Augmentation considérable du nombre des inspecteurs du travail dans l'Etat de *New-York,* porté en deux fois (1911 et 1912) de 60 à 125.

VI. — ACCIDENTS DU TRAVAIL (supplément au chapitre VII).

A. — Responsabilité patronale :

Plusieurs Etats ont déclaré non recevables les trois exceptions traditionnelles reconnues par la jurisprudence comme susceptibles d'être invoquées par le patron pour sa décharge. C'est ce qui résulte notamment des lois de l'*Indiana* (1912), de la *Californie* (1911) et du *Colorado* (1911). La loi de la *Californie* a été votée, après la revision préalable de la Constitution, par crainte de voir le pouvoir judiciaire refuser de l'appliquer. A la suite du vote de la loi de l'*Indiana,* les Compagnies d'assurance ont doublé leurs primes-accidents et exigé l'insertion dans les nouvelles polices de clauses prévoyant l'adoption de diverses mesures de sécurité dans les établissements assurés.

La loi du *Kansas* (1911), applicable aux établissements industriels comptant au moins quinze ouvriers, met le risque professionnel à la charge du patron et fixe une échelle d'indemnités graduée suivant la gravité de l'accident. La loi n'a, toutefois, qu'un caractère facultatif; le patron peut, en effet, par une déclaration formelle, s'affranchir de ses dispositions, mais dans ce cas il perd le droit d'invoquer la fin de non-recevoir, dite de *fellow-service.* Le salarié peut, de même, refuser le bénéfice de la loi, et suivre la procédure ordinaire, mais il risque alors de se voir opposer, s'il y a lieu, la fin de non-recevoir ci-dessus

La loi prévoit le règlement des indemnités, à défaut d'entente amiable, par une juridiction spéciale statuant *en équité,* devant laquelle la procédure est rapide et peu coûteuse.

Les lois de l'*Illinois,* du *Wisconsin* et du *New-Hampshire* (1911), sur le même sujet, sont analogues à la précédente. D'autres, celles de l'*Oregon,* du *New-Jersey* et du *Nevada,* s'en éloignent plus sensiblement, mais peuvent néanmoins s'y rattacher. La loi de l'*Oregon* a été votée directement par le peuple, sur une demande de referendum.

Le *Massachusetts,* l'*Ohio* et le *Washington* (1911) ont organisé l'assurance patronale contre les accidents, au lieu d'édicter la simple responsabilité de l'employeur. Ces textes présentent, eux aussi, un caractère facultatif pour les deux parties, avec les conséquences prévues par la loi du *Kansas* au cas de répudiation. Toutefois, la loi du *Washington* est obligatoire pour certaines professions réputées dangereuses; et celle de l'*Ohio* met à la charge de l'ouvrier (sauf refus de s'y soumettre) 10 p. 100 du montant de la prime d'assurance.

Les lois du *Montana* (1911) et du *Maryland* (1912) déclarent nulle l'entente entre patron et ouvriers, déchargeant par avance le premier des conséquences possibles de l'inobservation par lui des prescriptions réglementaires de sécurité. La seconde de ces lois abroge, en outre, l'excuse de *contributory negligence*.

Une loi du *Michigan* (1911) stipule que l'employeur coupable de négligence perd le droit d'invoquer les exceptions de *fellow-service* et d'acceptation tacite des risques.

L'Etat de *New-York* avait édicté, en 1910, une loi nouvelle sur la responsabilité des accidents du travail, mais ce texte, déféré aux tribunaux, a été déclaré, par la Cour d'appel, contraire à la fois à la Constitution fédérale et à la Constitution locale (1912). Cette dernière va être amendée, ce qui nécessite d'assez longs délais; d'après la Constitution des Etats-Unis, c'est seulement après cette revision que l'arrêt de la Cour prononçant l'inconstitutionalité de la loi au point de vue fédéral pourra être déféré à la Cour suprême des Etats-Unis.

Quant au taux des indemnités, il y a tendance à le faire fixer par la loi, au lieu de laisser ce soin aux tribunaux. La loi du *Wisconsin* accorde à la victime ou a ses ayants droit une rente égale à 65 p. 100 de la perte de salaire résultant de l'accident Celle du *New-Hampshire* fixe l'indemnité, en cas de décès, à un capital égal à 150 fois le salaire hebdomadaire moyen de la victime pendant l'année précédente, avec maximum de 3.000 dollars. Les indemnités au cas d'incapacité partielle ou totale seront réglées en capital, soit à l'amiable, soit par une juridiction spéciale, statuant *en équité*.

Plusieurs autres lois (*Connecticut* et *Minnesota*, 1911; *Massachusetts*, 1912) ont relevé sensiblement (de 33 à 100 p. 100) le chiffre maximum des dommages-intérêts susceptibles d'être exigés au cas d'accident mortel, en laissant toujours aux tribunaux la détermination du taux de l'indemnité dans cette limite.

Le *Colorado* a mis en vigueur, en 1911, l'*Interest on Damages Law,* qui fait courir les intérêts sur les indemnités demandées, non plus du jour de la décision définitive, mais du jour de la demande, ceci afin d'empêcher les patrons de faire traîner indéfinement les procès et de multiplier les incidents ou voies de recours.

B. — OBLIGATION DE DÉCLARER LES ACCIDENTS DU TRAVAIL :

Cette obligation est édictée dans les Etats suivants: *Maine, New-Jersey, Wisconsin, Illinois, Oregon* (1911), *Massachusetts* (1912). Les lois du *New-Jersey* et du *Wisconsin* exigent une *description complète* de l'accident, et la seconde l'impose, outre l'employeur, à la Compagnie d'assurance. Celle du *Massachusetts* ne vise que les accidents ayant entraîné une incapacité de travail de plus de quatre jours.

C. — MALADIES PROFESSIONNELLES :

Cette question n'avait pas encore été abordée par le législateur américain.

Cinq Etats (*Illinois, Californie, Michigan, Connecticut,* 1911; *Maryland,* 1912) ordonnent aux médecins d'adresser aux autorités un rapport sur chaque cas de maladie professionnelle (*occupational disease*) qu'ils sont amenés à traiter. Certains textes indiquent, à titre purement énonciatif, quelques-unes de ces maladies : intoxication saturnine, mercurielle, arsenicale, phosphoréenne; affections causées par l'air comprimé; anthrax.

La loi de l'*Illinois* ordonne certaines précautions contre les maladies professionnelles: usage de vêtements de travail; affectation de lavabos et water-closets spéciaux aux ouvriers qui travaillent ou manipulent des substances toxiques ou dangereuses; emploi d'appareils de protection. En outre, elle ordonne que les ouvriers exposés à des maladies professionnelles subissent une visite médicale tous les mois.

VII. — TRAVAIL DES PERSONNES PROTEGEES (supplément au chapitre VIII).

A. — Limitation de la durée du travail des femmes et des enfants :

(*Massachusetts,* 1912). Limite de 54 heures par semaine, portée à 58 heures pour les industries saisonnières (*seasonal work*).

(*Michigan,* 1911). Limite de 10 heures par jour et 54 heures par semaine (dans les établissements industriels et petits ateliers).

(*New-York,* 1912). La limite est abaissée de 10/60 à 9/54 heures pour les femmes âgées de plus de 16 ans, et les jeunes gens de 16 à 18 ans, travaillant dans les établissements industriels. En outre, alors que par le passé la durée du travail journalier pouvait être portée à 12 heures dans les entreprises où l'on faisait la semaine anglaise, la loi nouvelle réduit ce dernier chiffre à 10 heures.

(*Virginie,* 1912). La loi des 10 heures est rendue applicable aux magasins et petits ateliers, sous certaines restrictions.

(*Maine,* 1911). Les femmes âgées de moins de 18 ans et les garçons de moins de 16 ans ne peuvent être employés dans les établissements industriels plus de 10 heures par jour, *sauf consentement des parents.* La loi n'est pas applicable aux industries qui travaillent une matière première périssable.

B. — Limitation de durée applicable aux femmes seulement :

(*Wisconsin*, 1911). Fixation de la limite à 10/60 heures. Cette loi est la première de ce caractère mise en vigueur dans le Wisconsin. (Même disposition : *Kentucky*, 1912.)

(*Ohio*, 1911). Fixation de la limite de 54 heures dans les établissements de toute espèce.

(*Californie*, 1911). Limitation à 8/48 heures (établissements industriels, magasins, hôtels, restaurants).

(*Missouri*, 1910). Limitation à 9/54 heures. Les pénalités prévues (amendes) sont particulièrement élevées (1).

(*Washington*). Loi des huit heures (établissements industriels, magasins, blanchisseries, hôtels, restaurants).

(*Caroline du Sud*, 1911). Limite de 12/60 heures. Interdiction du travail après 10 heures du soir.

(*Illinois*, 1911). Extension de la loi des dix heures aux magasins, hôtels, restaurants, etc.

C. — Limitation de durée applicable aux enfants seulement :

(*New-Jersey*, 1911). Interdiction de faire travailler les enfants de moins de 16 ans pendant plus de 58 heures par semaine, ni de 7 heures du soir à 7 heures du matin, sauf durant les vacances de Noël. (*Wisconsin*, 1911), pendant plus de 8/48 heures, et de 6 heures du soir à 7 heures du matin. Dans la *Caroline du Sud*, l'interdiction du travail de nuit comporte deux variantes, applicables, l'une aux mineurs de 16 ans, l'autre (pour les villes

(1) Amende de 25 à 1.000 dollars.

de 5.000 habitants et au-dessus) aux jeunes gens de 16 à 18 ans. (Loi de 1911.) (1).

D. — Autres dispositions concernant le travail des femmes :

(*Connecticut*, 1911). Interdiction d'employer des femmes autres que l'épouse ou la fille du tenancier, dans les bars et cafés ne dépendant pas d'un hôtel « de bonne réputation établie ».

(*Massachusetts*, 1911, *New-York*, 1912). Interdiction d'employer les femmes pendant les quatre semaines qui suivent l'accouchement (texte applicable aux établissements industriels et aux magasins). La loi du *Massachusetts* étend en outre cette défense aux deux semaines qui le précédent. Obligation de mettre des sièges à la disposition des femmes employées et de leur permettre d'en faire un usage raisonnable. (*Caroline du Sud, Maine*, 1911 ; *Kentucky*, 1912). La loi de la *Caroline du Sud* crée un corps d'inspectrices chargées de s'assurer de l'observation de ces prescriptions.

E. — Autres dispositions concernant le travail des enfants :

(*Minnesota*, 1911). Abrogation de l'exception d'indigence (*poverty clause*) qui auparavant dispensait les enfants de l'assiduité scolaire. Même décision dans le *Michigan* (1911) et, pour l'industrie textile, dans la *Caroline du Sud* (1911). D'après l'un des rédacteurs de l'*American Federationist*, la loi du *Minnesota* aura pour effet de réduire des deux tiers le nombre des enfants employés actuellement dans les établissements industriels de cet Etat.

---

(1) 8 heures du soir à 6 heures du matin et 10 heures du soir à 5 heures du matin respectivement.

La loi du *Michigan* accorde, à titre de compensation, une allocation spéciale hebdomadaire de trois dollars aux parents reconnus indigents d'un enfant ayant l'âge scolaire.

(*Maryland,* 1911). La limite d'âge pour le travail des enfants est fixée à 12 ans pour les magasins et quelques autres entreprises, à 14 ans pour les ateliers et usines, à 16 ans pour les établissements dangereux ou insalubres. Les enfants de moins de 16 ans sont toutefois tenus de produire un certificat d'instruction élémentaire.

(*Connecticut,* 1911). La limite d'âge est fixée à 16 ans pour les professions réputées dangereuses, et à 18 ans pour la manœuvre des ascenseurs et monte-charges: elle est portée (*Texas,* 1911) à 14 ans pour les premières (1) et à 17 ans (2) pour les travaux des mines, tant du fond que du jour. En *Californie* (L. de 1911) elle est élevée à 15 et 18 ans (3) respectivement pour le travail de jour et le travail de nuit.

Divers Etats fixent pour la première fois ou à nouveau la limite d'âge minima pour le travail des enfants à 14 ans (*Virginie de l'Ouest, Pennsylvanie, Missouri, Wisconsin,* 1911), et à 16 ans la limite des prescriptions scolaires. Par suite, dans ces Etats, les enfants de 14 à 16 ans ne peuvent être embauchés sans certificat d'instruction élémentaire; la loi du *Missouri* exige en outre un certificat d'aptitude physique.

La loi de *Pennsylvanie* interdit formellement les travaux miniers du fond aux enfants de moins de 16 ans (L. de 1911).

D'autre part, bien que la loi de l'*Indiana* fixant à 14 ans la limite d'âge pour le travail des enfants n'ait pas été modifiée, les grandes entreprises industrielles de cet Etat ne veulent plus embaucher de jeunes ouvriers âgés de moins de 16 ans, en raison

(1) Au lieu de 12.

(2) Au lieu de 15.

(3) Au lieu de 14 et 16.

de l'aggravation de responsabilité qu'entraîne pour elles une clause de la nouvelle loi sur les accidents du travail.

VIII. — TRAVAIL PENITENTIAIRE (supplément au chapitre IX).

Obligation, sous peine d'amende et d'emprisonnement, d'apposer l'étiquette *Prison-Made* (fait dans les prisons) sur les objets fabriqués dans les établissements pénitentiaires (*Montana*, 1911).

Obligation d'annoncer, par des insertions préalables dans trois journaux quotidiens, les adjudications de la main-d'œuvre des prisons, et limitation à quatre ans de la durée des marchés (*Connecticut*, 1911).

IX. — BUREAUX DE PLACEMENT (supplément au chapitre X).

Réglementation des bureaux payants (*Kansas*, 1911). Extension à l'ensemble de ces bureaux des prescriptions applicables aux bureaux pour hommes (*Minnesota*, 1911).

Organisation de l'inspection des bureaux payants (*Maine* 1911).

Obligation pour les gérants de bureaux gratuits d'adresser des rapports mensuels au Commissaire du Travail (*Montana*, 1911).

Création obligatoire d'un bureau d'Etat gratuit dans les villes de plus de 75.000 âmes (*Missouri*, 1911).

X. — ACTION PROFESSIONNELLE (supplément aux chapitres XVI et XVII).

Interdiction sous des peines sévères de la contrefaçon des cartes, sceaux, marques (*labels*) et insignes des *unions* (*Ohio, Oregon, Californie,* 1911).

Légitimation des amendes infligées par les *trade unions* à leurs membres, quand elles sont d'un taux raisonnable et ont une affectation licite (*Massachusetts,* 1911).

Répression du délit de corruption d'un représentant d'association ouvrière (*Pennsylvanie,* 1911).

(*Colorado,* 1911). *Anti-Coercion Act,* déclarant illégale l'opposition du patron à l'affiliation de ses ouvriers à une association légalement constituée.

Labor Disputes Act, interdisant d'embaucher des *briseurs de grève* ou de faire de la publicité à cet effet, sans donner avis qu'il s'agit de remplacer des grévistes (*Illinois,* 1909; *New-York,* 1910; *Colorado,* 1911).

Interdiction du *blacklisting,* sauf le cas (improbable) où cette mesure est portée à la connaissance du Bureau des Statistiques du travail et des intéressés (*Connecticut,* 1911).

XI. — DISPOSITION SPECIALE.

La *Louisiane* (L. de 1911) organise l'assistance judiciaire.

INDEX

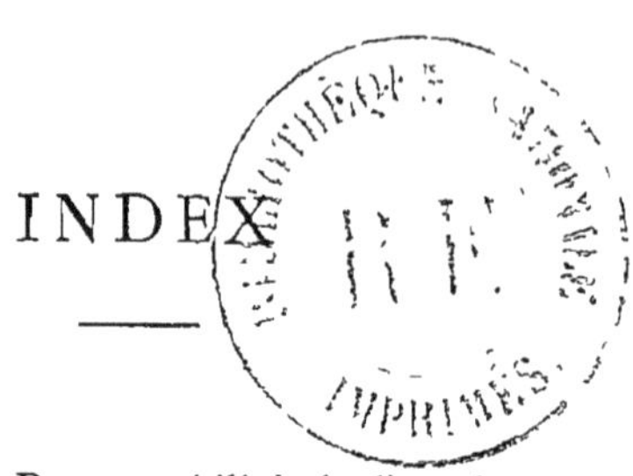

TABLE DES MATIÈRES

L'Union Typographique
Imp. Coopérative Ouvrière

Villeneuve-Saint-Georges.
(S.-et-O) — Tél. 32

www.ingramcontent.com/pod-product-compliance
Ingram Content Group UK Ltd.
Pitfield, Milton Keynes, MK11 3LW, UK
UKHW012010240726
13965UKWH00001B/276

9 782013 276436